RAPPORTS

ENTRE LES DATES DU CALENDRIER MUSULMAN

ET CELLES DES CALENDRIERS JULIEN ET GRÉGORIEN

DEPUIS LA PREMIÈRE ANNÉE DE L'HÉGIRE (622 DE L'ÈRE CHRÉTIENNE)

JUSQU'À L'ANNÉE 1500 DE L'HÉGIRE (2077 DE L'ÈRE GRÉGORIENNE)

AVEC

INTRODUCTION EXPLICATIVE

PAR

A. M. LAREDO

INTERPRÈTE DE LA LÉGATION D'ITALIE AU MAROC.

TANGER,

IMPRIMERIE A. J. LUGARO ET CIE.

1887.

INTRODUCTION EXPLICATIVE.

L'année musulmane se divise en douze mois ou lunaisons composés de 29 jours, 12 heures, 44 minutes et quelques secondes. Basés sur ce principe et sans tenir compte des 44 minutes mentionnées, les arabes fixèrent alternativement les mois de 30 et de 29 jours de la manière suivante :

Moharrem	30.
Safar	29.
Rebi' premier	30.
Rebi' second	29.
Djoumada premier	30.
Djoumada second	29.
Redjeb	30.
Chaâban	29.
Ramadan	30. (1)
Chaoual	29.
Doul Kaâda	30.
Doul Hedja	29. (2)

(1) Le verset 181 du 2ᵐᵉ chapitre du Koran dit :

"La lune de Ramadan, pendant laquelle le Koran est descendu d'en haut pour servir de direction aux hommes, d'explication claire des préceptes et de distinction entre le bien et le mal, c'est le temps qu'il faut jeûner. Quiconque aura aperçu cette lune se disposera aussitôt à jeûner. . . . ."

La religion musulmane est divisée, comme on le sait, en quatre rites : Hanafi, Chafi', Hambli et Maleki. Ces quatre rites qui ont pour base le Koran, diffèrent entr'eux dans la manière de le commenter. Les prosélytes de l'islam qui pratiquent le rite maleki, et parmi eux sont compris tous les musulmans qui peuplent le Maroc, observent strictement le précepte contenu dans le verset ci-dessus ainsi commenté par la tradition : " On jeûnera le mois de Ramadan dès qu'on aura aperçu la nouvelle lune ou, à défaut, après avoir compté 30 jours pour le mois de Chaâban.»

Par conséquent, si le ciel étant couvert ou pour tout autre motif, on ne voit pas la nouvelle lune le 29 Chaâban, ou bien si les personnes qui l'ont aperçue ne constituent pas le nombre déterminé par la loi qui exige le témoignage de douze croyants ou de deux adels, le Ramadan ne commence que le 2ᵐᵉ jour après le 29 Chaâban lequel prend alors 30 jours tandis que le mois de Ramadan n'en compte que 29.

Quelquefois la nouvelle lune est visible le 29 Chaâban dans quelques villes de l'Empire et invisible dans d'autres. Le même jour est alors compté par les uns comme le premier Ramadan et par les autres comme le 30ᵐᵉ Chaâban. Les retardataires corrigent l'erreur aussitôt qu'ils en ont connaissance en faisant avancer d'un jour la date. Ainsi si la nouvelle leur parvient le jour compté par eux comme le huit Ramadan, le lendemain est considéré comme le dix.

(2) Au Maroc et dans d'autres contrées de l'Afrique l'usage popu-

Six lunaisons de 30 jours et six de 29 faisaient, donc, un total de 354 jours ; tandis que les douze mois dont se compose l'année représentent 354 jours plus 8 heures et 48 minutes provenant des 44 minutes omises dans la répartition de l'année. Après un certain laps de temps on dut constater qu'il se produisait, ainsi, un accroissement de 11 jours au bout de chaque période de 30 ans ; pour remédier à cet inconvénient, les astronomes arabes intercalèrent dans la même période 11 années de 355 jours. Il en est résulté que sur 30 années il y en a 19 simples de 354 jours et 11 intercalaires ou embolismiques de 355, le jour supplémentaire étant le 30 Doul Hedja, dernier mois de l'année.

Les années embolismiques dans la période de 30 ans sont la 2me, la 5me, la 7me, la 10me, la 13me, la 16me, la 18me, la 21me, la 24me, la 26me et la 29me.

L'ère mahométane (Hégire [1]) date du 16 Juillet 622 après Jésus-Christ (douzième année de la mission de Mahomet) jour auquel Mahomet s'échappa de la Mecque, où il était poursuivi par les Coreïchites, pour se réfugier à Médine. Cependant elle ne fut réellement établie que dix-sept ans plus tard, sous le Khalife Omar.

*

* *

Les Romains instituèrent trois sortes d'années : d'abord celle de Romulus, composée de dix mois, qui commençait au mois de Mars et finissait en Décembre. Ensuite celle de Numa Pompilius lequel ajouta deux mois (Janvier et Février) á l'année de Romulus, et enfin celle de Jules César. Celui-ci réforma le calendrier l'an 46 avant J.-C. en augmentant de dix jours l'année de Numa Pompilius ; il établit l'année de 365 jours et 6 heures et la répartit ainsi :

Janvier.	31.
Février.	28.
Mars	31.
Avril	30.
Mai	31.
Juin.	30.
Juillet . . . . . , . .	31.
Août	31.
Septembre.	30.
Octobre.	31.
Novembre	30.
Décembre	31.

Les douze mois ainsi fixés donnaient un total de 365 jours. Pour les six heures restantes, il décida que tous les quatre ans on ajouterait un jour au mois de Février. Cette année de 366 jours s'appela bissextile. Ce nom lui vint de ce

---

laire a donné à quelques-uns de ces mois une désignation différente qu'il est utile de connaître. Le premier mois Moharrem est connu sous le nom de Achoura ou El âchour à cause de la fête qui porte le même nom et qui tombe le dixième jour de ce mois. Le second mois Safar est appelé Chai' el âchour ou Chai' âchoura c'est-à-dire après l'âchoura. Le troisième mois Rebi' premier est nommé El mouloud, la nativité, parce que l'anniversaire de la naissance du prophète est célébré le douze de ce mois. Le quatrième mois Rebi' second est désigné sous le nom de Chai' el mouloud ou après le mouloud. Le dixième mois Chaoual est nommé Aïd es-sr'ir, la petite fête, ou El ftar, le déjeûner, parce que c'est le mois qui suit le Ramadan ou mois d'abstinence. Le onzième mois Doul Kaâda

est appelé Baïn el âïad, qui signifie entre les fêtes, à cause de la fête qui est célébrée le mois précédent et celle qui a lieu le mois suivant. Le douzième mois Doul Hedja est désigné sous le nom de Aïd el kebir, la grande fête, qui tombe le dixième jour de ce mois.

Les trois premiers mois et le septième portent dans leur désignation officielle une épithète caractéristique. Le premier est appelé Moharrem el huram, Moharrem le sacré ; le second Safar el khair, Safar du bien ; le troisième Rebi' en nabaoui, Rebi' du Prophète, car c'est dans ce mois qu'est né le Prophète ; et le septième Redjeb el fard, Redjeb l'unique, parce qu'il n'y a pas deux mois de ce même nom tels que Rebi' et Djoumada.

(1) Du nom arabe hidjra, fuite.

qu'à Rome ce jour supplémentaire était appelé *Bis sexto calendas,* ou le sixième jour *bis* avant les calendes (de Mars); le sixième jour avant les calendes correspondait au 24 Février et le sixième jour *bis* au 25me jour de notre mois bissextile.

C'est sur l'année romaine ou de Jules César que les chrétiens établirent leur ère, prenant pour point de départ le 1er Janvier de l'an de Rome 754. J.-C. était né le 25 Décembre 753.

En l'année 1582, le Pape Grégoire XIII ayant reconnu qu'on avait attribué à l'année solaire 365 jours et 6 heures alors qu'elle n'a que 365 jours, 5 heures, 48 m. et 49 s. et que par conséquent l'équinoxe du printemps fixé, l'an 325, par le Concile de Nicée au 21 Mars avait rétrogradé depuis cette époque de dix jours; il retrancha ces dix jours au mois d'Octobre de la même année: ainsi, le 5 Octobre 1582 fut compté pour le 15 du même mois et, par ce moyen, l'équinoxe du printemps revint au 21 du mois de Mars.

Pour ne pas retomber dans la même erreur, le Pape Grégoire XIII, ayant calculé que les 11 m. et 11 s. qui étaient de trop dans l'année julienne formaient un jour sur 134 ans et par conséquent trois jours pour 400 ans, ordonna que les années séculaires qui, d'après les dispositions de Jules César, auraient dû être toutes bissextiles, ne le fussent plus que de quatre siècles en quatre siècles. Ainsi, n'ont pas été bissextiles les années 1700 et 1800 et ne le seront pas les années 1900 et 2100.

Cette modificacion du Pape Grégoire XIII prit le nom de réforme grégorienne.

*

*　*

Basé sur les données qui précèdent, le présent travail a pour but d'établir une corrélation exacte entre les dates musulmane, julienne et grégorienne; il comprend 1500 années de l'hégire; au-dessous de chacune de ces années est marquée l'année julienne ou grégorienne correspondante et à côté du premier jour de chaque mois musulman, la date de l'ère chrétienne équivalente.

Les années embolismiques du calendrier musulman sont désignées par un (e) et les années bissextiles du calendrier julien et grégorien par un (b).

*

*　*

J'ose espérer que cette modeste publication pourra être de quelque utilité pour les études chronologiques et pour ceux qui par suite de leurs relations avec les mahométans se voient souvent embarrassés par la difficulté de compulser les dates dont il y est question.

A. M. Laredo.

	Année 1. 622 - 623.	Année 2. (e) 623 - 624. (b)	Année 3. 624 - 625.	Année 4. 625 - 626.	Année 5. (e) 626 - 627.
1.er Moharrem	16 Juillet 622	5 Juillet 623	24 Juin 624	13 Juin 625	2 Juin 626
,, Safar	15 Août ,,	4 Août ,,	24 Juillet ,,	13 Juillet ,,	2 Juillet ,,
,, Rebi' 1.er	13 Septembre ,,	2 Septembre ,,	22 Août ,,	11 Août ,,	31 ,, ,,
,, Rebi' 2.e	13 Octobre ,,	2 Octobre ,,	21 Septembre ,,	10 Septembre ,,	30 Août ,,
,, Djoumada 1.er	11 Novembre ,,	31 ,, ,,	20 Octobre ,,	9 Octobre ,,	28 Septembre ,,
,, Djoumada 2.e	11 Décembre ,,	30 Novembre ,,	19 Novembre ,,	8 Novembre ,,	28 Octobre ,,
,, Redjeb	9 Janvier 623	29 Décembre ,,	18 Décembre ,,	7 Décembre ,,	26 Novembre ,,
,, Chaâban	8 Février ,,	28 Janvier 624	17 Janvier 625	6 Janvier 626	26 Décembre ,,
,, Ramadan	9 Mars ,,	26 Février ,,	15 Février ,,	4 Février ,,	24 Janvier 627
,, Chaoual	8 Avril ,,	27 Mars ,,	17 Mars ,,	6 Mars ,,	23 Février ,,
,, Doul Kaâda	7 Mai ,,	25 Avril ,,	15 Avril ,,	4 Avril ,,	24 Mars ,,
,, Doul Hedja	6 Juin ,,	25 Mai ,,	15 Mai ,,	4 Mai ,,	23 Avril ,,

	Année 6. 627 - 628. (b)	Année 7. (e) 628 - 629.	Année 8. 629 - 630.	Année 9. 630 - 631.	Année 10. (e) 631 - 632. (b)
1er. Moharrem	23 Mai 627	11 Mai 628	1 Mai 629	20 Avril 630	9 Avril 631
,, Safar	22 Juin ,,	10 Juin ,,	31 ,, ,,	20 Mai ,,	9 Mai ,,
,, Rebi' 1.er	21 Juillet ,,	9 Juillet ,,	29 Juin ,,	18 Juin ,,	7 Juin ,,
,, Rebi' 2.e	20 Août ,,	8 Août ,,	29 Juillet ,,	18 Juillet ,,	7 Juillet ,,
,, Djoumada 1.er	18 Septembre ,,	6 Septembre ,,	27 Août ,,	16 Août ,,	5 Août ,,
,, Djoumada 2.e	18 Octobre ,,	6 Octobre ,,	26 Septembre ,,	15 Septembre ,,	4 Septembre ,,
,, Redjeb	16 Novembre ,,	4 Novembre ,,	25 Octobre ,,	14 Octobre ,,	3 Octobre ,,
,, Chaâban	16 Décembre ,,	4 Décembre ,,	24 Novembre ,,	13 Novembre ,,	2 Novembre ,,
,, Ramadan	14 Janvier 628	2 Janvier 629	23 Décembre ,,	12 Décembre ,,	1 Décembre ,,
,, Chaoual	13 Février ,,	1 Février ,,	22 Janvier 630	11 Janvier 631	31 ,, ,,
,, Doul Kaâda	13 Mars ,,	2 Mars ,,	20 Février ,,	9 Février ,,	29 Janvier 632
,, Doul Hedja	12 Avril ,,	1 Avril ,,	22 Mars ,,	11 Mars ,,	28 Février ,,

	Année 11. 632 - 633.	Année 12. 633 - 634.	Année 13. (e) 634 - 635.	Année 14. 635 - 636.	Année 15. 636 (b) - 637.
1.er Moharrem	29 Mars 632	18 Mars 633	7 Mars 634	25 Février 635	14 Février 636
,, Safar	28 Avril ,,	17 Avril ,,	6 Avril ,,	27 Mars ,,	15 Mars ,,
,, Rebi' 1.er	27 Mai ,,	16 Mai ,,	5 Mai ,,	25 Avril ,,	13 Avril ,,
,, Rebi' 2.e	26 Juin ,,	15 Juin ,,	4 Juin ,,	25 Mai ,,	13 Mai ,,
,, Djoumada 1.er	25 Juillet ,,	14 Juillet ,,	3 Juillet ,,	23 Juin ,,	11 Juin ,,
,, Djoumada 2.e	24 Août ,,	13 Août ,,	2 Août ,,	23 Juillet ,,	11 Juillet ,,
,, Redjeb	22 Septembre ,,	11 Septembre ,,	31 ,, ,,	21 Août ,,	9 Août ,,
,, Chaâban	22 Octobre ,,	11 Octobre ,,	30 Septembre ,,	20 Septembre ,,	8 Septembre ,,
,, Ramadan	20 Novembre ,,	9 Novembre ,,	29 Octobre ,,	19 Octobre ,,	7 Octobre ,,
,, Chaoual	20 Décembre ,,	9 Décembre ,,	28 Novembre ,,	18 Novembre ,,	6 Novembre ,,
,, Doul Kaâda	18 Janvier 633	7 Janvier 634	27 Décembre ,,	17 Décembre ,,	5 Décembre ,,
,, Doul Hedja	17 Février ,,	6 Février ,,	26 Janvier 635	16 Janvier 636	4 Janvier 637

	Année 16. (e) 637 - 638.	Année 17. 638 - 639.	Année 18. (e) 639 - 640.	Année 19. 640 (b).	Année 20. 640 - 641.
1.er Moharrem	2 Février 637	23 Janvier 638	12 Janvier 639	2 Janvier 640	21 Décembre 640
,, Safar	4 Mars ,,	22 Février ,,	11 Février ,,	1 Février ,,	20 Janvier 641
,, Rebi' 1.er	2 Avril ,,	23 Mars ,,	12 Mars ,,	1 Mars ,,	18 Février ,,
,, Rebi' 2.e	2 Mai ,,	22 Avril ,,	11 Avril ,,	31 ,, ,,	20 Mars ,,
,, Djoumada 1er	31 ,, ,,	21 Mai ,,	10 Mai ,,	29 Avril ,,	18 Avril ,,
,, Djoumada 2.e	30 Juin ,,	20 Juin ,,	9 Juin ,,	29 Mai ,,	18 Mai ,,
,, Redjeb	29 Juillet ,,	19 Juillet ,,	8 Juillet ,,	27 Juin ,,	16 Juin ,,
,, Chaâban	28 Août ,,	18 Août ,,	7 Août ,,	27 Juillet ,,	16 Juillet ,,
,, Ramadan	26 Septembre ,,	16 Septembre ,,	5 Septembre ,,	25 Août ,,	14 Août ,,
,, Chaoual	26 Octobre ,,	16 Octobre ,,	5 Octobre ,,	24 Septembre ,,	13 Septembre ,,
,, Doul Kaâda	24 Novembre ,,	14 Novembre ,,	3 Novembre ,,	23 Octobre ,,	12 Octobre ,,
,, Doul Hedja	24 Décembre ,,	14 Décembre ,,	3 Décembre ,,	22 Novembre ,,	11 Novembre ,,

	Année 21. (e) 641 - 642.	Année 22. 642 - 643.	Année 23. 643 - 644 (b).	Année 24. (e) 644 - 645.	Année 25. 645 - 646.
1.er Moharrem	10 Décembre 641	30 Novembre 642	19 Novembre 643	7 Novembre 644	28 Octobre 645
,, Safar	9 Janvier 642	30 Décembre ,,	19 Décembre ,,	7 Décembre ,,	27 Novembre ,,
,, Rebi' 1.er	7 Février ,,	28 Janvier 643	17 Janvier 644	5 Janvier 645	26 Décembre ,,
,, Rebi' 2.e	9 Mars ,,	27 Février ,,	16 Février ,,	4 Février ,,	25 Janvier 646
,, Djoumada 1.er	7 Avril ,,	28 Mars ,,	16 Mars ,,	5 Mars ,,	23 Février ,,
,, Djoumada 2.e	7 Mai ,,	27 Avril ,,	15 Avril ,,	4 Avril ,,	25 Mars ,,
,, Redjeb	5 Juin ,,	26 Mai ,,	14 Mai ,,	3 Mai ,,	23 Avril ,,
,, Chaâban	5 Juillet ,,	25 Juin ,,	13 Juin ,,	2 Juin ,,	23 Mai ,,
,, Ramadan	3 Août ,,	24 Juillet ,,	12 Juillet ,,	1 Juillet ,,	21 Juin ,,
,, Chaoual	2 Septembre ,,	23 Août ,,	11 Aout ,,	31 ,, ,,	21 Juillet ,,
,, Doul Kaâda	1 Octobre ,,	21 Septembre ,,	9 Septembre ,,	29 Aout ,,	19 Aout ,,
,, Doul Hedja	31 ,, ,,	21 Octobre ,,	9 Octobre ,,	28 Septembre ,,	18 Septembre ,,

	Année 26. (e) 646 - 647.	Année 27. 647 - 648 (b).	Année 28. 648 - 649.	Année 29. (e) 649 - 650.	Année 30. 650 - 651.
1.er Moharrem	17 Octobre 646	7 Octobre 647	25 Septembre 648	14 Septembre 649	4 Septembre 650
,, Safar	16 Novembre ,,	6 Novembre ,,	25 Octobre ,,	14 Octobre ,,	4 Octobre ,,
,, Rebi' 1.er	15 Décembre ,,	6 Décembre ,,	23 Novembre ,,	12 Novembre ,,	2 Novembre ,,
,, Rebi' 2.e	14 Janvier 647	4 Janvier 648	23 Décembre ,,	12 Décembre ,,	2 Décembre ,,
,, Djoumada 1er	12 Février ,,	2 Février ,,	21 Janvier 649	10 Janvier 650	31 ,, ,,
,, Djoumada 2.e	14 Mars ,,	3 Mars ,,	20 Février ,,	9 Février ,,	30 Janvier 651
,, Redjeb	12 Avril ,,	1 Avril ,,	21 Mars ,,	10 Mars ,,	28 Février ,,
,, Chaâban	12 Mai ,,	1 Mai ,,	20 Avril ,,	9 Avril ,,	30 Mars ,,
,, Ramadan	10 Juin ,,	30 ,, ,,	19 Mai ,,	8 Mai ,,	28 Avril ,,
,, Chaoual	10 Juillet ,,	29 Juin ,,	18 Juin ,,	7 Juin ,,	28 Mai ,,
,, Doul Kaâda	8 Aout ,,	28 Juillet ,,	17 Juillet ,,	6 Juillet ,,	26 Juin ,,
,, Doul Hedja	7 Septembre ,,	27 Aout ,,	16 Aout ,,	5 Aout ,,	26 Juillet ,,

	Année 31. 651 - 652 (b).	Année 32. (e) 652 - 653.	Année 33. 653 - 654.	Année 34. 654 - 655.	Année 35. (e) 655 - 656 (b).
1.er Moharrem	24 Août 651	12 Août 652	2 Août 653	22 Juillet 654	11 Juillet 655
„ Safar	23 Septembre ,,	11 Septembre ,,	1 Septembre ,,	21 Août ,,	10 Août ,,
„ Rebi' 1.er	22 Octobre ,,	10 Octobre ,,	30 ,, ,,	19 Septembre ,,	8 Septembre ,,
„ Rebi' 2.e	21 Novembre ,,	9 Novembre ,,	30 Octobre ,,	19 Octobre ,,	8 Octobre ,,
„ Djoumada 1.er	20 Décembre ,,	8 Décembre ,,	28 Novembre ,,	17 Novembre ,,	6 Novembre ,,
„ Djoumada 2.e	19 Janvier 652	7 Janvier 653	28 Décembre ,,	17 Décembre ,,	6 Décembre ,,
„ Redjeb	17 Février ,,	5 Février ,,	26 Janvier 654	15 Janvier 655	4 Janvier 656
„ Chaâban	18 Mars ,,	7 Mars ,,	25 Février ,,	14 Février ,,	3 Février ,,
„ Ramadan	16 Avril ,,	5 Avril ,,	26 Mars ,,	15 Mars ,,	3 Mars ,,
„ Chaoual	16 Mai ,,	5 Mai ,,	25 Avril ,,	14 Avril ,,	2 Avril ,,
„ Doul Kaâda	14 Juin ,,	3 Juin ,,	24 Mai ,,	13 Mai ,,	1 Mai ,,
„ Doul Hedja	14 Juillet ,,	3 Juillet ,,	23 Juin ,,	12 Juin ,,	31 ,, ,,

	Année 36. 656 - 657.	Année 37. (e) 657 - 658.	Année 38. 658 - 659.	Année 39. 659 - 660. (b)	Année 40. (e) 660 - 661.
1er. Moharrem	30 Juin 656	19 Juin 657	9 Juin 658	29 Mai 659	17 Mai 660
„ Safar	30 Juillet ,,	19 Juillet ,,	9 Juillet ,,	28 Juin ,,	16 Juin ,,
„ Rebi' 1.er	28 Août ,,	17 Août ,,	7 Août ,,	27 Juillet ,,	15 Juillet ,,
„ Rebi' 2.e	27 Septembre ,,	16 Septembre ,,	6 Septembre ,,	26 Août ,,	14 Août ,,
„ Djoumada 1.er	26 Octobre ,,	15 Octobre ,,	5 Octobre ,,	24 Septembre ,,	12 Septembre ,,
„ Djoumada 2.e	25 Novembre ,,	14 Novembre ,,	4 Novembre ,,	24 Octobre ,,	12 Octobre ,,
„ Redjeb	24 Décembre ,,	13 Décembre ,,	3 Décembre ,,	22 Novembre ,,	10 Novembre ,,
„ Chaâban	23 Janvier 657	12 Janvier 658	2 Janvier 659	22 Décembre ,,	10 Décembre ,,
„ Ramadan	21 Février ,,	10 Février ,,	31 ,, ,,	20 Janvier 660	8 Janvier 661
„ Chaoual	23 Mars ,,	12 Mars ,,	2 Mars ,,	19 Février ,,	7 Février ,,
„ Doul Kaâda	21 Avril ,,	10 Avril ,,	31 ,, ,,	19 Mars ,,	8 Mars ,,
„ Doul Hedja	21 Mai ,,	10 Mai ,,	30 Avril ,,	18 Avril ,,	7 Avril ,,

	Année 41. 661 - 662.	Année 42. 662 - 663.	Année 43. (e) 663 - 664 (b).	Année 44. 664 - 565.	Année 45. 665 - 666.
1.er Moharrem	7 Mai 661	26 Avril 662	15 Avril 663	4 Avril 664	24 Mars 665
„ Safar	6 Juin ,,	26 Mai ,,	15 Mai ,,	4 Mai ,,	23 Avril ,,
„ Rebi' 1.er	5 Juillet ,,	24 Juin ,,	13 Juin ,,	2 Juin ,,	22 Mai ,,
„ Rebi' 2.e	4 Août ,,	24 Juillet ,,	13 Juillet ,,	2 Juillet ,,	21 Juin ,,
„ Djoumada 1.er	2 Septembre ,,	22 Août ,,	11 Août ,,	31 ,, ,,	20 Juillet ,,
„ Djoumada 2.e	2 Octobre ,,	21 Septembre ,,	10 Septembre ,,	30 Août ,,	19 Août ,,
„ Redjeb	31 ,, ,,	20 Octobre ,,	9 Octobre ,,	28 Septembre ,,	17 Septembre ,,
„ Chaâban	30 Novembre ,,	19 Novembre ,,	8 Novembre ,,	28 Octobre ,,	17 Octobre ,,
„ Ramadan	29 Décembre ,,	18 Décembre ,,	7 Décembre ,,	26 Novembre ,,	15 Novembre ,,
„ Chaoual	28 Janvier 662	17 Janvier 663	6 Janvier 664	26 Décembre ,,	15 Décembre ,,
„ Doul Kaâda	26 Février ,,	15 Février ,,	4 Février ,,	24 Janvier 665	13 Janvier 666
„ Doul Hedja	28 Mars ,,	17 Mars ,,	5 Mars ,,	23 Février ,,	12 Février ,,

	Année 46. (e) 666 - 667.	Année 47. 667 - 668.	Année 48. (e) 668 (b) - 669.	Année 49. 669 - 670.	Année 50. 670 - 671.
1er. Moharrem	18 Mars 666	3 Mars 667	20 Février 668	9 Février 669	29 Janvier 670
„ Safar	12 Avril „	2 Avril „	21 Mars „	11 Mars „	28 Février „
„ Rebi' 1.er	11 Mai „	1 Mai „	19 Avril „	9 Avril „	29 Mars „
„ Rebi' 2.e	10 Juin „	31 „ „	19 Mai „	9 Mai „	28 Avril „
„ Djoumada 1.er	9 Juillet „	29 Juin „	17 Juin „	7 Juin „	27 Mai „
„ Djoumada 2.e	8 Août „	29 Juillet „	17 Juillet „	7 Juillet „	26 Juin „
„ Redjeb	6 Septembre „	27 Août „	15 Août „	5 Août „	25 Juillet „
„ Chaâban	6 Octobre „	26 Septembre „	14 Septembre „	4 Septembre „	24 Août „
„ Ramadan	4 Novembre „	25 Octobre „	13 Octobre „	3 Octobre „	22 Septembre „
„ Chaoual	4 Décembre „	24 Novembre „	12 Novembre „	2 Novembre „	22 Octobre „
„ Doul Kaâda	2 Janvier 667	23 Décembre „	11 Décembre „	1 Décembre „	20 Novembre „
„ Doul Hedja	1 Février „	22 Janvier 668	10 Janvier 669	31 „ „	20 Décembre „

	Année 51. (e) 671 - 672.	Année 52. 672. (b)	Année 53. 672 - 673.	Année 54. (e) 673 - 674.	Année 55. 674 - 675.
1.er Moharrem	18 Janvier 671	8 Janvier 672	27 Décembre 672	16 Décembre 673	6 Décembre 674
„ Safar	17 Février „	7 Février „	15 Janvier 673	15 Janvier 674	5 Janvier 675
„ Rebi' 1.er	18 Mars „	7 Mars „	24 Février „	13 Février „	3 Février „
„ Rebi' 2.e	17 Avril „	6 Avril „	26 Mars „	15 Mars „	5 Mars „
„ Djoumada 1.er	16 Mai „	5 Mai „	24 Avril „	13 Avril „	3 Avril „
„ Djoumada 2.e	15 Juin „	4 Juin „	24 Mai „	13 Mai „	3 Mai „
„ Redjeb	14 Juillet „	3 Juillet „	22 Juin „	11 Juin „	1 Juin „
„ Chaâban	13 Août „	2 Aout „	22 Juillet „	11 Juillet „	1 Juillet „
„ Ramadan	11 Septembre „	31 „ „	20 Août „	9 Août „	30 „ „
„ Chaoual	11 Octobre „	30 Septembre „	19 Septembre „	8 Septembre „	29 Août „
„ Doul Kaâda	9 Novembre „	29 Octobre „	18 Octobre „	7 Octobre „	27 Septembre „
„ Doul Hedja	9 Décembre „	28 Novembre „	17 Novembre „	6 Novembre „	27 Octobre „

	Année 56. (e) 675 - 676 (b)	Année 57. 676 - 677.	Année 58. 677 - 678.	Année 59. (e) 678 - 679.	Année 60. 679 - 680. (b)
1.er Moharrem	25 Novembre 675	14 Novembre 676	3 Novembre 677	23 Octobre 678	13 Octobre 679
„ Safar	25 Décembre „	14 Décembre „	3 Décembre „	22 Novembre „	12 Novembre „
„ Rebi' 1.er	23 Janvier 676	12 Janvier 677	1 Janvier 678	21 Décembre „	11 Décembre „
„ Rebi' 2.e	22 Février „	11 Février „	31 „ „	20 Janvier 679	10 Janvier 680
„ Djoumada 1.er	22 Mars „	12 Mars „	1 Mars „	18 Février „	8 Février „
„ Djoumada 2.e	21 Avril „	11 Avril „	31 „ „	20 Mars „	9 Mars „
„ Redjeb	20 Mai „	10 Mai „	29 Avril „	18 Avril „	7 Avril „
„ Chaâban	19 Juin „	9 Juin „	29 Mai „	18 Mai „	7 Mai „
„ Ramadan	18 Juillet „	8 Juillet „	27 Juin „	16 Juin „	5 Juin „
„ Chaoual	17 Août „	7 Août „	27 Juillet „	16 Juillet „	5 Juillet „
„ Doul Kaâda	15 Septembre „	5 Septembre „	25 Août „	14 Août „	3 Août „
„ Doul Hedja	15 Octobre „	5 Octobre „	24 Septembre „	13 Septembre „	2 Septembre „

	Année 61. 680 - 681.	Année 62. (e) 681 - 682.	Année 63. 682 - 683.	Année 64. 683 - 684. (b)	Année 65. (e) 684 - 685.
1.er Moharrem	1 Octobre 680	20 Septembre 681	10 Septembre 682	30 Aout 683	18 Août 684
„ Safar	31 „ „	20 Octobre „	10 Octobre „	29 Septembre „	17 Septembre „
„ Rebi' 1.er	29 Novembre „	18 Novembre „	8 Novembre „	28 Octobre „	16 Octobre „
„ Rebi' 2.e	29 Décembre „	18 Décembre „	8 Décembre „	27 Novembre „	15 Novembre „
„ Djoumada 1er	27 Janvier 681	16 Janvier 682	6 Janvier 683	26 Décembre „	14 Décembre „
„ Djoumada 2.e	26 Février „	15 Février „	5 Février „	25 Janvier 684	13 Janvier 685
„ Redjeb	27 Mars „	16 Mars „	6 Mars „	23 Février „	11 Février „
„ Chaâban	26 Avril „	15 Avril „	5 Avril „	24 Mars „	13 Mars „
„ Ramadan	25 Mai „	14 Mai „	4 Mai „	22 Avril „	11 Avril „
„ Chaoual	24 Juin „	13 Juin „	3 Juin „	22 Mai „	11 Mai „
„ Doul Kaâda	23 Juillet „	12 Juillet „	2 Juillet „	20 Juin „	9 Juin „
„ Doul Hedja	22 Août „	11 Août „	1 Août „	20 Juillet „	9 Juillet „

	Année 66. 685 - 686.	Année 67. (e) 686 - 687.	Année 68. 687 - 688. (b)	Année 69. 688 - 689.	Année 70. (e) 689 - 690.
1.er Moharrem	8 Août 685	28 Juillet 686	18 Juillet 687	6 Juillet 688	25 Juin 689
„ Safar	7 Septembre „	27 Août „	17 Août „	5 Aout „	25 Juillet „
„ Rebi' 1.er	6 Octobre „	25 Septembre „	15 Septembre „	3 Septembre „	23 Aout „
„ Rebi' 2.e	5 Novembre „	25 Octobre „	15 Octobre „	3 Octobre „	22 Septembre „
„ Djoumada 1.er	4 Décembre „	23 Novembre „	13 Novembre „	1 Novembre „	21 Octobre „
„ Djoumada 2.e	3 Janvier 686	23 Décembre „	13 Décembre „	1 Décembre „	20 Novembre „
„ Redjeb	1 Février „	21 Janvier 687	11 Janvier 688	30 „ „	19 Décembre „
„ Chaâban	3 Mars „	20 Février „	10 Février „	29 Janvier 689	18 Janvier 690
„ Ramadan	1 Avril „	21 Mars „	10 Mars „	27 Février „	16 Février „
„ Chaoual	1 Mai „	20 Avril „	9 Avril „	29 Mars „	18 Mars „
„ Doul Kaâda	30 „ „	19 Mai „	8 Mai „	27 Avril „	16 Avril „
„ Doul Hedja	29 Juin „	18 Juin „	7 Juin „	27 Mai „	16 Mai „

	Année 71. 690 - 691.	Année 72. 691 - 692. (b)	Année 73. (e) 692 - 693.	Année 74. 693 - 694.	Année 75. 694 - 695.
1.er Moharrem	15 Juin 690	4 Juin 691	23 Mai 692	13 Mai 693	2 Mai 694
„ Safar	15 Juillet „	4 Juillet „	22 Juin „	12 Juin „	1 Juin „
„ Rebi' 1.er	13 Aout „	2 Aout „	21 Juillet „	11 Juillet „	30 „ „
„ Rebi' 2.e	12 Septembre „	1 Septembre „	20 Aout „	10 Aout „	30 Juillet „
„ Djoumada 1er	11 Octobre „	30 „ „	18 Septembre „	8 Septembre „	28 Aout „
„ Djoumada 2.e	10 Novembre „	30 Octobre „	18 Octobre „	8 Octobre „	27 Septembre „
„ Redjeb	9 Décembre „	28 Novembre „	16 Novembre „	6 Novembre „	26 Octobre „
„ Chaâban	8 Janvier 691	28 Décembre „	16 Décembre „	6 Décembre „	25 Novembre „
„ Ramadan	6 Février „	26 Janvier 692	14 Janvier 693	4 Janvier 694	24 Décembre „
„ Chaoual	8 Mars „	25 Février „	13 Février „	3 Février „	23 Janvier 695
„ Doul Kaâda	6 Avril „	25 Mars „	14 Mars „	4 Mars „	21 Février „
„ Doul Hedja	6 Mai „	24 Avril „	13 Avril „	3 Avril „	23 Mars „

	Année 76. (e) 695 - 696 (b).	Année 77. 696 - 697.	Année 78. (e) 697 - 698.	Année 79. 698 - 699.	Année 80. 699 - 700.
1er. Moharrem	21 Avril 695	10 Avril 696	30 Mars 697	20 Mars 698	9 Mars 699
,, Safar	21 Mai ,,	10 Mai ,,	29 Avril ,,	19 Avril ,,	8 Avril ,,
,, Rebi' 1.er	19 Juin ,,	8 Juin ,,	28 Mai ,,	18 Mai ,,	7 Mai ,,
,, Rebi' 2.e	19 Juillet ,,	8 Juillet ,,	27 Juin ,,	17 Juin ,,	6 Juin ,,
,, Djoumada 1.er	17 Aout ,,	6 Aout ,,	26 Juillet ,,	16 Juillet ,,	5 Juillet ,,
,, Djoumada 2.e	16 Septembre ,,	5 Septembre ,,	25 Aout ,,	15 Aout ,,	4 Aout ,,
,, Redjeb	15 Octobre ,,	4 Octobre ,,	23 Septembre ,,	13 Septembre ,,	2 Septembre ,,
,, Chaâban	14 Novembre ,,	3 Novembre ,,	23 Octobre ,,	13 Octobre ,,	2 Octobre ,,
,, Ramadan	13 Décembre ,,	2 Décembre ,,	21 Novembre ,,	11 Novembre ,,	31 ,, ,,
,, Chaoual	12 Janvier 696	1 Janvier 697	21 Décembre ,,	11 Décembre ,,	30 Novembre ,,
,, Doul Kaâda	10 Février ,,	30 ,, ,,	19 Janvier 698	9 Janvier 699	29 Décembre ,,
,, Doul Hedja	11 Mars ,,	1 Mars ,,	18 Février ,,	8 Février ,,	28 Janvier 700

	Année 81. (e) 700 (b) - 701.	Année 82. 701 - 702.	Année 83. 702 - 703.	Année 84. (e) 703 - 704.	Année 85. 704 (b) - 705.
1.er Moharrem	26 Février 700	15 Février 701	4 Février 702	24 Janvier 703	14 Janvier 704
,, Safar	27 Mars ,,	17 Mars ,,	6 Mars ,,	23 Février ,,	13 Février ,,
,, Rebi' 1.er	25 Avril ,,	15 Avril ,,	4 Avril ,,	24 Mars ,,	13 Mars ,,
,, Rebi' 2.e	25 Mai ,,	15 Mai ,,	4 Mai ,,	23 Avril ,,	12 Avril ,,
,, Djoumada 1.er	23 Juin ,,	13 Juin ,,	2 Juin ,,	22 Mai ,,	11 Mai ,,
,, Djoumada 2.e	23 Juillet ,,	13 Juillet ,,	2 Juillet ,,	21 Juin ,,	10 Juin ,,
,, Redjeb	21 Aout ,,	11 Aout ,,	31 ,, ,,	20 Juillet ,,	9 Juillet ,,
,, Chaâban	20 Septembre ,,	10 Septembre ,,	30 Aout ,,	19 Aout ,,	8 Aout ,,
,, Ramadan	19 Octobre ,,	9 Octobre ,,	28 Septembre ,,	17 Septembre ,,	6 Septembre ,,
,, Chaoual	18 Novembre ,,	8 Novembre ,,	28 Octobre ,,	17 Octobre ,,	6 Octobre ,,
,, Doul Kaâda	17 Décembre ,,	7 Décembre ,,	26 Novembre ,,	15 Novembre ,,	4 Novembre ,,
,, Doul Hedja	16 Janvier 701	6 Janvier 702	26 Décembre ,,	15 Décembre ,,	4 Décembre ,,

	Année 86. (e) 705.	Année 87. 705 - 706.	Année 88. 706 - 707.	Année 89. (e) 707 - 708 (b).	Année 90. 708 - 709.
1.er Moharrem	2 Janvier 705	23 Décembre 705	12 Décembre 706	1 Décembre 707	20 Novembre 708
,, Safar	1 Février ,,	22 Janvier 706	11 Janvier 707	31 ,, ,,	20 Décembre ,,
,, Rebi' 1.er	2 Mars ,,	20 Février ,,	9 Février ,,	29 Janvier 708	18 Janvier 709
,, Rebi' 2.e	1 Avril ,,	22 Mars ,,	11 Mars ,,	28 Février ,,	17 Février ,,
,, Djoumada 1.er	30 ,, ,,	20 Avril ,,	9 Avril ,,	28 Mars ,,	18 Mars ,,
,, Djoumada 2.e	30 Mai ,,	20 Mai ,,	9 Mai ,,	27 Avril ,,	17 Avril ,,
,, Redjeb	28 Juin ,,	18 Juin ,,	7 Juin ,,	26 Mai ,,	16 Mai ,,
,, Chaâban	28 Juillet ,,	18 Juillet ,,	7 Juillet ,,	25 Juin ,,	15 Juin ,,
,, Ramadan	26 Aout ,,	16 Aout ,,	5 Aout ,,	24 Juillet ,,	14 Juillet ,,
,, Chuoual	25 Septembre ,,	15 Septembre ,,	4 Septembre ,,	23 Aout ,,	13 Aout ,,
,, Doul Kaâda	24 Octobre ,,	14 Octobre ,,	3 Octobre ,,	21 Septembre ,,	11 Septembre ,,
,, Doul Hedja	23 Novembre ,,	13 Novembre ,,	2 Novembre ,,	21 Octobre ,,	11 Octobre ,,

	Année 91. 709 - 710.	*Année 92. (e)* 710 - 711.	*Année 93.* 711 - 712. (b)	*Année 94.* 712 - 713.	*Année 95. (e)* 713 - 714.
1ᵉʳ. Moharrem	9 Novembre 709	29 Octobre 710	19 Octobre 711	7 Octobre 712	26 Septembre 713
„ Safar	9 Décembre „	28 Novembre „	18 Novembre „	6 Novembre „	26 Octobre „
„ Rebi' 1.ᵉʳ	7 Janvier 710	27 Décembre „	17 Décembre „	5 Décembre „	24 Novembre „
„ Rebi' 2.ᵉ	6 Février „	26 Janvier 711	16 Janvier 712	4 Janvier 713	24 Décembre „
„ Djoumada 1ᵉʳ	7 Mars „	24 Février „	14 Février „	2 Février „	22 Janvier 714
„ Djoumada 2.ᵉ	6 Avril „	26 Mars „	15 Mars „	4 Mars „	21 Février „
„ Redjeb	5 Mai „	24 Avril „	13 Avril „	2 Avril „	22 Mars „
„ Chaâban	4 Juin „	24 Mai „	13 Mai „	2 Mai „	21 Avril „
„ Ramadan	3 Juillet „	22 Juin „	11 Juin „	31 „ „	20 Mai „
„ Chaoual	2 Août „	22 Juillet „	11 Juillet „	30 Juin „	19 Juin „
„ Doul Kaâda	31 „ „	20 Août „	9 Août „	29 Juillet „	18 Juillet „
„ Doul Hedja	30 Septembre „	19 Septembre „	8 Septembre „	28 Août „	17 Août „

	Année 96. 714 - 715.	*Année 97. (e)* 715 - 716. (b)	*Année 98.* 716 - 717.	*Année 99.* 717 - 718.	*Année 100. (e)* 718 - 719.
1.ᵉʳ Moharrem	16 Septembre 714	5 Septembre 715	25 Août 716	14 Août 717	3 Août 718
„ Safar	16 Octobre „	5 Octobre „	24 Septembre „	13 Septembre „	2 Septembre „
„ Rebi' 1.ᵉʳ	14 Novembre „	3 Novembre „	23 Octobre „	12 Octobre „	1 Octobre „
„ Rebi' 2.ᵉ	14 Décembre „	3 Décembre „	22 Novembre „	11 Novembre „	31 „ „
„ Djoumada 1.ᵉʳ	12 Janvier 715	1 Janvier 716	21 Décembre „	10 Décembre „	29 Novembre „
„ Djoumada 2.ᵉ	11 Février „	31 „ „	20 Janvier 717	9 Janvier 718	29 Décembre „
„ Redjeb	12 Mars „	29 Février „	18 Février „	7 Février „	27 Janvier 719
„ Chaâban	11 Avril „	30 Mars „	20 Mars „	9 Mars „	26 Février „
„ Ramadan	10 Mai „	28 Avril „	18 Avril „	7 Avril „	27 Mars „
„ Chaoual	9 Juin „	28 Mai „	18 Mai „	7 Mai „	26 Avril „
„ Doul Kaâda	8 Juillet „	26 Juin „	16 Juin „	5 Juin „	25 Mai „
„ Doul Hedja	7 Août „	26 Juillet „	16 Juillet „	5 Juillet „	24 Juin „

	Année 101. 719 - 720 (b)	*Année 102.* 720 - 721.	*Année 103. (e)* 721 - 722.	*Année 104.* 722 - 723.	*Année 105.* 723 - 724. (b)
1.ᵉʳ Moharrem	24 Juillet 719	12 Juillet 720	1 Juillet 721	21 Juin 722	10 Juin 723
„ Safar	23 Août „	11 Août „	31 „ „	21 Juillet „	10 Juillet „
„ Rebi' 1.ᵉʳ	21 Septembre „	9 Septembre „	29 Août „	19 Août „	8 Août „
„ Rebi' 2.ᵉ	21 Octobre „	9 Octobre „	28 Septembre „	18 Septembre „	7 Septembre „
„ Djoumada 1.ᵉʳ	19 Novembre „	7 Novembre „	27 Octobre „	17 Octobre „	6 Octobre „
„ Djoumada 2.ᵉ	19 Décembre „	7 Décembre „	26 Novembre „	16 Novembre „	5 Novembre „
„ Redjeb	17 Janvier 720	5 Janvier 721	25 Décembre „	15 Décembre „	4 Décembre „
„ Chaâban	16 Février „	4 Février „	24 Janvier 722	14 Janvier 723	3 Janvier 724
„ Ramadan	16 Mars „	5 Mars „	22 Février „	12 Février „	1 Février „
„ Chaoual	15 Avril „	4 Avril „	24 Mars „	14 Mars „	2 Mars „
„ Doul Kaâda	14 Mai „	3 Mai „	22 Avril „	12 Avril „	31 „ „
„ Doul Hedja	13 Juin „	2 Juin „	22 Mai „	12 Mai „	30 Avril „

	Année 106. (e) 724 - 725.	*Année 107.* 725 - 726.	*Année 108. (e)* 726 - 727.	*Année 109.* 727 - 728. (b).	*Année 110.* 728 - 729.
1er. Moharrem	29 Mai 724	19 Mai 725	8 Mai 726	28 Avril 727	16 Avril 728
„ Safar	28 Juin „	18 Juin „	7 Juin „	28 Mai „	16 Mai „
„ Rebi' 1.er	27 Juillet „	17 Juillet „	6 Juillet „	26 Juin „	14 Juin „
„ Rebi' 2.e	26 Aout „	16 Aout „	5 Aout „	26 Juillet „	14 Juillet „
„ Djoumada 1.er	24 Septembre „	14 Septembre „	3 Septembre „	24 Aout „	12 Aout „
„ Djoumada 2.e	24 Octobre „	14 Octobre „	3 Octobre „	23 Septembre „	11 Septembre „
„ Redjeb	22 Novembre „	12 Novembre „	1 Novembre „	22 Octobre „	10 Octobre „
„ Chaâban	22 Décembre „	12 Décembre „	1 Décembre „	21 Novembre „	9 Novembre „
„ Ramadan	20 Janvier 725	10 Janvier 726	30 „ „	20 Décembre „	8 Décembre „
„ Chaoual	19 Février „	9 Février „	29 Janvier 727	19 Janvier 728	7 Janvier 729
„ Doul Kaâda	20 Mars „	10 Mars „	27 Février „	17 Février „	5 Février „
„ Doul Hedja	19 Avril „	9 Avril „	29 Mars „	18 Mars „	7 Mars „

	Année 111. (e) 729 - 730.	*Année 112.* 730 - 731.	*Année 113.* 731 - 732. (b)	*Année 114. (e)* 732 - 733.	*Année 115.* 733 - 734.
1.er Moharrem	5 Avril 729	26 Mars 730	15 Mars 731	3 Mars 732	21 Février 733
„ Safar	5 Mai „	25 Avril „	14 Avril „	2 Avril „	23 Mars „
„ Rebi' 1.er	3 Juin „	24 Mai „	13 Mai „	1 Mai „	21 Avril „
„ Rebi' 2.e	3 Juillet „	23 Juin „	12 Juin „	31 „ „	21 Mai „
„ Djoumada 1.er	1 Aout „	22 Juillet „	11 Juillet „	29 Juin „	19 Juin „
„ Djoumada 2.e	31 „ „	21 Aout „	10 Aout „	29 Juillet „	19 Juillet „
„ Redjeb	29 Septembre „	19 Septembre „	8 Septembre „	27 Aout „	17 Aout „
„ Chaâban	29 Octobre „	19 Octobre „	8 Octobre „	26 Septembre „	16 Septembre „
„ Ramadan	27 Novembre „	17 Novembre „	6 Novembre „	25 Octobre „	15 Octobre „
„ Chaoual	27 Décembre „	17 Décembre „	6 Décembre „	24 Novembre „	14 Novembre „
„ Doul Kaâda	25 Janvier 730	15 Janvier 731	4 Janvier 732	23 Décembre „	13 Décembre „
„ Doul Hedja	24 Février „	14 Février „	3 Février „	22 Janvier 733	12 Janvier 734

	Année 116. (e) 734 - 735.	*Année 117.* 735 - 736.	*Année 118.* 736 (b) - 737.	*Année 119. (e)* 737.	*Année 120.* 737 - 738.
1.er Moharrem	10 Février 734	31 Janvier 735	20 Janvier 736	8 Janvier 737	29 Décembre 737
„ Safar	12 Mars „	2 Mars „	19 Février „	7 Février „	28 Janvier 738
„ Rebi' 1.er	10 Avril „	31 „ „	19 Mars „	8 Mars „	26 Février „
„ Rebi' 2.e	10 Mai „	30 Avril „	18 Avril „	7 Avril „	28 Mars „
„ Djoumada 1.er	8 Juin „	29 Mai „	17 Mai „	6 Mai „	26 Avril „
„ Djoumada 2.e	8 Juillet „	28 Juin „	16 Juin „	5 Juin „	26 Mai „
„ Redjeb	6 Aout „	27 Juillet „	15 Juillet „	4 Juillet „	24 Juin „
„ Chaâban	5 Septembre „	26 Aout „	14 Aout „	3 Aout „	24 Juillet „
„ Ramadan	4 Octobre „	24 Septembre „	12 Septembre „	1 Septembre „	22 Aout „
„ Chaoual	3 Novembre „	24 Octobre „	12 Octobre „	1 Octobre „	21 Septembre „
„ Doul Kaâda	2 Decembre „	22 Novembre „	10 Novembre „	30 „ „	20 Octobre „
„ Doul Hedja	1 Janvier 735	22 Décembre „	10 Décembre „	29 Novembre „	19 Novembre „

		Année 121. 738 - 739.	Année 122. (e) 739 - 740. (b)	Année 123. 740 - 741.	Année 124. 741 - 742.	Année 125. (e) 742 - 743.
1.er	Moharrem	18 Décembre 738	7 Décembre 739	26 Novembre 740	15 Novembre 741	4 Novembre 742
„	Safar	17 Janvier 739	6 Janvier 740	26 Décembre „	15 Décembre „	4 Décembre „
„	Rebi' 1.er	15 Février „	4 Février „	24 Janvier 741	13 Janvier 742	2 Janvier 743
„	Rebi' 2.e	17 Mars „	5 Mars „	23 Février „	12 Février „	1 Février „
„	Djoumada 1.er	15 Avril „	3 Avril „	24 Mars „	13 Mars „	2 Mars „
„	Djoumada 2.e	15 Mai „	3 Mai „	23 Avril „	12 Avril „	1 Avril „
„	Redjeb	13 Juin „	1 Juin „	22 Mai „	11 Mai „	30 „ „
„	Chaâban	13 Juillet „	1 Juillet „	21 Juin „	10 Juin „	30 Mai „
„	Ramadan	11 Aout „	30 „ „	20 Juillet „	9 Juillet „	28 Juin „
„	Chaoual	10 Septembre „	29 Août „	19 Août „	8 Août „	28 Juillet „
„	Doul Kaâda	9 Octobre „	27 Septembre „	17 Septembre „	6 Septembre „	26 Aout „
„	Doul Hedja	8 Novembre „	27 Octobre „	17 Octobre „	6 Octobre „	25 Septembre „

		Année 126. 743 - 744. (b)	Année 127. (e) 744 - 745.	Année 128. 745 - 746.	Année 129. 746 - 747.	Année 130. (e) 747 - 748. (b)
1er.	Moharrem	25 Octobre 743	13 Octobre 744	3 Octobre 745	22 Septembre 746	11 Septembre 747
„	Safar	24 Novembre „	12 Novembre „	2 Novembre „	22 Octobre „	11 Octobre „
„	Rebi' 1.er	23 Décembre „	11 Décembre „	1 Décembre „	20 Novembre „	9 Novembre „
„	Rebi' 2.e	22 Janvier 744	10 Janvier 745	31 „ „	20 Décembre „	9 Décembre „
„	Djoumada 1.er	20 Février „	8 Février „	29 Janvier 746	18 Janvier 747	7 Janvier 748
„	Djoumada 2.e	21 Mars „	10 Mars „	28 Février „	17 Février „	6 Février „
„	Redjeb	19 Avril „	8 Avril „	29 Mars „	18 Mars „	6 Mars „
„	Chaâban	19 Mai „	8 Mai „	28 Avril „	17 Avril „	5 Avril „
„	Ramadan	17 Juin „	6 Juin „	27 Mai „	16 Mai „	4 Mai „
„	Chaoual	17 Juillet „	6 Juillet „	26 Juin „	15 Juin „	3 Juin „
„	Doul Kaâda	15 Août „	4 Août „	25 Juillet „	14 Juillet „	2 Juillet „
„	Doul Hedja	14 Septembre „	3 Septembre „	24 Août „	13 Août „	1 Août „

		Année 131. 748 - 749.	Année 132. 749 - 750.	Année 133. (e) 750 - 751.	Année 134. 751 - 752. (b)	Année 135. 752 - 753.
1.er	Moharrem	31 Août 748	20 Août 749	9 Août 750	30 Juillet 751	18 Juillet 752
„	Safar	30 Septembre „	19 Septembre „	8 Septembre „	29 Août „	17 Août „
„	Rebi' 1.er	29 Octobre „	18 Octobre „	7 Octobre „	27 Septembre „	15 Septembre „
„	Rebi' 2.e	28 Novembre „	17 Novembre „	6 Novembre „	27 Octobre „	15 Octobre „
„	Djoumada 1.er	27 Décembre „	16 Décembre „	5 Décembre „	25 Novembre „	13 Novembre „
„	Djoumada 2.e	26 Janvier 749	15 Janvier 750	4 Janvier 751	25 Décembre „	13 Décembre „
„	Redjeb	24 Février „	13 Février „	2 Février „	23 Janvier 752	11 Janvier 753
„	Chaâban	26 Mars „	15 Mars „	4 Mars „	22 Février „	10 Février „
„	Ramadan	24 Avril „	13 Avril „	2 Avril „	22 Mars „	11 Mars „
„	Chaoual	24 Mai „	13 Mai „	2 Mai „	21 Avril „	10 Avril „
„	Doul Kaâda	22 Juin „	11 Juin „	31 „ „	20 Mai „	9 Mai „
„	Doul Hedja	22 Juillet „	11 Juillet „	30 Juin „	19 Juin „	8 Juin „

	Année 136. (e) 753 - 754.	Année 137. 754 - 755.	Année 138. (e) 755 - 756. (b)	Année 139. 756 - 757.	Année 140. 757 - 758.
1.er Moharrem	7 Juillet 753	27 Juin 754	16 Juin 755	5 Juin 756	25 Mai 757
,, Safar	6 Aout ,,	27 Juillet ,,	16 Juillet ,,	5 Juillet ,,	24 Juin ,,
,, Rebi' 1.er	4 Septembre ,,	25 Août ,,	14 Août ,,	3 Août ,,	23 Juillet ,,
,, Rebi' 2.e	4 Octobre ,,	24 Septembre ,,	13 Septembre ,,	2 Septembre ,,	22 Aout ,,
,, Djoumada 1.er	2 Novembre ,,	23 Octobre ,,	12 Octobre ,,	1 Octobre ,,	20 Septembre ,,
,, Djoumada 2.e	2 Décembre ,,	22 Novembre ,,	11 Novembre ,,	31 ,, ,,	20 Octobre ,,
,, Redjeb	31 ,, ,,	21 Décembre ,,	10 Décembre ,,	29 Novembre ,,	18 Novembre ,,
,, Chaâban	30 Janvier 754	20 Janvier 755	9 Janvier 756	29 Décembre ,,	18 Décembre ,,
,, Ramadan	28 Février ,,	18 Février ,,	7 Février ,,	27 Janvier 757	16 Janvier 758
,, Chaoual	30 Mars ,,	20 Mars ,,	8 Mars ,,	26 Février ,,	15 Février ,,
,, Doul Kaâda	28 Avril ,,	18 Avril ,,	6 Avril ,,	27 Mars ,,	16 Mars ,,
,, Doul Hedja	28 Mai ,,	18 Mai ,,	6 Mai ,,	26 Avril ,,	15 Avril ,,

	Année 141. (e) 758 - 759.	Année 142. 759 - 760. (b)	Année 143. 760 - 761.	Année 144. (e) 761 - 762.	Année 145. 762 - 763.
1er. Moharrem	14 Mai 758	4 Mai 759	22 Avril 760	11 Avril 761	1 Avril 762
,, Safar	13 Juin ,,	3 Juin ,,	22 Mai ,,	11 Mai ,,	1 Mai ,,
,, Rebi' 1.er	12 Juillet ,,	2 Juillet ,,	20 Juin ,,	9 Juin ,,	30 ,, ,,
,, Rebi' 2.e	11 Aout ,,	1 Aout ,,	20 Juillet ,,	9 Juillet ,,	29 Juin ,,
,, Djoumada 1.er	9 Septembre ,,	30 ,, ,,	18 Aout ,,	7 Aout ,,	28 Juillet ,,
,, Djoumada 2.e	9 Octobre ,,	29 Septembre ,,	17 Septembre ,,	6 Septembre ,,	27 Aout ,,
,, Redjeb	7 Novembre ,,	28 Octobre ,,	16 Octobre ,,	5 Octobre ,,	25 Septembre ,,
,, Chaâban	7 Décembre ,,	27 Novembre ,,	15 Novembre ,,	4 Novembre ,,	25 Octobre ,,
,, Ramadan	5 Janvier 759	26 Décembre ,,	14 Décembre ,,	3 Décembre ,,	23 Novembre ,,
,, Chaoual	4 Février ,,	25 Janvier 760	13 Janvier 761	2 Janvier 762	23 Décembre ,,
,, Doul Kaâda	5 Mars ,,	23 Février ,,	11 Février ,,	31 ,, ,,	21 Janvier 763
,, Doul Hedja	4 Avril ,,	24 Mars ,,	13 Mars ,,	2 Mars ,,	20 Février ,,

	Année 146. (e) 763 - 764. (b)	Année 147. 764 - 765.	Année 148. 765 - 766.	Année 149. (e) 766 - 767.	Année 150. 767 - 768.
1.er Moharrem	21 Mars 763	10 Mars 764	27 Février 765	16 Février 766	6 Février 767
,, Safar	20 Avril ,,	9 Avril ,,	29 Mars ,,	18 Mars ,,	8 Mars ,,
,, Rebi' 1.er	19 Mai ,,	8 Mai ,,	27 Avril ,,	16 Avril ,,	6 Avril ,,
,, Rebi' 2.e	18 Juin ,,	7 Juin ,,	27 Mai ,,	16 Mai ,,	6 Mai ,,
,, Djoumada 1er	17 Juillet ,,	6 Juillet ,,	25 Juin ,,	14 Juin ,,	4 Juin ,,
,, Djoumada 2.e	16 Aout ,,	5 Aout ,,	25 Juillet ,,	14 Juillet ,,	4 Juillet ,,
,, Redjeb	14 Septembre ,,	3 Septembre ,,	23 Aout ,,	12 Aout ,,	2 Aout ,,
,, Chaâban	14 Octobre ,,	3 Octobre ,,	22 Septembre ,,	11 Septembre ,,	1 Septembre ,,
,, Ramadan	12 Novembre ,,	1 Novembre ,,	21 Octobre ,,	10 Octobre ,,	30 ,, ,,
,, Chaoual	12 Décembre ,,	1 Décembre ,,	20 Novembre ,,	9 Novembre ,,	30 Octobre ,,
,, Doul Kaâda	10 Janvier 764	30 ,, ,,	19 Décembre ,,	8 Décembre ,,	28 Novembre ,,
,, Doul Hedja	9 Février ,,	29 Janvier 765	18 Janvier 766	7 Janvier 767	28 Décembre ,,

	Année 151. 768 (b) - 769.	Année 152 (e) 769 - 770.	Année 153. 770.	Année 154. 770 - 771.	Année 155 (e) 771 - 772. (b)
1.er Moharrem	26 Janvier 768	14 Janvier 769	4 Janvier 770	24 Décembre 770	13 Décembre 771
„ Safar	25 Février „	13 Février „	3 Février „	23 Janvier 771	12 Janvier 772
„ Rebi' 1.er	25 Mars „	14 Mars „	4 Mars „	21 Février „	10 Février „
„ Rebi' 2.e	24 Avril „	13 Avril „	3 Avril „	23 Mars „	11 Mars „
„ Djoumada 1.er	23 Mai „	12 Mai „	2 Mai „	21 Avril „	9 Avril „
„ Djoumada 2.e	22 Juin „	11 Juin „	1 Juin „	21 Mai „	9 Mai „
„ Redjeb	21 Juillet „	10 Juillet „	30 „ „	19 Juin „	7 Juin „
„ Chaâban	20 Aout „	9 Août „	30 Juillet „	19 Juillet „	7 Juillet „
„ Ramadan	18 Septembre „	7 Septembre „	28 Aout „	17 Aout „	5 Aout „
„ Chaoual	18 Octobre „	7 Octobre „	27 Septembre „	16 Septembre „	4 Septembre „
„ Doul Kaâda	16 Novembre „	5 Novembre „	26 Octobre „	15 Octobre „	3 Octobre „
„ Doul Hedja	16 Décembre „	5 Décembre „	25 Novembre „	14 Novembre „	2 Novembre „

	Année 156. 772 - 773.	Année 157. (e) 773 - 774.	Année 158. 774 - 775.	Année 159. 775 - 776. (b)	Année 160. (e) 776 - 777.
1.er Moharrem	2 Décembre 772	21 Novembre 773	11 Novembre 774	31 Octobre 775	19 Octobre 776
„ Safar	1 Janvier 773	21 Décembre „	11 Décembre „	30 Novembre „	18 Novembre „
„ Rebi' 1.er	30 „ „	19 Janvier 774	9 Janvier 775	29 Décembre „	17 Décembre „
„ Rebi' 2.e	1 Mars „	18 Février „	8 Février „	28 Janvier 776	16 Janvier 777
„ Djoumada 1.er	30 „ „	19 Mars „	9 Mars „	26 Février „	14 Février „
„ Djoumada 2.e	29 Avril „	18 Avril „	8 Avril „	27 Mars „	16 Mars „
„ Redjeb	28 Mai „	17 Mai „	7 Mai „	25 Avril „	14 Avril „
„ Chaâban	27 Juin „	16 Juin „	6 Juin „	25 Mai „	14 Mai „
„ Ramadan	26 Juillet „	15 Juillet „	5 Juillet „	23 Juin „	12 Juin „
„ Chaoual	25 Août „	14 Août „	4 Août „	23 Juillet „	12 Juillet „
„ Doul Kaâda	23 Septembre „	12 Septembre „	2 Septembre „	21 Août „	10 Aout „
„ Doul Hedja	23 Octobre „	12 Octobre „	2 Octobre „	20 Septembre „	9 Septembre „

	Année 161. 777 - 778.	Année 162. 778 - 779.	Année 163. (e) 779 - 780. (b)	Année 164. 780 - 781.	Année 165. 781 - 782.
1.er Moharrem	9 Octobre 777	28 Septembre 778	17 Septembre 779	6 Septembre 780	26 Août 781
„ Safar	8 Novembre „	28 Octobre „	17 Octobre „	6 Octobre „	25 Septembre „
„ Rebi' 1.er	7 Décembre „	26 Novembre „	15 Novembre „	4 Novembre „	24 Octobre „
„ Rebi' 2.e	6 Janvier 778	26 Décembre „	15 Décembre „	4 Décembre „	23 Novembre „
„ Djoumada 1.er	4 Février „	24 Janvier 779	13 Janvier 780	2 Janvier 781	22 Décembre „
„ Djoumada 2.e	6 Mars „	23 Février „	12 Février „	1 Février „	21 Janvier 782
„ Redjeb	4 Avril „	24 Mars „	12 Mars „	2 Mars „	19 Février „
„ Chaâban	4 Mai „	23 Avril „	11 Avril „	1 Avril „	21 Mars „
„ Ramadan	2 Juin „	22 Mai „	10 Mai „	30 „ „	19 Avril „
„ Chaoual	2 Juillet „	21 Juin „	9 Juin „	30 Mai „	19 Mai „
„ Doul Kaâda	31 „ „	20 Juillet „	8 Juillet „	28 Juin „	17 Juin „
„ Doul Hedja	30 Aout „	19 Août „	7 Août „	28 Juillet „	17 Juillet „

	Année 166. (e) 782 - 783.	*Année 167.* 783 - 784. (b)	*Année 168. (e)* 784 - 785.	*Année 169.* 785 - 786.	*Année 170.* 786 - 787.
1er. Moharrem	15 Aout 782	5 Août 783	24 Juillet 784	14 Juillet 785	3 Juillet 786
,, Safar	14 Septembre ,,	4 Septembre ,,	23 Août ,,	13 Aout ,,	2 Août ,,
,, Rebi' 1.er	13 Octobre ,,	3 Octobre ,,	21 Septembre ,,	11 Septembre ,,	81 ,, ,,
,, Rebi' 2.e	12 Novembre ,,	2 Novembre ,,	21 Octobre ,,	11 Octobre ,,	30 Septembre ,,
,, Djoumada 1.er	11 Décembre ,,	1 Décembre ,,	19 Novembre ,,	9 Novembre ,,	29 Octobre ,,
,, Djoumada 2.e	10 Janvier 783	31 ,, ,,	19 Décembre ,,	9 Décembre ,,	28 Novembre ,,
,, Redjeb	8 Février ,,	29 Janvier 784	17 Janvier 785	7 Janvier 786	27 Décembre ,,
,, Chaâban	10 Mars ,,	28 Février ,,	16 Février ,,	6 Février ,,	26 Janvier 787
,, Ramadan	8 Avril ,,	28 Mars ,,	17 Mars ,,	7 Mars ,,	24 Février ,,
,, Chaoual	8 Mai ,,	27 Avril ,,	16 Avril ,,	6 Avril ,,	26 Mars ,,
,, Doul Kaâda	6 Juin ,,	26 Mai ,,	15 Mai ,,	5 Mai ,,	24 Avril ,,
,, Doul Hedja	6 Juillet ,,	26 Juin ,,	14 Juin, ,,	4 Juin ,,	24 Mai ,,

	Année 171. (e) 787 - 788. (b)	*Année 172.* 788 - 789.	*Année 173.* 789 - 790.	*Année 174. (e)* 790 - 791.	*Année 175.* 791 - 792. (b)
1.er Moharrem	22 Juin 787	11 Juin 788	31 Mai 789	20 Mai 790	10 Mai 791
,, Safar	22 Juillet ,,	11 Juillet ,,	30 Juin ,,	19 Juin ,,	9 Juin ,,
,, Rebi' 1.er	20 Août ,,	9 Août ,,	29 Juillet ,,	18 Juillet ,,	8 Juillet ,,
,, Rebi' 2.e	19 Septembre ,,	8 Septembre ,,	28 Août ,,	17 Août ,,	7 Août ,,
,, Djoumada 1.er	18 Octobre ,,	7 Octobre ,,	26 Septembre ,,	15 Septembre ,,	5 Septembre ,,
,, Djoumada 2.e	17 Novembre ,,	6 Novembre ,,	26 Octobre ,,	15 Octobre ,,	5 Octobre ,,
,, Redjeb	16 Décembre ,,	5 Décembre ,,	24 Novembre ,,	13 Novembre ,,	3 Novembre ,,
,, Chaâban	15 Janvier 788	4 Janvier 789	24 Décembre ,,	18 Décembre ,,	3 Décembre ,,
,, Ramadan	13 Février ,,	2 Février ,,	22 Janvier 790	11 Janvier 791	1 Janvier 792
,, Chaoual	14 Mars ,,	4 Mars ,,	21 Février ,,	10 Février ,,	31 ,, ,,
,, Doul Kaâda	12 Avril ,,	2 Avril ,,	22 Mars ,,	11 Mars ,,	29 Février ,,
,, Doul Hedja	12 Mai ,,	2 Mai ,,	21 Avril ,,	10 Avril ,,	30 Mars ,,

	Année 176. (e) 792 - 793.	*Année 177.* 793 - 794.	*Année 178.* 794 - 795.	*Année 179. (e)* 795 - 796. (b)	*Année 180.* 796 - 797.
1.er Moharrem	28 Avril 792	18 Avril 793	7 Avril 794	27 Mars 795	16 Mars 796
,, Safar	28 Mai ,,	18 Mai ,,	7 Mai ,,	26 Avril ,,	15 Avril ,,
,, Rebi' 1.er	26 Juin ,,	16 Juin ,,	5 Juin ,,	25 Mai ,,	14 Mai ,,
,, Rebi' 2.e	26 Juillet ,,	16 Juillet ,,	5 Juillet ,,	24 Juin ,,	13 Juin ,,
,, Djoumada 1.er	24 Aout ,,	14 Août ,,	3 Août ,,	23 Juillet ,,	12 Juillet ,,
,, Djoumada 2.e	23 Septembre ,,	13 Septembre ,,	2 Septembre ,,	22 Aout ,,	11 Aout ,,
,, Redjeb	22 Octobre ,,	12 Octobre ,,	1 Octobre ,,	20 Septembre ,,	9 Septembre ,,
,, Chaâban	21 Novembre ,,	11 Novembre ,,	31 ,, ,,	20 Octobre ,,	9 Octobre ,,
,, Ramadan	20 Décembre ,,	10 Décembre ,,	29 Novembre ,,	18 Novembre ,,	7 Novembre ,,
,, Chaoual	19 Janvier 793	9 Janvier 794	29 Décembre ,,	18 Décembre ,,	7 Décembre ,,
,, Doul Kaâda	17 Février ,,	7 Février ,,	27 Janvier 795	16 Janvier 796	5 Janvier 797
,, Doul Hedja	19 Mars ,,	9 Mars ,,	26 Février ,,	15 Février ,,	4 Février ,,

	Année 181. 797 - 798.	Année 182. (e) 798 - 799.	Année 183. 799 - 800.	Année 184. 800 (b) - 801.	Année 185. (e) 801 - 802.
1er. Moharrem	5 Mars 797	22 Février 798	12 Février 799	1 Février 800	20 Janvier 801
,, Safar	4 Avril ,,	24 Mars ,,	14 Mars ,,	2 Mars ,,	19 Février ,,
,, Rebi' 1.er	3 Mai ,,	22 Avril ,,	12 Avril ,,	31 ,, ,,	20 Mars ,,
,, Rebi' 2.e	2 Juin ,,	22 Mai ,,	12 Mai ,,	30 Avril ,,	19 Avril ,,
,, Djoumada 1.er	1 Juillet ,,	20 Juin ,,	10 Juin ,,	29 Mai ,,	18 Mai ,,
,, Djoumada 2.e	31 ,, ,,	20 Juillet ,,	10 Juillet ,,	28 Juin ,,	17 Juin ,,
,, Redjeb	29 Août ,,	18 Août ,,	8 Août ,,	27 Juillet ,,	16 Juillet ,,
,, Chaâban	28 Septembre ,,	17 Septembre ,,	7 Septembre ,,	26 Août ,,	15 Août ,,
,, Ramadan	27 Octobre ,,	16 Octobre ,,	6 Octobre ,,	24 Septembre ,,	13 Septembre ,,
,, Chaoual	26 Novembre ,,	15 Novembre ,,	5 Novembre ,,	24 Octobre ,,	13 Octobre ,,
,, Doul Kaâda	25 Décembre ,,	14 Décembre ,,	4 Décembre ,,	22 Novembre ,,	11 Novembre ,,
,, Doul Hedja	24 Janvier 798	13 Janvier 799	3 Janvier 800	22 Décembre ,,	11 Décembre ,,

	Année 186. 802.	Année 187. (e) 802 - 803.	Année 188. 803 - 804. (b)	Année 189. 804 - 805.	Année 190. (e) 805 - 806.
1.er Moharrem	10 Janvier 802	30 Décembre 802	20 Décembre 803	8 Décembre 804	27 Novembre 805
,, Safar	9 Février ,,	29 Janvier 803	19 Janvier 804	7 Janvier 805	27 Décembre ,,
,, Rebi' 1.er	10 Mars ,,	27 Février ,,	17 Février ,,	5 Février ,,	25 Janvier 806
,, Rebi' 2.e	9 Avril ,,	29 Mars ,,	18 Mars ,,	7 Mars ,,	24 Février ,,
,, Djoumada 1.er	8 Mai ,,	27 Avril ,,	16 Avril ,,	5 Avril ,,	25 Mars ,,
,, Djoumada 2.e	7 Juin ,,	27 Mai ,,	16 Mai ,,	5 Mai ,,	24 Avril ,,
,, Redjeb	6 Juillet ,,	25 Juin ,,	14 Juin ,,	3 Juin ,,	23 Mai ,,
,, Chaâban	5 Août ,,	25 Juillet ,,	14 Juillet ,,	3 Juillet ,,	22 Juin ,,
,, Ramadan	3 Septembre ,,	23 Aout ,,	12 Août ,,	1 Août ,,	21 Juillet ,,
,, Chaoual	3 Octobre ,,	22 Septembre ,,	11 Septembre ,,	31 ,, ,,	20 Août ,,
,, Doul Kaâda	1 Novembre ,,	21 Octobre ,,	10 Octobre ,,	29 Septembre ,,	18 Septembre ,,
,, Doul Hedja	1 Décembre ,,	20 Novembre ,,	9 Novembre ,,	29 Octobre ,,	18 Octobre ,,

	Année 191. 806 - 807.	Année 192. 807 - 808. (b)	Année 193. (e) 808 - 809.	Année 194. 809 - 810.	Année 195. 810 - 811.
1.er Moharrem	17 Novembre 806	6 Novembre 807	25 Octobre 808	15 Octobre 809	4 Octobre 810
,, Safar	17 Décembre ,,	6 Décembre ,,	24 Novembre ,,	14 Novembre ,,	3 Novembre ,,
,, Rebi' 1.er	15 Janvier 807	4 Janvier 808	23 Décembre ,,	13 Décembre ,,	2 Décembre ,,
,, Rebi' 2.e	14 Février ,,	3 Février ,,	22 Janvier 809	12 Janvier 810	1 Janvier 811
,, Djoumada 1.er	15 Mars ,,	3 Mars ,,	20 Février ,,	10 Février ,,	30 ,, ,,
,, Djoumada 2.e	14 Avril ,,	2 Avril ,,	22 Mars ,,	12 Mars ,,	1 Mars ,,
,, Redjeb	13 Mai ,,	1 Mai ,,	20 Avril ,,	10 Avril ,,	30 ,, ,,
,, Chaâban	12 Juin ,,	31 ,, ,,	20 Mai ,,	10 Mai ,,	29 Avril ,,
,, Ramadan	11 Juillet ,,	29 Juin ,,	18 Juin ,,	8 Juin ,,	28 Mai ,,
,, Chaoual	10 Août ,,	29 Juillet ,,	18 Juillet ,,	8 Juillet ,,	27 Juin ,,
,, Doul Kaâda	8 Septembre ,,	27 Août ,,	16 Août ,,	6 Août ,,	26 Juillet ,,
,, Doul Hedja	8 Octobre ,,	26 Septembre ,,	15 Septembre ,,	5 Septembre ,,	25 Août ,,

	Année 196. (e) 811 - 812. (b)	Année 197. 812 - 813.	Année 198. (e) 813 - 814.	Année 199. 814 - 815.	Année 200. 815 - 816. (b)
1.er Moharrem	23 Septembre 811	12 Septembre 812	1 Septembre 813	22 Août 814	11 Août 815
,, Safar	23 Octobre ,,	12 Octobre ,,	1 Octobre ,,	21 Septembre ,,	10 Septembre ,,
,, Rebi' 1.er	21 Novembre ,,	10 Novembre ,,	30 ,, ,,	20 Octobre ,,	9 Octobre ,,
,, Rebi' 2.e	21 Décembre ,,	10 Décembre ,,	29 Novembre ,,	19 Novembre ,,	8 Novembre ,,
,, Djoumada 1er	19 Janvier 812	8 Janvier 813	28 Décembre ,,	18 Décembre ,,	7 Décembre ,,
,, Djoumada 2.e	18 Février ,,	7 Février ,,	27 Janvier 814	17 Janvier 815	6 Janvier 816
,, Redjeb	18 Mars ,,	8 Mars ,,	25 Février ,,	15 Février ,,	4 Février ,,
,, Chaâban	17 Avril ,,	7 Avril ,,	27 Mars ,,	17 Mars ,,	5 Mars ,,
,, Ramadan	16 Mai ,,	6 Mai ,,	25 Avril ,,	15 Avril ,,	3 Avril ,,
,, Chaoual	15 Juin ,,	5 Juin ,,	25 Mai ,,	15 Mai ,,	3 Mai ,,
,, Doul Kaàda	14 Juillet ,,	4 Juillet ,,	23 Juin ,,	13 Juin ,,	1 Juin ,,
,, Doul Hedja	13 Août ,,	3 Août ,,	23 Juillet ,,	13 Juillet ,,	1 Juillet ,,

	Année 201. (e) 816 - 817.	Année 202. 817 - 818.	Année 203. 818 - 819.	Année 204. (e) 819 - 820. (b)	Année 205. 820 - 821.
1.er Moharrem	30 Juillet 816	20 Juillet 817	9 Juillet 818	28 Juin 819	17 Juin 820
,, Safar	29 Août ,,	19 Août ,,	8 Août ,,	28 Juillet ,,	17 Juillet ,,
,, Rebi' 1.er	27 Septembre ,,	17 Septembre ,,	6 Septembre ,,	26 Aout ,,	15 Aout ,,
,, Rebi' 2.e	27 Octobre ,,	17 Octobre ,,	6 Octobre ,,	25 Septembre ,,	14 Septembre ,,
,, Djoumada 1.er	25 Novembre ,,	15 Novembre ,,	4 Novembre ,,	24 Octobre ,,	13 Octobre ,,
,, Djoumada 2.e	25 Décembre ,,	15 Décembre ,,	4 Décembre ,,	23 Novembre ,,	12 Novembre ,,
,, Redjeb	23 Janvier 817	13 Janvier 818	2 Janvier 819	22 Décembre ,,	11 Décembre ,,
,, Chaâban	22 Février ,,	12 Février ,,	1 Février ,,	21 Janvier 820	10 Janvier 821
,, Ramadan	23 Mars ,,	13 Mars ,,	2 Mars ,,	19 Février ,,	8 Février ,,
,, Chaoual	22 Avril ,,	12 Avril ,,	1 Avril ,,	20 Mars ,,	10 Mars ,,
,, Doul Kaàda	21 Mai ,,	11 Mai ,,	30 ,, ,,	18 Avril ,,	8 Avril ,,
,, Doul Hedja	20 Juin ,,	10 Juin ,,	30 Mai ,,	18 Mai ,,	8 Mai ,,

	Année 206. (e) 821 - 822.	Année 207. 822 - 823.	Année 208. 823 - 824. (b)	Année 209. (e) 824 - 825.	Année 210. 825 - 826.
1.er Moharrem	6 Juin 821	27 Mai 822	16 Mai 823	4 Mai 824	24 Avril 825
,, Safar	6 Juillet ,,	26 Juin ,,	15 Juin ,,	3 Juin ,,	24 Mai ,,
,, Rebi' 1.er	4 Aout ,,	25 Juillet ,,	14 Juillet ,,	2 Juillet ,,	22 Juin ,,
,, Rebi' 2.e	3 Septembre ,,	24 Aout ,,	13 Aout ,,	1 Aout ,,	22 Juillet ,,
,, Djoumada 1er	2 Octobre ,,	22 Septembre ,,	11 Septembre ,,	30 ,, ,,	20 Aout ,,
,, Djoumada 2.e	1 Novembre ,,	22 Octobre ,,	11 Octobre ,,	29 Septembre ,,	19 Septembre ,,
,, Redjeb	30 ,, ,,	20 Novembre ,,	9 Novembre ,,	28 Octobre ,,	18 Octobre ,,
,, Chaâban	30 Décembre ,,	20 Décembre ,,	9 Décembre ,,	27 Novembre ,,	17 Novembre ,,
,, Ramadan	28 Janvier 822	18 Janvier 823	7 Janvier 824	26 Décembre ,,	16 Décembre ,,
,, Chaoual	27 Février ,,	17 Février ,,	6 Février ,,	25 Janvier 825	15 Janvier 826
,, Doul Kaàda	28 Mars ,,	18 Mars ,,	6 Mars ,,	23 Février ,,	13 Février ,,
,, Doul Hedja	27 Avril ,,	17 Avril ,,	5 Avril ,,	25 Mars ,,	15 Mars ,,

	Année 211. 826 - 827.	Année 212. (e) 827 - 828. (b)	Année 213. 828 - 829.	Année 214. 829 - 830.	Année 215. (e) 830 - 831.
1er. Moharrem	13 Avril 826	2 Avril 827	22 Mars 828	11 Mars 829	28 Février 830
,, Safar	13 Mai ,,	2 Mai ,,	21 Avril ,,	10 Avril ,,	30 Mars ,,
,, Rebi' 1.er	11 Juin ,,	31 ,, ,,	20 Mai ,,	9 Mai ,,	28 Avril ,,
,, Rebi' 2.e	11 Juillet ,,	30 Juin ,,	19 Juin ,,	8 Juin ,,	28 Mai ,,
,, Djoumada 1.er	9 Août ,,	29 Juillet ,,	18 Juillet ,,	7 Juillet ,,	26 Juin ,,
,, Djoumada 2.e	8 Septembre ,,	28 Août ,,	17 Août ,,	6 Août ,,	26 Juillet ,,
,, Redjeb	7 Octobre ,,	26 Septembre ,,	15 Septembre ,,	4 Septembre ,,	24 Août ,,
,, Chaâban	6 Novembre ,,	26 Octobre ,,	15 Octobre ,,	4 Octobre ,,	23 Septembre ,,
,, Ramadan	5 Décembre ,,	24 Novembre ,,	13 Novembre ,,	2 Novembre ,,	22 Octobre ,,
,, Chaoual	4 Janvier 827	24 Décembre ,,	13 Décembre ,,	2 Décembre ,,	21 Novembre ,,
,, Doul Kaâda	2 Février ,,	22 Janvier 828	11 Janvier 829	31 ,, ,,	20 Décembre ,,
,, Doul Hedja	4 Mars ,,	21 Février ,,	10 Février ,,	30 Janvier 830	19 Janvier 831

	Année 216. 831 - 832.	Année 217. (e) 832 (b) - 833.	Année 218. 833 - 834.	Année 219. 834 - 835.	Année 220. (e) 835.
1.er Moharrem	18 Février 831	7 Février 832	27 Janvier 833	16 Janvier 834	5 Janvier 835
,, Safar	20 Mars ,,	8 Mars ,,	26 Février ,,	15 Février ,,	4 Février ,,
,, Rebi' 1.er	18 Avril ,,	6 Avril ,,	27 Mars ,,	16 Mars ,,	5 Mars ,,
,, Rebi' 2.e	18 Mai ,,	6 Mai ,,	26 Avril ,,	15 Avril ,,	4 Avril ,,
,, Djoumada 1.er	16 Juin ,,	4 Juin ,,	25 Mai ,,	14 Mai ,,	3 Mai ,,
,, Djoumada 2.e	16 Juillet ,,	4 Juillet ,,	24 Juin ,,	13 Juin ,,	2 Juin ,,
,, Redjeb	14 Août ,,	2 Aout ,,	23 Juillet ,,	12 Juillet ,,	1 Juillet ,,
,, Chaâban	13 Septembre ,,	1 Septembre ,,	22 Août ,,	11 Août ,,	31 ,, ,,
,, Ramadan	12 Octobre ,,	30 ,, ,,	20 Septembre ,,	9 Septembre ,,	29 Août ,,
,, Chaoual	11 Novembre ,,	30 Octobre ,,	20 Octobre ,,	9 Octobre ,,	28 Septembre ,,
,, Doul Kaâda	10 Décembre ,,	28 Novembre ,,	18 Novembre ,,	7 Novembre ,,	27 Octobre ,,
,, Doul Hedja	9 Janvier 832	28 Décembre 833	18 Décembre ,,	7 Décembre ,,	26 Novembre ,,

	Année 221. 835 - 836. (b)	Année 222. 836 - 837.	Année 223. (e) 837 - 838.	Année 224. 838 - 839.	Année 225. 839 - 840. (b)
1.er Moharrem	26 Décembre 835	14 Décembre 836	3 Décembre 837	23 Novembre 838	12 Novembre 839
,, Safar	25 Janvier 836	13 Janvier 837	2 Janvier 838	23 Décembre ,,	12 Décembre ,,
,, Rebi' 1.er	23 Février ,,	11 Février ,,	31 ,, ,,	21 Janvier 839	10 Janvier 840
,, Rebi' 2.e	24 Mars ,,	13 Mars ,,	2 Mars ,,	20 Février ,,	9 Février ,,
,, Djoumada 1.er	22 Avril ,,	11 Avril ,,	31 ,, ,,	21 Mars ,,	9 Mars ,,
,, Djoumada 2.e	22 Mai ,,	11 Mai ,,	30 Avril ,,	20 Avril ,,	8 Avril ,,
,, Redjeb	20 Juin ,,	9 Juin ,,	29 Mai ,,	19 Mai ,,	7 Mai ,,
,, Chaâban	20 Juillet ,,	9 Juillet ,,	28 Juin ,,	18 Juin ,,	6 Juin ,,
,, Ramadan	18 Août ,,	7 Août ,,	27 Juillet ,,	17 Juillet ,,	5 Juillet ,,
,, Chaoual	17 Septembre ,,	6 Septembre ,,	26 Août ,,	16 Août ,,	4 Août ,,
,, Doul Kaâda	16 Octobre ,,	5 Octobre ,,	24 Septembre ,,	14 Septembre ,,	2 Septembre ,,
,, Doul Hedja	15 Novembre ,,	4 Novembre ,,	24 Octobre ,,	14 Octobre ,,	2 Octobre ,,

	Année 226. (e) 840 - 841.	Année 227. 841 - 842.	Année 228. (e) 842 - 843.	Année 229. 843 - 844. (b).	Année 230. 844 - 845.
1er. Moharrem	31 Octobre 840	21 Octobre 841	10 Octobre 842	30 Septembre 843	18 Septembre 844
,, Safar	30 Novembre ,,	20 Novembre ,,	9 Novembre ,,	30 Octobre ,,	18 Octobre ,,
,, Rebi' 1.er	29 Décembre ,,	19 Décembre ,,	8 Décembre ,,	28 Novembre ,,	16 Novembre ,,
,, Rebi' 2.e	28 Janvier 841	18 Janvier 842	7 Janvier 843	28 Décembre ,,	16 Décembre ,,
,, Djoumada 1.er	26 Février ,,	16 Février ,,	5 Février ,,	26 Janvier 844	14 Janvier 845
,, Djoumada 2.e	28 Mars ,,	18 Mars ,,	7 Mars ,,	25 Février ,,	13 Février ,,
,, Redjeb	26 Avril ,,	16 Avril ,,	5 Avril ,,	25 Mars ,,	14 Mars ,,
,, Chaâban	26 Mai ,,	16 Mai ,,	5 Mai ,,	24 Avril ,,	13 Avril ,,
,, Ramadan	24 Juin ,,	14 Juin ,,	3 Juin ,,	23 Mai ,,	12 Mai ,,
,, Chaoual	24 Juillet ,,	14 Juillet ,,	3 Juillet ,,	22 Juin ,,	11 Juin ,,
,, Doul Kaâda	22 Aout ,,	12 Aout ,,	1 Aout ,,	21 Juillet ,,	10 Juillet ,,
,, Doul Hedja	21 Septembre ,,	11 Septembre ,,	31 ,, ,,	20 Aout ,,	9 Aout ,,

	Année 231. (e) 845 - 846.	Année 232. 846 - 847.	Année 233. 847 - 848. (b)	Année 234. (e) 848 - 849.	Année 235. 849 - 850.
1.er Moharrem	7 Septembre 845	28 Aout 846	17 Aout 847	5 Aout 848	26 Juillet 849
,, Safar	7 Octobre ,,	27 Septembre ,,	16 Septembre ,,	4 Septembre ,,	25 Aout ,,
,, Rebi' 1.er	5 Novembre ,,	26 Octobre ,,	15 Octobre ,,	3 Octobre ,,	23 Septembre ,,
,, Rebi' 2.e	5 Décembre ,,	25 Novembre ,,	14 Novembre ,,	2 Novembre ,,	23 Octobre ,,
,, Djoumada 1.er	3 Janvier 846	24 Décembre ,,	13 Décembre ,,	1 Décembre ,,	21 Novembre ,,
,, Djoumada 2.e	2 Février ,,	23 Janvier 847	12 Janvier 848	31 ,, ,,	21 Décembre ,,
,, Redjeb	3 Mars ,,	21 Février ,,	10 Février ,,	29 Janvier 849	19 Janvier 850
,, Chaâban	2 Avril ,,	23 Mars ,,	11 Mars [,,	28 Février ,,	18 Février ,,
,, Ramadan	1 Mai ,,	21 Avril ,,	9 Avril ,,	29 Mars ,,	19 Mars ,,
,, Chaoual	31 ,, ,,	21 Mai ,,	9 Mai ,,	28 Avril ,,	18 Avril ,,
,, Doul Kaâda	29 Juin ,,	19 Juin ,,	7 Juin ,,	27 Mai ,,	17 Mai ,,
,, Doul Hedja	29 Juillet ,,	19 Juillet ,,	7 Juillet ,,	26 Juin ,,	16 Juin ,,

	Année 236. (e) 850 - 851.	Année 237. 851 - 852. (b)	Année 238. 852 - 853.	Année 239. (e) 853 - 854.	Année 240. 854 - 855.
1.er Moharrem	15 Juillet 850	5 Juillet 851	23 Juin 852	12 Juin 853	2 Juin 854
,, Safar	14 Aout ,,	4 Aout ,,	23 Juillet ,,	12 Juillet ,,	2 Juillet ,,
,, Rebi' 1.er	12 Septembre ,,	2 Septembre ,,	21 Aout ,,	10 Aout ,,	31 ,, ,,
,, Rebi' 2.e	12 Octobre ,,	2 Octobre ,,	20 Septembre ,,	9 Septembre ,,	30 Aout ,,
,, Djoumada 1.er	10 Novembre ,,	31 ,, ,,	19 Octobre ,,	8 Octobre ,,	28 Septembre ,,
,, Djoumada 2.e	10 Decembre ,,	30 Novembre ,,	18 Novembre ,,	7 Novembre ,,	28 Octobre ,,
,, Redjeb	8 Janvier 851	29 Décembre ,,	17 Décembre ,,	6 Décembre ,,	26 Novembre ,,
,, Chaâban	7 Février ,,	28 Janvier 852	16 Janvier 853	5 Janvier 854	26 Décembre ,,
,, Ramadan	8 Mars ,,	26 Février ,,	14 Février ,,	3 Février ,,	24 Janvier 855
,, Chaoual	7 Avril ,,	27 Mars ,,	16 Mars ,,	5 Mars ,,	23 Février ,,
,, Doul Kaâda	6 Mai ,,	25 Avril ,,	14 Avril ,,	3 Avril ,,	24 Mars ,,
,, Doul Hedja	5 Juin ,,	25 Mai ,,	14 Mai ,,	3 Mai ,,	23 Avril ,,

	Année 241. 855 - 856. (b)	Année 242. (e) 856 - 857.	Année 243. 857 - 858.	Année 244. 858 - 859.	Année 245. (e) 859 - 860. (b)
1.ᵉʳ Moharrem	22 Mai 855	10 Mai 856	30 Avril 857	19 Avril 858	8 Avril 859
,, Safar	21 Juin ,,	9 Juin ,,	30 Mai ,,	19 Mai ,,	8 Mai ,,
,, Rebi' 1.ᵉʳ	20 Juillet ,,	8 Juillet ,,	28 Juin ,,	17 Juin ,,	6 Juin ,,
,, Rebi' 2.ᵉ	19 Août ,,	7 Août ,,	28 Juillet ,,	17 Juillet ,,	6 Juillet ,,
,, Djoumada 1ᵉʳ	17 Septembre ,,	5 Septembre ,,	26 Aout ,,	15 Août ,,	4 Août ,,
,, Djoumada 2.ᵉ	17 Octobre ,,	5 Octobre ,,	25 Septembre ,,	14 Septembre ,,	3 Septembre ,,
,, Redjeb	15 Novembre ,,	8 Novembre ,,	24 Octobre ,,	13 Octobre ,,	2 Octobre ,,
,, Chaâban	15 Décembre ,,	8 Décembre ,,	23 Novembre ,,	12 Novembre ,,	1 Novembre ,,
,, Ramadan	13 Janvier 856	1 Janvier 857	22 Décembre ,,	11 Décembre ,,	30 ,, ,,
,, Chaoual	12 Février ,,	31 ,, ,,	21 Janvier 858	10 Janvier 859	30 Décembre ,,
,, Doul Kaâda	12 Mars ,,	1 Mars ,,	19 Février ,,	8 Février ,,	28 Janvier 860
,, Doul Hedja	11 Avril ,,	31 ,, ,,	21 Mars ,,	10 Mars ,,	27 Février ,,

	Année 246. 860 - 861.	Année 247. (e) 861 - 862.	Année 248. 862 - 863.	Année 249. 863 - 864.	Année 250. (e) 864 (b) - 865.
1.ᵉʳ Moharrem	28 Mars 860	17 Mars 861	7 Mars 862	24 Février 863	13 Février 864
,, Safar	27 Avril ,,	16 Avril ,,	6 Avril ,,	26 Mars ,,	14 Mars ,,
,, Rebi' 1.ᵉʳ	26 Mai ,,	15 Mai ,,	5 Mai ,,	24 Avril ,,	12 Avril ,,
,, Rebi' 2.ᵉ	25 Juin ,,	14 Juin ,,	4 Juin ,,	24 Mai ,,	12 Mai ,,
,, Djoumada 1.ᵉʳ	24 Juillet ,,	13 Juillet ,,	3 Juillet ,,	22 Juin ,,	10 Juin ,,
,, Djoumada 2.ᵉ	23 Août ,,	12 Août ,,	2 Août ,,	22 Juillet ,,	10 Juillet ,,
,, Redjeb	21 Septembre ,,	10 Septembre ,,	31 ,, ,,	20 Aout ,,	8 Aout ,,
,, Chaâban	21 Octobre ,,	10 Octobre ,,	30 Septembre ,,	19 Septembre ,,	7 Septembre ,,
,, Ramadan	19 Novembre ,,	8 Novembre ,,	29 Octobre ,,	18 Octobre ,,	6 Octobre ,,
,, Chaoual	19 Décembre ,,	8 Décembre ,,	28 Novembre ,,	17 Novembre ,,	5 Novembre ,,
,, Doul Kaâda	17 Janvier 861	6 Janvier 862	27 Décembre ,,	16 Décembre ,,	4 Décembre ,,
,, Doul Hedja	16 Février ,,	5 Février ,,	26 Janvier 863	15 Janvier 864	3 Janvier 865

	Année 251. 865 - 866.	Année 252. 866 - 867.	Année 253. (e) 867.	Année 254. 868. (b)	Année 255. 868 - 869.
1.ᵉʳ Moharrem	2 Février 865	22 Janvier 866	11 Janvier 867	1 Janvier 868	20 Décembre 868
,, Safar	4 Mars ,,	21 Février ,,	10 Février ,,	31 ,, ,,	19 Janvier 869
,, Rebi' 1.ᵉʳ	2 Avril ,,	22 Mars ,,	11 Mars ,,	29 Février ,,	17 Février ,,
,, Rebi' 2.ᵉ	2 Mai ,,	21 Avril ,,	10 Avril ,,	30 Mars ,,	19 Mars ,,
,, Djoumada 1ᵉʳ	31 ,, ,,	20 Mai ,,	9 Mai ,,	28 Avril ,,	17 Avril ,,
,, Djoumada 2.ᵉ	30 Juin ,,	19 Juin ,,	8 Juin ,,	28 Mai ,,	17 Mai ,,
,, Redjeb	29 Juillet ,,	18 Juillet ,,	7 Juillet ,,	26 Juin ,,	15 Juin ,,
,, Chaâban	28 Aout ,,	17 Aout ,,	6 Aout ,,	26 Juillet ,,	15 Juillet ,,
,, Ramadan	26 Septembre ,,	15 Septembre ,,	4 Septembre ,,	24 Aout ,,	13 Aout ,,
,, Chaoual	26 Octobre ,,	15 Octobre ,,	4 Octobre ,,	23 Septembre ,,	12 Septembre ,,
,, Doul Kaâda	24 Novembre ,,	13 Novembre ,,	2 Novembre ,,	22 Octobre ,,	11 Octobre ,,
,, Doul Hedja	24 Décembre ,,	13 Décembre ,,	2 Décembre ,,	21 Novembre ,,	10 Novembre ,,

	Année 256. (e) 869 - 870.	*Année 257.* 870 - 871.	*Année 258.* (e) 871 - 872. (b)	*Année 259.* 872 - 873.	*Année 260.* 873 - 874.
1.er Moharrem	9 Décembre 869	29 Novembre 870	18 Novembre 871	7 Novembre 872	27 Octobre 873
,, Safar	8 Janvier 870	29 Décembre ,,	18 Décembre ,,	7 Décembre ,,	26 Novembre ,,
,, Rebi' 1.er	6 Février ,,	27 Janvier 871	16 Janvier 872	5 Janvier 873	25 Décembre ,,
,, Rebi' 2.e	8 Mars ,,	26 Février ,,	15 Février ,,	4 Février ,,	24 Janvier 874
,, Djoumada 1.er	6 Avril ,,	27 Mars ,,	15 Mars ,,	5 Mars ,,	22 Février ,,
,, Djoumada 2.e	6 Mai ,,	26 Avril ,,	14 Avril ,,	4 Avril ,,	24 Mars ,,
,, Redjeb	4 Juin ,,	25 Mai ,,	13 Mai ,,	3 Mai ,,	22 Avril ,,
,, Chaâban	4 Juillet ,,	24 Juin ,,	12 Juin ,,	2 Juin ,,	22 Mai ,,
,, Ramadan	2 Août ,,	23 Juillet ,,	11 Juillet ,,	1 Juillet ,,	20 Juin ,,
,, Chaoual	1 Septembre ,,	22 Août ,,	10 Août ,,	31 ,, ,,	20 Juillet ,,
,, Doul Kaâda	30 ,, ,,	20 Septembre ,,	8 Septembre ,,	29 Août ,,	18 Août ,,
,, Doul Hedja	30 Octobre ,,	20 Octobre ,,	8 Octobre ,,	28 Septembre ,,	17 Septembre ,,

	Année 261. (e) 874 - 875.	*Année 262.* 875 - 876. (b)	*Année 263.* 876 - 877.	*Année 264.* (e) 877 - 878.	*Année 265.* 878 - 879.
1er. Moharrem	16 Octobre 874	6 Octobre 875	24 Septembre 876	13 Septembre 877	8 Septembre 878
,, Safar	15 Novembre ,,	5 Novembre ,,	24 Octobre ,,	13 Octobre ,,	3 Octobre ,,
,, Rebi' 1.er	14 Décembre ,,	4 Décembre ,,	22 Novembre ,,	11 Novembre ,,	1 Novembre ,,
,, Rebi' 2.e	13 Janvier 875	3 Janvier 876	22 Décembre ,,	11 Décembre ,,	1 Décembre ,,
,, Djoumada 1.er	11 Février ,,	1 Février ,,	20 Janvier 877	9 Janvier 878	30 ,, ,,
,, Djoumada 2.e	13 Mars ,,	2 Mars ,,	19 Février ,,	8 Fevrier ,,	29 Janvier 879
,, Redjeb	11 Avril ,,	31 ,, ,,	20 Mars ,,	9 Mars ,,	27 Février ,,
,, Chaâban	11 Mai ,,	30 Avril ,,	19 Avril ,,	8 Avril ,,	29 Mars ,,
,, Ramadan	9 Juin ,,	29 Mai ,,	18 Mai ,,	7 Mai ,,	27 Avril ,,
,, Chaoual	9 Juillet ,,	28 Juin ,,	17 Juin ,,	6 Juin ,,	27 Mai ,,
,, Doul Kaâda	7 Août ,,	27 Juillet ,,	16 Juillet ,,	5 Juillet ,,	25 Juin ,,
,, Doul Hedja	6 Septembre ,,	26 Août ,,	15 Août ,,	4 Août ,,	25 Juillet ,,

	Année 266. (e) 879 - 880. (b)	*Année 267.* 880 - 881.	*Année 268.* 881 - 882.	*Année 269.* (e) 882 - 883.	*Année 270.* 883 - 884. (b)
1.er Moharrem	23 Août 879	12 Août 880	1 Août 881	21 Juillet 882	11 Juillet 883
,, Safar	22 Septembre ,,	11 Septembre ,,	31 ,, ,,	20 Août ,,	10 Août ,,
,, Rebi' 1.er	21 Octobre ,,	10 Octobre ,,	29 Septembre ,,	18 Septembre ,,	8 Septembre ,,
,, Rebi' 2.e	20 Novembre ,,	9 Novembre ,,	29 Octobre ,,	18 Octobre ,,	8 Octobre ,,
,, Djoumada 1.er	19 Décembre ,,	8 Décembre ,,	27 Novembre ,,	16 Novembre ,,	6 Novembre ,,
,, Djoumada 2.e	18 Janvier 880	7 Janvier 881	27 Décembre ,,	16 Décembre ,,	6 Décembre ,,
,, Redjeb	16 Février ,,	5 Février ,,	25 Janvier 882	14 Janvier 883	4 Janvier 884
,, Chaâban	17 Mars ,,	7 Mars ,,	24 Février ,,	13 Février ,,	3 Février ,,
,, Ramadan	15 Avril ,,	5 Avril ,,	25 Mars ,,	14 Mars ,,	3 Mars ,,
,, Chaoual	15 Mai ,,	5 Mai ,,	24 Avril ,,	13 Avril ,,	2 Avril ,,
,, Doul Kaâda	13 Juin ,,	3 Juin ,,	23 Mai ,,	12 Mai ,,	1 Mai ,,
,, Doul Hedja	13 Juillet ,,	3 Juillet ,,	22 Juin ,,	11 Juin ,,	31 ,, ,,

	Année 271. 884 - 885.	*Année 272.* (e) 885 - 886.	*Année 273.* 886 - 887.	*Année 274.* 887 - 888. (b)	*Année 275.* (e) 888 - 889.
1.er Moharrem	29 Juin 884	18 Juin 885	8 Juin 886	28 Mai 887	16 Mai 888
„ Safar	29 Juillet „	18 Juillet „	8 Juillet „	27 Juin „	15 Juin „
„ Rebi' 1.er	27 Aout „	16 Août „	6 Août „	26 Juillet „	14 Juillet „
„ Rebi' 2.e	26 Septembre „	15 Septembre „	5 Septembre „	25 Août „	13 Aout „
„ Djoumada 1.er	25 Octobre „	14 Octobre „	4 Octobre „	23 Septembre „	11 Septembre „
„ Djoumada 2.e	24 Novembre „	13 Novembre „	3 Novembre „	23 Octobre „	11 Octobre „
„ Redjeb	23 Décembre „	12 Décembre „	2 Décembre „	21 Novembre „	9 Novembre „
„ Chaâban	22 Janvier 885	11 Janvier 886	1 Janvier 887	21 Décembre „	9 Décembre „
„ Ramadan	20 Février „	9 Février „	30 „ „	19 Janvier 888	7 Janvier 889
„ Chaoual	22 Mars „	11 Mars „	1 Mars „	18 Février „	6 Février „
„ Doul Kaâda	20 Avril „	9 Avril „	30 „ „	18 Mars „	7 Mars „
„ Doul Hedja	20 Mai „	9 Mai „	29 Avril „	17 Avril „	6 Avril „

	Année 276. 889 - 890.	*Année 277.* (e) 890 - 891.	*Année 278.* 891 - 892. (b)	*Année 279.* 892 - 893.	*Année 280.* (e) 893 - 894.
1er. Moharrem	6 Mai 889	25 Avril 890	15 Avril 891	3 Avril 892	23 Mars 893
„ Safar	5 Juin „	25 Mai „	15 Mai „	3 Mai „	22 Avril „
„ Rebi' 1.er	4 Juillet „	23 Juin „	13 Juin „	1 Juin „	21 Mai „
„ Rebi' 2.e	3 Août „	23 Juillet „	13 Juillet „	1 Juillet „	20 Juin „
„ Djoumada 1.er	1 Septembre „	21 Août „	11 Août „	30 „ „	19 Juillet „
„ Djoumada 2.e	1 Octobre „	20 Septembre „	10 Septembre „	29 Août „	18 Août „
„ Redjeb	30 „ „	19 Octobre „	9 Octobre „	27 Septembre „	16 Septembre „
„ Chaâban	29 Novembre „	18 Novembre „	8 Novembre „	27 Octobre „	16 Octobre „
„ Ramadan	28 Décembre „	17 Décembre „	7 Décembre „	25 Novembre „	14 Novembre „
„ Chaoual	27 Janvier 890	16 Janvier 891	6 Janvier 892	25 Décembre „	14 Décembre „
„ Doul Kaâda	25 Février „	14 Février „	4 Février „	23 Janvier 893	12 Janvier 894
„ Doul Hedja	27 Mars „	16 Mars „	5 Mars „	22 Février „	11 Février „

	Année 281. 894 - 895.	*Année 282.* 895 - 896.	*Année 283.* (e) 896 (b) - 897.	*Année 284.* 897 - 898.	*Année 285.* 898 - 899.
1.er Moharrem	13 Mars 894	2 Mars 895	19 Février 896	8 Février 897	28 Janvier 898
„ Safar	12 Avril „	1 Avril „	20 Mars „	10 Mars „	27 Février „
„ Rebi' 1.er	11 Mai „	30 „ „	18 Avril „	8 Avril „	28 Mars „
„ Rebi' 2.e	10 Juin „	30 Mai „	18 Mai „	8 Mai „	27 Avril „
„ Djoumada 1.er	9 Juillet „	28 Juin „	16 Juin „	6 Juin „	26 Mai „
„ Djoumada 2.e	8 Août „	28 Juillet „	16 Juillet „	6 Juillet „	25 Juin „
„ Redjeb	6 Septembre „	26 Août „	14 Août „	4 Août „	24 Juillet „
„ Chaâban	6 Octobre „	25 Septembre „	13 Septembre „	3 Septembre „	23 Août „
„ Ramadan	4 Novembre „	24 Octobre „	12 Octobre „	2 Octobre „	21 Septembre „
„ Chaoual	4 Décembre „	28 Novembre „	11 Novembre „	1 Novembre „	21 Octobre „
„ Doul Kaâda	2 Janvier 895	22 Décembre „	10 Décembre „	30 „ „	19 Novembre „
„ Doul Hedja	1 Février „	21 Janvier 896	9 Janvier 897	30 Décembre „	19 Décembre „

	Année 286. (e) 899 - 900.	*Année 287.* 900. (b)	*Année 288. (e)* 900 - 901.	*Année 289.* 901 - 902.	*Année 290.* 902 - 903.
1.er Moharrem	17 Janvier 899	7 Janvier 900	26 Décembre 900	16 Décembre 901	5 Décembre 902
„ Safar	16 Février „	6 Février „	25 Janvier 901	15 Janvier 902	4 Janvier 903
„ Rebi' 1.er	17 Mars „	6 Mars „	23 Février „	13 Février „	2 Février „
„ Rebi' 2.e	16 Avril „	5 Avril „	25 Mars „	15 Mars „	4 Mars „
„ Djoumada 1.er	15 Mai „	4 Mai „	23 Avril „	13 Avril „	2 Avril „
„ Djoumada 2.e	14 Juin „	3 Juin „	23 Mai „	13 Mai „	2 Mai „
„ Redjeb	13 Juillet „	2 Juillet „	21 Juin „	11 Juin „	31 „ „
„ Chaâban	12 Aout „	1 Août „	21 Juillet „	11 Juillet „	30 Juin „
„ Ramadan	10 Septembre „	30 „ „	19 Août „	9 Août „	29 Juillet „
„ Chaoual	10 Octobre „	29 Septembre „	18 Septembre „	8 Septembre „	28 Aout „
„ Doul Kaâda	8 Novembre „	28 Octobre „	17 Octobre „	7 Octobre „	26 Septembre „
„ Doul Hedja	8 Décembre „	27 Novembre „	16 Novembre „	6 Novembre „	26 Octobre „

	Année 291. (e) 903 - 904. (b)	*Année 292.* 904 - 905.	*Année 293.* 905 - 906.	*Année 294. (e)* 906 - 907.	*Année 295.* 907 - 908. (b)
1er. Moharrem	24 Novembre 903	13 Novembre 904	2 Novembre 905	22 Octobre 906	12 Octobre 907
„ Safar	24 Décembre „	13 Décembre „	2 Décembre „	21 Novembre „	11 Novembre „
„ Rebi' 1.er	22 Janvier 904	11 Janvier 905	31 „ „	20 Décembre „	10 Décembre „
„ Rebi' 2.e	21 Février „	10 Février „	30 Janvier 906	19 Janvier 907	9 Janvier 908
„ Djoumada 1.er	21 Mars „	11 Mars „	28 Février „	17 Février „	7 Février „
„ Djoumada 2.e	20 Avril „	10 Avril „	30 Mars „	19 Mars „	8 Mars „
„ Redjeb	19 Mai „	9 Mai „	28 Avril „	17 Avril „	6 Avril „
„ Chaâban	18 Juin „	8 Juin „	28 Mai „	17 Mai „	6 Mai „
„ Ramadan	17 Juillet „	7 Juillet „	26 Juin „	15 Juin „	4 Juin „
„ Chaoual	16 Aout „	6 Aout „	26 Juillet „	15 Juillet „	4 Juillet „
„ Doul Kaâda	14 Septembre „	4 Septembre „	24 Aout „	13 Aoút „	2 Aout „
„ Doul Hedja	14 Octobre „	4 Octobre „	23 Septembre „	12 Septembre „	1 Septembre „

	Année 296. (e) 908 - 909.	*Année 297.* 909 - 910.	*Année 298.* 910 - 911.	*Année 299. (e)* 911 - 912. (b)	*Année 300.* 912 - 913.
I.er Moharrem	30 Septembre 908	20 Septembre 909	9 Septembre 910	29 Aout 911	18 Aout 912
„ Safar	30 Octobre „	20 Octobre „	9 Octobre „	28 Septembre „	17 Septembre „
„ Rebi' 1.er	28 Novembre „	18 Novembre „	7 Novembre „	27 Octobre „	16 Octobre „
„ Rebi' 2.e	28 Décembre „	18 Décembre „	7 Décembre „	26 Novembre „	15 Novembre „
„ Djoumada 1er	26 Janvier 909	16 Janvier 910	5 Janvier 911	25 Décembre „	14 Décembre „
„ Djoumada 2.e	25 Février „	15 Février „	4 Février „	24 Janvier 912	13 Janvier 913
„ Redjeb	26 Mars „	16 Mars „	5 Mars „	22 Février „	11 Février „
„ Chaâban	25 Avril „	15 Avril „	4 Avril „	23 Mars „	13 Mars „
„ Ramadan	24 Mai „	14 Mai „	3 Mai „	21 Avril „	11 Avril „
„ Chaoual	23 Juin „	13 Juin „	2 Juin „	21 Mai „	11 Mai „
„ Doul Kaâda	22 Juillet „	12 Juillet „	1 Juillet „	19 Juin „	9 Juin „
„ Doul Hedja	21 Aout „	11 Aout „	31 „ „	19 Juillet „	9 Juillet „

	Année 301. 913 - 914.	*Année 302. (e)* 914 - 915.	*Année 303.* 915 - 916. (b)	*Année 304.* 916 - 917.	*Année 305. (e)* 917 - 918.
1er. Moharrem	7 Août 913	27 Juillet 914	17 Juillet 915	5 Juillet 916	24 Juin 917
,, Safar	6 Septembre ,,	26 Août ,,	16 Août ,,	4 Août ,,	24 Juillet ,,
,, Rebi' 1.er	5 Octobre ,,	24 Septembre ,,	14 Septembre ,,	2 Septembre ,,	22 Août ,,
,, Rebi' 2.e	4 Novembre ,,	24 Octobre ,,	14 Octobre ,,	2 Octobre ,,	21 Septembre ,,
,, Djoumada 1.er	3 Décembre ,,	22 Novembre ,,	12 Novembre ,,	31 ,, ,,	20 Octobre ,,
,, Djoumada 2.e	2 Janvier 914	22 Décembre ,,	12 Décembre ,,	30 Novembre ,,	19 Novembre ,,
,, Redjeb	31 ,, ,,	20 Janvier 915	10 Janvier 916	29 Décembre ,,	18 Décembre ,,
,, Chaâban	2 Mars ,,	19 Février ,,	9 Février ,,	28 Janvier 917	17 Janvier 918
,, Ramadan	31 ,, ,,	20 Mars ,,	9 Mars ,,	26 Février ,,	15 Février ,,
,, Chaoual	30 Avril ,,	19 Avril ,,	8 Avril ,,	28 Mars ,,	17 Mars ,,
,, Doul Kaâda	29 Mai ,,	18 Mai ,,	7 Mai ,,	26 Avril ,,	15 Avril ,,
,, Doul Hedja	28 Juin ,,	17 Juin ,,	6 Juin ,,	26 Mai ,,	15 Mai ,,

	Année 306. 918 - 919.	*Année 307. (e)* 919 - 920 (b).	*Année 308.* 920 - 921.	*Année 309.* 921 - 922.	*Année 310. (e)* 922 - 923.
1.er Moharrem	14 Juin 918	3 Juin 919	23 Mai 920	12 Mai 921	1 Mai 922
,, Safar	14 Juillet ,,	3 Juillet ,,	22 Juin ,,	11 Juin ,,	31 ,, ,,
,, Rebi' 1.er	12 Août ,,	1 Aout ,,	21 Juillet ,,	10 Juillet ,,	29 Juin ,,
,, Rebi' 2.e	11 Septembre ,,	31 ,, ,,	20 Août ,,	9 Août ,,	29 Juillet ,,
,, Djoumada 1.er	10 Octobre ,,	29 Septembre ,,	18 Septembre ,,	7 Septembre ,,	27 Août ,,
,, Djoumada 2.e	9 Novembre ,,	29 Octobre ,,	18 Octobre ,,	7 Octobre ,,	26 Septembre ,,
,, Redjeb	8 Décembre ,,	27 Novembre ,,	16 Novembre ,,	5 Novembre ,,	25 Octobre ,,
,, Chaâban	7 Janvier 919	27 Décembre ,,	16 Décembre ,,	5 Décembre ,,	24 Novembre ,,
,, Ramadan	5 Février ,,	25 Janvier 920	14 Janvier 921	3 Janvier 922	23 Décembre ,,
,, Chaoual	7 Mars ,,	24 Février ,,	13 Février ,,	2 Février ,,	22 Janvier 923
,, Doul Kaâda	5 Avril ,,	24 Mars ,,	14 Mars ,,	3 Mars ,,	20 Février ,,
,, Doul Hedja	5 Mai ,,	23 Avril ,,	13 Avril ,,	2 Avril ,,	22 Mars ,,

	Année 311. 923 - 924. (b)	*Année 312.* 924 - 925.	*Année 313. (e)* 925 - 926.	*Année 314.* 926 - 927.	*Année 315.* 927 - 928.
1.er Moharrem	21 Avril 923	9 Avril 924	29 Mars 925	19 Mars 926	8 Mars 927
,, Safar	21 Mai ,,	9 Mai ,,	28 Avril ,,	18 Avril ,,	7 Avril ,,
,, Rebi' 1.er	19 Juin ,,	7 Juin ,,	27 Mai ,,	17 Mai ,,	6 Mai ,,
,, Rebi' 2.e	19 Juillet ,,	7 Juillet ,,	26 Juin ,,	16 Juin ,,	5 Juin ,,
,, Djoumada 1.er	17 Août ,,	5 Août ,,	25 Juillet ,,	15 Juillet ,,	4 Juillet ,,
,, Djoumada 2.e	16 Septembre ,,	4 Septembre ,,	24 Août ,,	14 Août ,,	3 Août ,,
,, Redjeb	15 Octobre ,,	3 Octobre ,,	22 Septembre ,,	12 Septembre ,,	1 Septembre ,,
,, Chaâban	14 Novembre ,,	2 Novembre ,,	22 Octobre ,,	12 Octobre ,,	1 Octobre ,,
,, Ramadan	13 Décembre ,,	1 Décembre ,,	20 Novembre ,,	10 Novembre ,,	30 ,, ,,
,, Chaoual	12 Janvier 924	31 ,, ,,	20 Décembre ,,	10 Décembre ,,	29 Novembre ,,
,, Doul Kaâda	10 Février ,,	29 Janvier 925	18 Janvier 926	8 Janvier 927	28 Décembre ,,
,, Doul Hedja	11 Mars ,,	28 Février ,,	17 Février ,,	7 Février ,,	27 Janvier 928

	Année 316. (e) 928 (b) - 929.	*Année 317.* 929 - 930.	*Année 318.* (e) 930 - 931.	*Année 319.* 931 - 932.	*Année 320.* 932. (b)
1er. Moharrem	25 Février 928	14 Février 929	3 Février 930	24 Janvier 931	13 Janvier 932
,, Safar	26 Mars ,,	86 Mars ,,	5 Mars ,,	23 Février ,,	12 Février ,,
,, Rebi' 1.er	24 Avril ,,	14 Avril ,,	3 Avril ,,	24 Mars ,,	12 Mars ,,
,, Rebi' 2.e	24 Mai ,,	14 Mai ,,	3 Mai ,,	23 Avril ,,	11 Avril ,,
,, Djoumada 1.er	22 Juin ,,	12 Juin ,,	1 Juin ,,	22 Mai ,,	10 Mai ,,
,, Djoumada 2.e	22 Juillet ,,	12 Juillet ,,	1 Juillet ,,	21 Juin ,,	9 Juin ,,
,, Redjeb	20 Août ,,	10 Août ,,	30 ,, ,,	20 Juillet ,,	8 Juillet ,,
,, Chaâban	19 Septembre ,,	9 Septembre ,,	29 Août ,,	19 Août ,,	7 Août ,,
,, Ramadan	18 Octobre ,,	8 Octobre ,,	27 Septembre ,,	17 Septembre ,,	5 Septembre ,,
,, Chaoual	17 Novembre ,,	7 Novembre ,,	27 Octobre ,,	17 Octobre ,,	5 Octobre ,,
,, Doul Kaâda	16 Décembre ,,	6 Décembre ,,	25 Novembre ,,	15 Novembre ,,	3 Novembre ,,
,, Doul Hedja	15 Janvier 929	5 Janvier 930	25 Décembre ,,	15 Décembre ,,	3 Décembre ,,

	Année 321. (e) 933.	*Année 322.* 933 - 934.	*Année 323.* 934 - 935.	*Année 324.* (e) 935 - 936. (b)	*Année 325.* 936 - 937.
1.er Moharrem	1 Janvier 933	22 Décembre 933	11 Décembre 934	30 Novembre 935	19 Novembre 936
,, Safar	31 ,, ,,	21 Janvier 934	10 Janvier 935	30 Décembre ,,	19 Décembre ,,
,, Rebi' 1.er	1 Mars ,,	19 Février ,,	8 Février ,,	28 Janvier 936	17 Janvier 937
,, Rebi' 2.e	31 ,, ,,	21 Mars ,,	10 Mars ,,	27 Février ,,	16 Février ,,
,, Djoumada 1.er	29 Avril ,,	19 Avril ,,	8 Avril ,,	27 Mars ,,	17 Mars ,,
,, Djoumada 2.e	29 Mai ,,	19 Mai ,,	8 Mai ,,	26 Avril ,,	16 Avril ,,
,, Redjeb	27 Juin ,,	17 Juin ,,	6 Juin ,,	25 Mai ,,	15 Mai ,,
,, Chaâban	27 Juillet ,,	17 Juillet ,,	6 Juillet ,,	24 Juin ,,	14 Juin ,,
,, Ramadan	25 Août ,,	15 Aout ,,	4 Août ,,	23 Juillet ,,	13 Juillet ,,
,, Chaoual	24 Septembre ,,	14 Septembre ,,	3 Septembre ,,	22 Août ,,	12 Août ,,
,, Doul Kaâda	23 Octobre ,,	13 Octobre ,,	2 Octobre ,,	20 Septembre ,,	10 Septembre ,,
,, Doul Hedja	22 Novembre ,,	12 Novembre ,,	1 Novembre ,,	20 Octobre ,,	10 Octobre ,,

	Année 326. (e) 937 - 938.	*Année 327.* 938 - 939.	*Année 328.* 939 - 940. (b)	*Année 329.* (e) 940 - 941.	*Année 330.* 941 - 942.
1.er Moharrem	8 Novembre 937	29 Octobre 938	18 Octobre 939	6 Octobre 940	26 Septembre 941
,, Safar	8 Décembre ,,	28 Novembre ,,	17 Novembre ,,	5 Novembre ,,	26 Octobre ,,
,, Rebi' 1.er	6 Janvier 938	27 Décembre ,,	16 Décembre ,,	4 Décembre ,,	24 Novembre ,,
,, Rebi' 2.e	5 Février ,,	26 Janvier 939	15 Janvier 940	3 Janvier 941	24 Décembre ,,
,, Djoumada 1.er	6 Mars ,,	24 Février ,,	13 Février ,,	1 Février ,,	22 Janvier 942
,, Djoumada 2.e	5 Avril ,,	26 Mars ,,	14 Mars ,,	3 Mars ,,	21 Février ,,
,, Redjeb	4 Mai ,,	24 Avril ,,	12 Avril ,,	1 Avril ,,	22 Mars ,,
,, Chaâban	3 Juin ,,	24 Mai ,,	12 Mai ,,	1 Mai ,,	21 Avril ,,
,, Ramadan	2 Juillet ,,	22 Juin ,,	10 Juin ,,	30 ,, ,,	20 Mai ,,
,, Chaoual	1 Août ,,	22 Juillet ,,	10 Juillet ,,	29 Juin ,,	19 Juin ,,
,, Doul Kaâda	30 ,, ,,	20 Août ,,	8 Août ,,	28 Juillet ,,	18 Juillet ,,
,, Doul Hedja	29 Septembre ,,	19 Septembre ,,	7 Septembre ,,	27 Août ,,	17 Août ,,

	Année 331. 942 - 943.	Année 332. (e) 943 - 944. (b)	Année 333. 944 - 945.	Année 334. 945 - 946.	Année 335. (e) 946 - 947.
1er. Moharrem	15 Septembre 942	4 Septembre 943	24 Aout 944	13 Aout 945	2 Aout 946
,, Safar	15 Octobre ,,	4 Octobre ,,	23 Septembre ,,	12 Septembre ,,	1 Septembre ,,
,, Rebi' 1.er	13 Novembre ,,	2 Novembre ,,	22 Octobre ,,	11 Octobre ,,	30 ,, ,,
,, Rebi' 2.e	13 Décembre ,,	2 Décembre ,,	21 Novembre ,,	10 Novembre ,,	30 Octobre ,,
,, Djoumada 1.er	11 Janvier 943	31 ,, ,,	20 Décembre ,,	9 Décembre ,,	28 Novembre ,,
,, Djoumada 2.e	10 Février ,,	30 Janvier 944	19 Janvier 945	8 Janvier 946	28 Décembre ,,
,. Redjeb	11 Mars ,,	28 Février ,,	17 Février ,,	6 Février ,,	26 Janvier 947
,, Chaâban	10 Avril ,,	29 Mars ,,	19 Mars ,,	8 Mars ,,	25 Février ,,
,, Ramadan	9 Mai ,,	27 Avril ,,	17 Avril ,,	6 Avril ,,	26 Mars ,,
,, Chaoual	8 Juin ,,	27 Mai ,,	17 Mai ,,	6 Mai ,,	25 Avril ,,
,, Doul Kaâda	7 Juillet ,,	25 Juin ,,	15 Juin ,,	4 Juin ,,	24 Mai ,,
,, Doul Hedja	6 Aout ,,	25 Juillet ,,	15 Juillet ,,	4 Juillet ,,	23 Juin ,,

	Année 336. 947 - 948 (b).	Année 337. (e) 948 - 949.	Année 338. 949 - 950.	Année 339. 950 - 951.	Année 340. (e) 951 - 952 (b).
1.er Moharrem	23 Juillet 947	11 Juillet 948	1 Juillet 949	20 Juin 950	9 Juin 951
, Safar	22 Aout ,,	10 Aout ,,	31 ,, ,,	20 Juillet ,,	9 Juillet ,,
,, Rebi' 1.er	20 Septembre ,,	8 Septembre ,,	29 Aout ,,	18 Aout ,,	7 Aout ,,
,, Rebi' 2.e	20 Octobre ,,	8 Octobre ,,	28 Septembre ,,	17 Septembre ,,	6 Septembre ,,
,, Djoumada 1.er	18 Novembre ,,	6 Novembre ,,	27 Octobre ,,	16 Octobre ,,	5 Octobre ,,
,, Djoumada 2.e	18 Décembre ,,	6 Décembre ,,	26 Novembre ,,	15 Novembre ,,	4 Novembre ,,
,, Redjeb	16 Janvier 948	4 Janvier 949	25 Décembre ,,	14 Décembre ,,	3 Décembre ,,
,, Chaâban	15 Février ,,	3 Février ,,	24 Janvier 950	13 Janvier 951	2 Janvier 952
,, Ramadan	15 Mars ,,	4 Mars ,,	22 Février ,,	11 Février ,,	31 ,, ,,
,, Chaoual	14 Avril ,,	3 Avril ,,	24 Mars ,,	13 Mars ,,	1 Mars ,,
,, Doul Kaâda	13 Mai ,,	2 Mai ,,	22 Avril ,,	11 Avril ,,	30 ,, ,,
,, Doul Hedja	12 Juin ,,	1 Juin ,,	22 Mai ,,	11 Mai ,,	29 Avril ,,

	Année 341. 952 - 953.	Année 342. 953 - 954.	Année 343. (e) 954 - 955.	Année 344. 955 - 956. (b)	Année 345. 956 - 957.
1.er Moharrem	29 Mai 952	18 Mai 953	7 Mai 954	27 Avril 955	15 Avril 956
,, Safar	28 Juin ,,	17 Juin ,,	6 Juin ,,	27 Mai ,,	15 Mai ,,
,, Rebi' 1.er	27 Juillet ,,	16 Juillet ,,	5 Juillet ,,	25 Juin ,,	13 Juin ,,
,, Rebi' 2.e	26 Aout ,,	15 Aout ,,	4 Aout ,,	25 Juillet ,,	13 Juillet ,,
,, Djoumada 1.er	24 Septembre ,,	13 Septembre ,,	2 Septembre ,,	23 Aout ,,	11 Aout ,,
,, Djoumada 2.e	24 Octobre ,,	13 Octobre ,,	2 Octobre ,,	22 Septembre ,,	10 Septembre ,,
,, Redjeb	22 Novembre ,,	11 Novembre ,,	31 ,, ,,	21 Octobre ,,	9 Octobre ,,
,, Chaâban	22 Décembre ,,	11 Decembre ,,	30 Novembre ,,	20 Novembre ,,	8 Novembre ,,
,, Ramadan	20 Janvier 953	9 Janvier 954	29 Décembre ,,	19 Décembre ,,	7 Décembre ,,
,, Chaoual	19 Février ,,	8 Février ,,	28 Janvier 955	18 Janvier 956	6 Janvier 957
,, Doul Kaâda	20 Mars ,,	9 Mars ,,	26 Février ,,	16 Février ,,	4 Février ,,
,, Doul Hedja	19 Avril ,,	8 Avril ,,	28 Mars ,,	17 Mars ,,	6 Mars ,,

	Année 346. (e) 957 - 958.	Année 347. 958 - 959.	Année 348. (e) 959 - 960. (b)	Année 349. 960 - 961.	Année 350. 961 - 962.
1er. Moharrem	4 Avril 957	25 Mars 958	14 Mars 959	3 Mars 960	20 Février 961
,, Safar	4 Mai ,,	24 Avril ,,	13 Avril ,,	2 Avril ,,	22 Mars ,,
,, Rebi' 1.er	2 Juin ,,	23 Mai ,,	12 Mai ,,	1 Mai ,,	20 Avril ,,
,, Rebi' 2.e	2 Juillet ,,	22 Juin ,,	11 Juin ,,	31 ,, ,,	20 Mai ,,
,, Djoumada 1.er	31 ,, ,,	21 Juillet ,,	10 Juillet ,,	29 Juin ,,	18 Juin ,,
,, Djoumada 2.e	30 Aout ,,	20 Aout ,,	9 Aout ,,	29 Juillet ,,	18 Juillet ,,
,, Redjeb	28 Septembre ,,	18 Septembre ,,	7 Septembre ,,	27 Aout ,,	16 Aout ,,
,, Chaâban	28 Octobre ,,	18 Octobre ,,	7 Octobre ,,	26 Septembre ,,	15 Septembre ,,
,, Ramadan	26 Novembre ,,	16 Novembre ,,	5 Novembre ,,	25 Octobre ,,	14 Octobre ,,
,, Chaoual	26 Décembre ,,	16 Décembre ,,	5 Décembre ,,	24 Novembre ,,	13 Novembre ,,
,, Doul Kaâda	24 Janvier 958	14 Janvier 959	8 Janvier 960	23 Décembre ,,	12 Décembre ,,
,, Doul Hedja	23 Février ,,	13 Février ,,	2 Février ,,	22 Janvier 961	11 Janvier 962

	Année 351. (e) 962 - 963.	Année 352. 963 - 964.	Année 353. 964 (b) - 965.	Année 354. (e) 965.	Année 355. 965 - 966.
1.er Moharrem	9 Février 962	30 Janvier 963	19 Janvier 964	7 Janvier 965	28 Décembre 965
, Safar	11 Mars ,,	1 Mars ,,	18 Février ,,	6 Février ,,	27 Janvier 966
,, Rebi' 1.er	9 Avril ,,	30 ,, ,,	18 Mars ,,	7 Mars ,,	25 Février ,,
,, Rebi' 2.e	9 Mai ,,	29 Avril ,,	17 Avril ,,	6 Avril ,,	27 Mars ,,
,, Djoumada 1.er	7 Juin ,,	28 Mai ,,	16 Mai ,,	5 Mai ,,	25 Avril ,,
,, Djoumada 2.e	7 Juillet ,,	27 Juin ,,	15 Juin ,,	4 Juin ,,	25 Mai ,,
,, Redjeb	5 Aout ,,	26 Juillet ,,	14 Juillet ,,	3 Juillet ,,	23 Juin ,,
,, Chaâban	4 Septembre ,,	25 Aout ,,	13 Aout ,,	2 Aout ,,	23 Juillet ,,
,, Ramadan	3 Octobre ,,	23 Septembre ,,	11 Septembre ,,	31 ,, ,,	21 Aout ,,
,, Chaoual	2 Novembre ,,	23 Octobre ,,	11 Octobre ,,	30 Septembre ,,	20 Septembre ,,
,, Doul Kaâda	1 Décembre ,,	21 Novembre ,,	9 Novembre ,,	29 Octobre ,,	19 Octobre ,,
,, Doul Hodja	31 ,, ,,	21 Décembre ,,	9 Décembre ,,	28 Novembre ,,	18 Novembre ,,

	Année 356. (e) 966 - 967.	Année 357. 967 - 968. (b)	Année 358. 968 - 969.	Année 359. (e) 969 - 970.	Année 360. 970 - 971.
1.er Moharrem	17 Décembre 966	7 Decembre 967	25 Novembre 968	14 Novembre 969	4 Novembre 970
,, Safar	16 Janvier 967	6 Janvier 968	25 Décembre ,,	14 Décembre ,,	4 Décembre ,,
,, Rebi' 1.er	14 Février ,,	4 Février ,,	23 Janvier 969	12 Janvier 970	2 Janvier 971
,, Rebi' 2.e	16 Mars ,,	5 Mars ,,	22 Février ,,	11 Février ,,	1 Février ,,
,, Djoumada 1.er	14 Avril ,,	3 Avril ,,	23 Mars ,,	12 Mars ,,	2 Mars ,,
,, Djoumada 2.e	14 Mai ,,	3 Mai ,,	22 Avril ,,	11 Avril ,,	1 Avril ,,
,, Redjeb	12 Juin ,,	1 Juin ,,	21 Mai ,,	10 Mai ,,	30 ,, ,,
,, Chaâban	12 Juillet ,,	1 Juillet ,,	20 Juin ,,	9 Juin ,,	30 Mai ,,
,, Ramadan	10 Aout ,,	30 ,, ,,	19 Juillet ,,	8 Juillet ,,	28 Juin ,,
,, Chaoual	9 Septembre ,,	29 Aout ,,	18 Aout ,,	7 Aout ,,	28 Juillet ,,
,, Doul Kaâda	8 Octobre ,,	27 Septembre ,,	16 Septembre ,,	5 Septembre ,,	26 Aout ,,
,, Doul Hedja	7 Novembre ,,	27 Octobre ,,	16 Octobre ,,	5 Octobre ,,	25 Septembre ,,

		Année 361. 971 - 972. (b)	Année 362. (e) 972 - 973.	Année 363. 973 - 974.	Année 364. 974 - 975.	Année 365. (e) 975 - 976. (b)
1.er	Moharrem	24 Octobre 971	12 Octobre 972	2 Octobre 973	21 Septembre 974	10 Septembre 975
„	Safar	23 Novembre „	11 Novembre „	1 Novembre „	21 Octobre „	10 Octobre „
„	Rebi' 1.er	22 Décembre „	10 Décembre „	30 „ „	19 Novembre „	8 Novembre „
„	Rebi' 2.e	21 Janvier 972	9 Janvier 973	30 Décembre „	19 Décembre „	8 Décembre „
„	Djoumada 1er	19 Février „	7 Février „	28 Janvier 974	17 Janvier 975	6 Janvier 976
„	Djoumada 2.e	20 Mars „	9 Mars „	27 Février „	16 Février „	5 Février „
„	Redjeb	18 Avril „	7 Avril „	28 Mars „	17 Mars „	5 Mars „
„	Chaâban	18 Mai „	7 Mai „	27 Avril „	16 Avril „	4 Avril „
„	Ramadan	16 Juin „	5 Juin „	26 Mai „	15 Mai „	3 Mai „
„	Chaoual	16 Juillet „	5 Juillet „	25 Juin „	14 Juin „	2 Juin „
„	Doul Kaâda	14 Août „	3 Août „	24 Juillet „	13 Juillet „	1 Juillet „
„	Doul Hedja	13 Septembre „	2 Septembre „	23 Août „	12 Août „	31 „ „

		Année 366. 976 - 977.	Année 367. (e) 977 - 978.	Année 368. 978 - 979.	Année 369. 979 - 980. (b)	Année 370. (e) 980 - 981.
1.er	Moharrem	30 Août 976	19 Août 977	9 Août 978	29 Juillet 979	17 Juillet 980
„	Safar	29 Septembre „	18 Septembre „	8 Septembre „	28 Août „	16 Août „
„	Rebi' 1.er	28 Octobre „	17 Octobre „	7 Octobre „	26 Septembre „	14 Septembre „
„	Rebi' 2.e	27 Novembre „	16 Novembre „	6 Novembre „	26 Octobre „	14 Octobre „
„	Djoumada 1.er	26 Décembre „	15 Décembre „	5 Décembre „	24 Novembre „	12 Novembre „
„	Djoumada 2.e	25 Janvier 977	14 Janvier 978	4 Janvier 979	24 Décembre „	12 Décembre „
„	Redjeb	23 Février „	12 Février „	2 Février „	22 Janvier 980	10 Janvier 981
„	Chaâban	25 Mars „	14 Mars „	4 Mars „	21 Février „	9 Février „
„	Ramadan	23 Avril „	12 Avril „	2 Avril „	21 Mars „	10 Mars „
„	Chaoual	23 Mai „	12 Mai „	2 Mai „	20 Avril „	9 Avril „
„	Doul Kaâda	21 Juin „	10 Juin „	31 „ „	19 Mai „	8 Mai „
„	Doul Hedja	21 Juillet „	10 Juillet „	30 Juin „	18 Juin „	7 Juin „

		Année 371. 981 - 982.	Année 372. 982 - 983.	Année 373. (e) 983 - 984. (b)	Année 374. 984 - 985.	Année 375. 985 - 986.
1.er	Moharrem	7 Juillet 981	26 Juin 982	15 Juin 983	4 Juin 984	24 Mai 985
„	Safar	6 Aout „	26 Juillet „	15 Juillet „	4 Juillet „	23 Juin „
„	Rebi' 1.er	4 Septembre „	24 Aout „	13 Aout „	2 Aout „	22 Juillet „
„	Rebi' 2.e	4 Octobre „	23 Septembre „	12 Septembre „	1 Septembre „	21 Aout „
„	Djoumada 1er	2 Novembre „	22 Octobre „	11 Octobre „	30 „ „	19 Septembre „
„	Djoumada 2.e	2 Décembre „	21 Novembre „	10 Novembre „	30 Octobre „	19 Octobre „
„	Redjeb	31 „ „	20 Décembre „	9 Décembre „	28 Novembre „	17 Novembre „
„	Chaâban	30 Janvier 982	19 Janvier 983	8 Janvier 984	28 Décembre „	17 Décembre „
„	Ramadan	28 Février „	17 Février „	6 Février „	26 Janvier 985	15 Janvier 986
„	Chaoual	30 Mars „	19 Mars „	7 Mars „	25 Février „	14 Février „
„	Doul Kaâda	28 Avril „	17 Avril „	5 Avril „	26 Mars „	15 Mars „
„	Doul Hedja	28 Mai „	17 Mai „	5 Mai „	25 Avril „	14 Avril „

	Année 376. (e) 986 - 987.	Année 377. 987 - 988. (b)	Année 378. (e) 988 - 989.	Année 379. 989 - 990.	Année 380. 990 - 991.
1.er Moharrem	13 Mai 986	3 Mai 987	21 Avril 988	11 Avril 989	31 Mars 990
,, Safar	12 Juin ,,	2 Juin ,,	21 Mai ,,	11 Mai ,,	30 Avril ,,
,, Rebi' 1.er	11 Juillet ,,	1 Juillet ,,	19 Juin ,,	9 Juin ,,	29 Mai ,,
,, Rebi' 2.e	10 Août ,,	31 ,, ,,	19 Juillet ,,	9 Juillet ,,	28 Juin ,,
,, Djoumada 1er	8 Septembre ,,	29 Août ,,	17 Aout ,,	7 Août ,,	27 Juillet ,,
,, Djoumada 2.e	8 Octobre ,,	28 Septembre ,,	16 Septembre ,,	6 Septembre ,,	26 Aout ,,
,, Redjeb	6 Novembre ,,	27 Octobre ,,	15 Octobre ,,	5 Octobre ,,	24 Septembre ,,
,, Chaâban	6 Décembre ,,	26 Novembre ,,	14 Novembre ,,	4 Novembre ,,	24 Octobre ,,
,, Ramadan	4 Janvier 987	25 Décembre ,,	13 Décembre ,,	3 Décembre ,,	22 Novembre ,,
,, Chaoual	3 Février ,,	24 Janvier 988	12 Janvier 989	2 Janvier 990	22 Décembre ,,
,, Doul Kaâda	4 Mars ,,	22 Février ,,	10 Février ,,	31 ,, ,,	20 Janvier 991
,, Doul Hedja	3 Avril ,,	23 Mars ,,	12 Mars ,,	2 Mars ,,	19 Février ,,

	Année 381. (e) 991 - 992. (b)	Année 382. 992 - 993.	Année 383. 993 - 994.	Année 384. (e) 994 - 995.	Année 385. 995 - 996.
1.er Moharrem	20 Mars 991	9 Mars 992	26 Février 993	15 Février 994	5 Février 995
,, Safar	19 Avril ,,	8 Avril ,,	28 Mars ,,	17 Mars ,,	7 Mars ,,
,, Rebi' 1.er	18 Mai ,,	7 Mai ,,	26 Avril ,,	15 Avril ,,	5 Avril ,,
,, Rebi' 2.e	17 Juin ,,	6 Juin ,,	26 Mai ,,	15 Mai ,,	5 Mai ,,
,, Djoumada 1.er	16 Juillet ,,	5 Juillet ,,	24 Juin ,,	13 Juin ,,	3 Juin ,,
,, Djoumada 2.e	15 Août ,,	4 Août ,,	24 Juillet ,,	13 Juillet ,,	3 Juillet ,,
,, Redjeb	13 Septembre ,,	2 Septembre ,,	22 Août ,,	11 Août ,,	1 Août ,,
,, Chaâban	13 Octobre ,,	2 Octobre ,,	21 Septembre ,,	10 Septembre ,,	31 ,, ,,
,, Ramadan	11 Novembre ,,	31 ,, ,,	20 Octobre ,,	9 Octobre ,,	29 Septembre ,,
,, Chaoual	11 Décembre ,,	30 Novembre ,,	19 Novembre ,,	8 Novembre ,,	29 Octobre ,,
,, Doul Kaâda	9 Janvier 992	29 Décembre ,,	18 Décembre ,,	7 Décembre ,,	27 Novembre ,,
,, Doul Hedja	8 Février ,,	28 Janvier 993	17 Janvier 994	6 Janvier 995	27 Décembre ,,

	Année 386. (e) 996 (b) - 997.	Année 387. 997 - 998.	Année 388. 998.	Année 389. (e) 998 - 999.	Année 390. 999 - 1000. (b)
1.er Moharrem	25 Janvier 996	14 Janvier 997	3 Janvier 998	23 Décembre 998	13 Décembre 999
,, Safar	24 Février ,,	13 Février ,,	2 Février ,,	22 Janvier 999	12 Janvier 1000
,, Rebi' 1.er	24 Mars ,,	14 Mars ,,	3 Mars ,,	20 Février ,,	10 Février ,,
,, Rebi' 2.e	23 Avril ,,	13 Avril ,,	2 Avril ,,	22 Mars ,,	11 Mars ,,
,, Djoumada 1er	22 Mai ,,	12 Mai ,,	1 Mai ,,	20 Avril ,,	9 Avril ,,
,, Djoumada 2.e	21 Juin ,,	11 Juin ,,	31 ,, ,,	20 Mai ,,	9 Mai ,,
,, Redjeb	20 Juillet ,,	10 Juillet ,,	29 Juin ,,	18 Juin ,,	7 Juin ,,
,, Chaâban	19 Aout ,,	9 Aout ,,	29 Juillet ,,	18 Juillet ,,	7 Juillet ,,
,, Ramadan	17 Septembre ,,	7 Septembre ,,	27 Aout ,,	16 Aout ,,	5 Aout ,,
,, Chaoual	17 Octobre ,,	7 Octobre ,,	26 Septembre ,,	15 Septembre ,,	4 Septembre ,,
,, Doul Kaâda	15 Novembre ,,	5 Novembre ,,	25 Octobre ,,	14 Octobre ,,	3 Octobre ,,
,, Doul Hedja	15 Décembre ,,	5 Décembre ,,	24 Novembre ,,	13 Novembre ,,	2 Novembre ,,

	Année 391. 1000 - 1001.	Année 392. (e) 1001 - 1002.	Année 393. 1002 - 1003.	Année 394. 1003 - 1004. (b)	Année 395. (e) 1004 - 1005.
1er. Moharrem	1 Décembre 1000	20 Novembre 1001	10 Novembre 1002	30 Octobre 1003	18 Octobre 1004
,, Safar	31 ,, ,,	20 Décembre ,,	10 Décembre ,,	29 Novembre ,,	17 Novembre ,,
,, Rebi' 1.er	29 Janvier 1001	18 Janvier 1002	8 Janvier 1003	28 Décembre ,,	16 Décembre ,,
,, Rebi' 2.e	28 Février ,,	17 Février ,,	7 Février ,,	27 Janvier 1004	15 Janvier 1005
,, Djoumada 1.er	29 Mars ,,	18 Mars ,,	8 Mars ,,	25 Février ,,	13 Février ,,
,, Djoumada 2.e	28 Avril ,,	17 Avril ,,	7 Avril ,,	26 Mars ,,	15 Mars ,,
,, Redjeb	27 Mai ,,	16 Mai ,,	6 Mai ,,	24 Avril ,,	13 Avril ,,
,, Chaâban	26 Juin ,,	15 Juin ,,	5 Juin ,,	24 Mai ,,	13 Mai ,,
,, Ramadan	25 Juillet ,,	14 Juillet ,,	4 Juillet ,,	22 Juin ,,	11 Juin ,,
,, Chaoual	24 Aout ,,	13 Août ,,	3 Août ,,	22 Juillet ,,	11 Juillet ,,
,, Doul Kaâda	22 Septembre ,,	11 Septembre ,,	1 Septembre ,,	20 Août ,,	9 Août ,,
,, Doul Hedja	22 Octobre ,,	11 Octobre ,,	1 Octobre ,,	19 Septembre ,,	8 Septembre ,,

	Année 396. 1005 - 1006.	Année 397. (e) 1006 - 1007.	Année 398. 1007 - 1008. (b)	Année 399. 1008 - 1009.	Année 400. (e) 1009 - 1010.
1.er Moharrem	8 Octobre 1005	27 Septembre 1006	17 Septembre 1007	5 Septembre 1008	25 Août 1009
,, Safar	7 Novembre ,,	27 Octobre ,,	17 Octobre ,,	5 Octobre ,,	24 Septembre ,,
,, Rebi' 1.er	6 Décembre ,,	25 Novembre ,,	15 Novembre ,,	3 Novembre ,,	23 Octobre ,,
,, Rebi' 2.e	5 Janvier 1006	25 Décembre ,,	15 Décembre ,,	3 Décembre ,,	22 Novembre ,,
,, Djoumada 1.er	3 Février ,,	23 Janvier 1007	13 Janvier 1008	1 Janvier 1009	21 Décembre ,,
,, Djoumada 2.e	5 Mars ,,	22 Février ,,	12 Février ,,	31 ,, ,,	20 Janvier 1010
,, Redjeb	3 Avril ,,	23 Mars ,,	12 Mars ,,	1 Mars ,,	18 Février ,,
,, Chaâban	3 Mai ,,	22 Avril ,,	11 Avril ,,	31 ,, ,,	20 Mars ,,
,, Ramadan	1 Juin ,,	21 Mai ,,	10 Mai ,,	29 Avril ,,	18 Avril ,,
,, Chaoual	1 Juillet ,,	20 Juin ,,	9 Juin ,,	29 Mai ,,	18 Mai ,,
,, Doul Kaâda	30 ,, ,,	19 Juillet ,,	8 Juillet ,,	27 Juin ,,	16 Juin ,,
,, Doul Hedja	29 Août ,,	18 Août ,,	7 Aout ,,	27 Juillet ,,	16 Juillet ,,

	Année 401. 1010 - 1011.	Année 402. 1011 - 1012. (b)	Année 403. (e) 1012 - 1013.	Année 404. 1013 - 1014.	Année 405. 1014 - 1015.
1.er Moharrem	15 Aoút 1010	4 Août 1011	23 Juillet 1012	13 Juillet 1013	2 Juillet 1014
,, Safar	14 Septembre ,,	3 Septembre ,,	22 Août ,,	12 Août ,,	1 Août ,,
,, Rebi' 1.er	13 Octobre ,,	2 Octobre ,,	20 Septembre ,,	10 Septembre ,,	30 ,, ,,
,, Rebi' 2.e	12 Novembre ,,	1 Novembre ,,	20 Octobre ,,	10 Octobre ,,	29 Septembre ,,
,, Djoumada 1.er	11 Décembre ,,	30 ,, ,,	18 Novembre ,,	8 Novembre ,,	28 Octobre ,,
,, Djoumada 2.e	10 Janvier 1011	30 Décembre ,,	18 Décembre ,,	8 Décembre ,,	27 Novembre ,,
,, Redjeb	8 Février ,,	28 Janvier 1012	16 Janvier 1013	6 Janvier 1014	26 Décembre ,,
,, Chaâban	10 Mars ,,	27 Février ,,	15 Février ,,	5 Février ,,	25 Janvier 1015
,, Ramadan	8 Avril ,,	27 Mars ,,	16 Mars ,,	6 Mars ,,	23 Février ,,
,, Chaoual	8 Mai ,,	26 Avril ,,	15 Avril ,,	5 Avril ,,	25 Mars ,,
,, Doul Kaâda	6 Juin ,,	25 Mai ,,	14 Mai ,,	4 Mai ,,	23 Avril ,,
,, Doul Hedja	6 Juillet ,,	24 Juin ,,	13 Juin ,,	3 Juin ,,	23 Mai ,,

	Année 406. (e) 1015 - 1016. (b)	*Année 407.* 1016 - 1017.	*Année 408.* (e) 1017 - 1018.	*Année 409.* 1018 - 1019.	*Année 410.* 1019 - 1020. (b)
1.er Moharrem	21 Juin 1015	10 Juin 1016	30 Mai 1017	20 Mai 1018	9 Mai 1019
„ Safar	21 Juillet „	10 Juillet „	29 Juin „	19 Juin „	8 Juin „
„ Rebi' 1.er	19 Août „	8 Août „	28 Juillet „	18 Juillet „	7 Juillet „
„ Rebi' 2.e	18 Septembre „	7 Septembre „	27 Août „	17 Août „	6 Août „
„ Djoumada 1.er	17 Octobre „	6 Octobre „	25 Septembre „	15 Septembre „	4 Septembre „
„ Djoumada 2.e	16 Novembre „	5 Novembre „	25 Octobre „	15 Octobre „	4 Octobre „
„ Redjeb	15 Décembre „	4 Décembre „	28 Novembre „	13 Novembre „	2 Novembre „
„ Chaâban	14 Janvier 1016	3 Janvier 1017	28 Décembre „	13 Décembre „	2 Décembre „
„ Ramadan	12 Février „	1 Février „	21 Janvier 1018	11 Janvier 1019	31 „ „
„ Chaoual	13 Mars „	3 Mars „	20 Février „	10 Février „	30 Janvier 1020
„ Doul Kaâda	11 Avril „	1 Avril „	21 Mars „	11 Mars „	28 Février „
„ Doul Hedja	11 Mai „	1 Mai „	20 Avril „	10 Avril „	29 Mars „

	Année 411. (e) 1020 - 1021.	*Année 412.* 1021 - 1022.	*Année 413.* 1022 - 1023.	*Année 414.* (e) 1023 - 1024. (b)	*Année 415.* 1024 - 1025.
1er. Moharrem	27 Avril 1020	17 Avril 1021	6 Avril 1022	26 Mars 1023	15 Mars 1024
„ Safar	27 Mai „	17 Mai „	6 Mai „	25 Avril „	14 Avril „
„ Rebi' 1.er	25 Juin „	15 Juin „	4 Juin „	24 Mai „	13 Mai „
„ Rebi' 2.e	25 Juillet „	15 Juillet „	4 Juillet „	23 Juin „	12 Juin „
„ Djoumada 1.er	23 Août „	13 Août „	2 Août „	22 Juillet „	11 Juillet „
„ Djoumada 2.e	22 Septembre „	12 Septembre „	1 Septembre „	21 Août „	10 Août „
„ Redjeb	21 Octobre „	11 Octobre „	30 „ „	19 Septembre „	8 Septembre „
„ Chaâban	20 Novembre „	10 Novembre „	30 Octobre „	19 Octobre „	8 Octobre „
„ Ramadan	19 Décembre „	9 Décembre „	28 Novembre „	17 Novembre „	6 Novembre „
„ Chaoual	18 Janvier 1021	8 Janvier 1022	28 Décembre „	17 Décembre „	6 Décembre „
„ Doul Kaâda	16 Février „	6 Février „	26 Janvier 1023	15 Janvier 1024	4 Janvier 1025
„ Doul Hedja	18 Mars „	8 Mars „	25 Février „	14 Février „	3 Février „

	Année 416. (e) 1025 - 1026.	*Année 417.* 1026 - 1027.	*Année 418.* 1027 - 1028.	*Année 419.* (e) 1028 (b) - 1029.	*Année 420.* 1029 - 1030.
1.er Moharrem	4 Mars 1025	22 Février 1026	11 Février 1027	31 Janvier 1028	20 Janvier 1029
„ Safar	3 Avril „	24 Mars „	13 Mars „	1 Mars „	19 Février „
„ Rebi' 1.er	2 Mai „	22 Avril „	11 Avril „	30 „ „	20 Mars „
„ Rebi' 2.e	1 Juin „	22 Mai „	11 Mai „	29 Avril „	19 Avril „
„ Djoumada 1.er	30 „ „	20 Juin „	9 Juin „	28 Mai „	18 Mai „
„ Djoumada 2.e	30 Juillet „	20 Juillet „	9 Juillet „	27 Juin „	17 Juin „
„ Redjeb	28 Août „	18 Août „	7 Août „	26 Juillet „	16 Juillet „
„ Chaâban	27 Septembre „	17 Septembre „	6 Septembre „	25 Août „	15 Août „
„ Ramadan	26 Octobre „	16 Octobre „	5 Octobre „	23 Septembre „	13 Septembre „
„ Chaoual	25 Novembre „	15 Novembre „	4 Novembre „	23 Octobre „	13 Octobre „
„ Doul Kaâda	24 Décembre „	14 Décembre „	3 Décembre „	21 Novembre „	11 Novembre „
„ Doul Hedja	23 Janvier 1026	13 Janvier 1027	2 Janvier 1028	21 Décembre „	11 Décembre „

	Année 421. 1030.	Année 422. (e) 1030 - 1031.	Année 423. 1031 - 1032. (b)	Année 424. 1032 - 1033.	Année 425. (e) 1033 - 1034.
1er. Moharrem	9 Janvier 1030	29 Décembre 1030	19 Décembre 1031	7 Décembre 1032	26 Novembre 1033
,, Safar	8 Février ,,	28 Janvier 1031	18 Janvier 1032	6 Janvier 1033	26 Décembre ,,
,, Rebi' 1.er	9 Mars ,,	26 Février ,,	16 Février ,,	4 Février ,,	24 Janvier 1034
,, Rebi' 2.e	8 Avril ,,	28 Mars ,,	17 Mars ,,	6 Mars ,,	23 Février ,,
,, Djoumada 1.er	7 Mai ,,	26 Avril ,,	15 Avril ,,	4 Avril ,,	24 Mars ,,
,, Djoumada 2.e	6 Juin ,,	26 Mai ,,	15 Mai ,,	4 Mai ,,	23 Avril ,,
,, Redjeb	5 Juillet ,,	24 Juin ,,	13 Juin ,,	2 Juin ,,	22 Mai ,,
,, Chaâban	4 Aout ,,	24 Juillet ,,	13 Juillet ,,	2 Juillet ,,	21 Juin ,,
,, Ramadan	2 Septembre ,,	22 Août ,,	11 Aout ,,	31 ,, ,,	20 Juillet ,,
,, Chaoual	2 Octobre ,,	21 Septembre ,,	10 Septembre ,,	30 Aout ,,	19 Aout ,,
,, Doul Kaâda	31 ,, ,,	20 Octobre ,,	9 Octobre ,,	28 Septembre ,,	17 Septembre ,,
,, Doul Hedja	30 Novembre ,,	19 Novembre ,,	8 Novembre ,,	28 Octobre ,,	17 Octobre ,,

	Année 426. 1034 - 1035.	Année 427. (e) 1035 - 1036. (b)	Année 428. 1036 - 1037.	Année 429. 1037 - 1038.	Année 430. (e) 1038 - 1039.
1.er Moharrem	16 Novembre 1034	5 Novembre 1035	25 Octobre 1036	14 Octobre 1037	3 Octobre 1038
, Safar	16 Décembre ,,	5 Décembre ,,	24 Novembre ,,	13 Novembre ,,	2 Novembre ,,
,, Rebi' 1.er	14 Janvier 1035	3 Janvier 1036	23 Décembre ,,	12 Décembre ,,	1 Décembre ,,
,, Rebi' 2.e	13 Février ,,	2 Février ,,	22 Janvier 1037	11 Janvier 1038	31 ,, ,,
,, Ioumada 1.er	14 Mars ,,	2 Mars ,,	20 Février ,,	9 Février ,,	29 Janvier 1039
,, Ioumada 2.e	13 Avril ,,	1 Avril ,,	22 Mars ,,	11 Mars ,,	28 Février ,,
,, Redjeb	12 Mai ,,	30 ,, ,,	20 Avril ,,	9 Avril ,,	29 Mars ,,
,, Caâban	11 Juin ,,	30 Mai ,,	20 Mai ,,	9 Mai ,,	28 Avril ,,
,, Ramadan	10 Juillet ,,	28 Juin ,,	18 Juin ,,	7 Juin ,,	27 Mai ,,
,, Chaoual	9 Aout ,,	28 Juillet ,,	18 Juillet ,,	7 Juillet ,,	26 Juin ,,
,, Doul Kaâda	7 Septembre ,,	26 Aout ,,	16 Aout ,,	5 Aout ,,	25 Juillet ,,
,, Doul Hedja	7 Octobre ,,	25 Septembre ,,	15 Septembre ,,	4 Septembre ,,	24 Aout ,,

	Année 431. 1039 - 1040. (b)	Année 432. 1040 - 1041.	Année 433. (e) 1041 - 1042.	Année 434. 1042 - 1043.	Année 435. 1043 - 1044. (b)
1.er Moharrem	23 Septembre 1039	11 Septembre 1040	31 Aout 1041	21 Aout 1042	10 Aout 1043
,, Safar	23 Octobre ,,	11 Octobre ,,	30 Septembre ,,	20 Septembre ,,	9 Septembre ,,
,, Rebi' 1.	21 Novembre ,,	9 Novembre ,,	29 Octobre ,,	19 Octobre ,,	8 Octobre ,,
,, Rebi' 2.'	21 Décembre ,,	9 Decembre ,,	28 Novembre ,,	18 Novembre ,,	7 Novembre ,,
,, Djoumada 1.er	19 Janvier 1040	7 Janvier 1041	27 Décembre ,,	17 Décembre ,,	6 Décembre ,,
,, Djoumada 2.e	18 Février ,,	6 Février ,,	26 Janvier 1042	16 Janvier 1043	5 Janvier 1044
,, Redjeb	18 Mars ,,	7 Mars ,,	24 Février ,,	14 Février ,,	3 Février ,,
,, Chaâban	17 Avril ,,	6 Avril ,,	26 Mars ,,	16 Mars ,,	4 Mars ,,
,, Ramadan	16 Mai ,,	5 Mai ,,	24 Avril ,,	14 Avril ,,	2 Avril ,,
,, Chaoual	15 Juin ,,	4 Juin ,,	24 Mai ,,	14 Mai ,,	2 Mai ,,
,, Doul Kaâda	14 Juillet ,,	3 Juillet ,,	22 Juin ,,	12 Juin ,,	31 ,, ,,
,, Doul Hedja	13 Aout ,,	2 Aout ,,	22 Juillet ,,	12 Juillet ,,	30 Juin ,,

	Année 436. (e) 1044-1045.	Année 437. 1045-1046.	Année 438. (e) 1046-1047.	Année 439. 1047-1048. (b)	Année 440. 1048-1049.
1.er Moharrem	29 Juillet 1044	19 Juillet 1045	8 Juillet 1046	28 Juin 1047	16 Juin 1048
,, Safar	28 Août ,,	18 Août ,,	7 Août ,,	28 Juillet ,,	16 Juillet ,,
,, Rebi' 1.er	26 Septembre ,,	16 Septembre ,,	5 Septembre ,,	26 Août ,,	14 Août ,,
,, Rebi' 2.e	26 Octobre ,,	16 Octobre ,,	5 Octobre ,,	25 Septembre ,,	13 Septembre ,,
,, Djoumada 1.er	24 Novembre ,,	14 Novembre ,,	3 Novembre ,,	24 Octobre ,,	12 Octobre ,,
,, Djoumada 2.e	24 Décembre ,,	14 Décembre ,,	3 Décembre ,,	23 Novembre ,,	11 Novembre ,,
,, Redjeb	22 Janvier 1045	12 Janvier 1046	1 Janvier 1047	22 Décembre ,,	10 Décembre ,,
,, Chaâban	21 Février ,,	11 Février ,,	31 ,, ,,	21 Janvier 1048	9 Janvier 1049
,, Ramadan	22 Mars ,,	12 Mars ,,	1 Mars ,,	19 Février ,,	7 Février ,,
,, Chaoual	21 Avril ,,	11 Avril ,,	31 ,, ,,	20 Mars ,,	9 Mars ,,
,, Doul Kaâda	20 Mai ,,	10 Mai ,,	29 Avril ,,	18 Avril ,,	7 Avril ,,
,, Doul Hedja	19 Juin ,,	9 Juin ,,	29 Mai ,,	18 Mai ,,	7 Mai ,,

	Année 441. (e) 1049-1050.	Année 442. 1050-1051.	Année 443. 1051-1052. (b)	Année 444. (e) 1052-1053.	Année 445. 1053-1054.
1er. Moharrem	5 Juin 1049	26 Mai 1050	15 Mai 1051	3 Mai 1052	23 Avril 1053
,, Safar	5 Juillet ,,	25 Juin ,,	14 Juin ,,	2 Juin ,,	23 Mai ,,
,, Rebi' 1.er	3 Août ,,	24 Juillet ,,	13 Juillet ,,	1 Juillet ,,	21 Juin ,,
,, Rebi' 2.e	2 Septembre ,,	23 Août ,,	12 Août ,,	31 ,, ,,	21 Juillet ,,
,, Djoumada 1.er	1 Octobre ,,	21 Septembre ,,	10 Septembre ,,	29 Août ,,	19 Août ,,
,, Djoumada 2.e	31 ,, ,,	21 Octobre ,,	10 Octobre ,,	28 Septembre ,,	18 Septembre ,,
,, Redjeb	29 Novembre ,,	19 Novembre ,,	8 Novembre ,,	27 Octobre ,,	17 Octobre ,,
,, Chaâban	29 Décembre ,,	19 Décembre ,,	8 Décembre ,,	26 Novembre ,,	16 Novembre ,,
,, Ramadan	27 Janvier 1050	17 Janvier 1051	6 Janvier 1052	25 Décembre ,,	15 Décembre ,,
,, Chaoual	26 Février ,,	16 Février ,,	5 Février ,,	24 Janvier 1053	14 Janvier 1054
,, Doul Kaâda	27 Mars ,,	17 Mars ,,	5 Mars ,,	22 Février ,,	12 Février ,,
,, Doul Hedja	26 Avril ,,	16 Avril ,,	4 Avril ,,	24 Mars ,,	14 Mars ,,

	Année 446. (e) 1054-1055.	Année 447. 1055-1056. (b)	Année 448. 1056-1057.	Année 449. (e) 1057-1058.	Anée 450. 1058-1059.
1.er Moharrem	12 Avril 1054	2 Avril 1055	21 Mars 1056	10 Mars 1057	28 Février 1058
,, Safar	12 Mai ,,	2 Mai ,,	20 Avril ,,	9 Avril ,,	3 Mars ,,
,, Rebi' 1.er	10 Juin ,,	31 ,, ,,	19 Mai ,,	8 Mai ,,	2 Avril ,,
,, Rebi' 2.e	10 Juillet ,,	30 Juin ,,	18 Juin ,,	7 Juin ,,	2 Mai ,,
,, Djoumada 1.er	8 Août ,,	29 Juillet ,,	17 Juillet ,,	6 Juillet ,,	1 Juin ,,
,, Djoumada 2.e	7 Septembre ,,	28 Août ,,	16 Août ,,	5 Août ,,	6 Juillet ,,
,, Redjeb	6 Octobre ,,	26 Septembre ,,	14 Septembre ,,	3 Septembre ,,	4 Août ,,
,, Chaâban	5 Novembre ,,	26 Octobre ,,	14 Octobre ,,	3 Octobre ,,	23 Septembre ,,
,, Ramadan	4 Décembre ,,	24 Novembre ,,	12 Novembre ,,	1 Novembre ,,	22 Octobre ,,
,, Chaoual	3 Janvier 1055	24 Décembre ,,	12 Décembre ,,	1 Décembre ,,	21 Novembre ,,
,, Doul Kaâda	1 Février ,,	22 Janvier 1056	10 Janvier 1057	30 ,, ,,	20 Décembre ,,
,, Doul Hedja	3 Mars ,,	21 Février ,,	9 Février ,,	29 Janvier 10..	19 Janvier 1059

	Année 451. 1059 - 1060.	Année 452. (e) 1060 (b) - 1061.	Année 453. 1061 - 1062.	Année 454. 1062 - 1063.	Année 455. (e) 1063.
1er. Moharrem	17 Février 1059	6 Février 1060	26 Janvier 1061	15 Janvier 1062	4 Janvier 1063
,, Safar	19 Mars ,,	7 Mars ,,	25 Février ,,	14 Février ,,	3 Février ,,
,, Rebi' 1.er	17 Avril ,,	5 Avril ,,	26 Mars ,,	15 Mars ,,	4 Mars ,,
,, Rebi' 2.e	17 Mai ,,	5 Mai ,,	25 Avril ,,	14 Avril ,,	3 Avril ,,
,, Djoumada 1.er	15 Juin ,,	3 Juin ,,	24 Mai ,,	13 Mai ,,	2 Mai ,,
,, Djoumada 2.e	15 Juillet ,,	3 Juillet ,,	23 Juin ,,	12 Juin ,,	1 Juin ,,
,. Redjeb	13 Aout ,,	1 Aout ,,	22 Juillet ,,	11 Juillet ,,	30 ,, ,,
,, Chaâban	12 Septembre ,,	31 ,, ,,	21 Aout ,,	10 Aout ,,	30 Juillet ,,
,, Ramadan	11 Octobre ,,	29 Septembre ,,	19 Septembre ,,	8 Septembre ,,	28 Aout ,,
,, Chaoual	10 Novembre ,,	29 Octobre ,,	19 Octobre ,,	8 Octobre ,,	27 Septembre ,,
,, Doul Kaâda	9 Décembre ,,	27 Novembre ,,	17 Novembre ,,	6 Novembre ,,	26 Octobre ,,
,, Doul Hedja	8 Janvier 1060	27 Décembre ,,	17 Décembre ,,	6 Décembre ,,	25 Novembre ,,

	Année 456. 1063 - 1064. (b)	Année 457. (e) 1064 - 1065.	Année 458. 1065 - 1066.	Année 459. 1066 - 1067.	Année 460. (e) 1067 - 1068. (b)
1.er Moharrem	25 Décembre 1063	13 Décembre 1064	3 Décembre 1065	22 Novembre 1066	11 Novembre 1067
, Safar	24 Janvier 1064	12 Janvier 1065	2 Janvier 1066	22 Décembre ,,	11 Décembre ,,
,, Rebi' 1.er	22 Février ,,	10 Février ,,	31 ,, ,,	20 Janvier 1067	9 Janvier 1068
,, Rebi' 2.e	23 Mars ,,	12 Mars ,,	2 Mars ,,	19 Février ,,	8 Février ,,
,, Djoumada 1.er	21 Avril ,,	10 Avril ,,	31 ,, ,,	20 Mars ,,	8 Mars ,,
,, Djoumada 2.e	21 Mai ,,	10 Mai ,,	30 Avril ,,	19 Avril ,,	7 Avril ,,
,, Redjeb	19 Juin ,,	8 Juin ,,	29 Mai ,,	18 Mai ,,	6 Mai ,,
,, Chaâban	19 Juillet ,,	8 Juillet ,,	28 Juin ,,	17 Juin ,,	5 Juin ,,
,, Ramadan	17 Aout ,,	6 Aout ,,	27 Juillet ,,	16 Juillet ,,	4 Juillet ,,
,, Chaoual	16 Septembre ,,	5 Septembre ,,	26 Aout ,,	15 Aout ,,	3 Aout ,,
,, Doul Kaâda	15 Octobre ,,	4 Octobre ,,	24 Septembre ,,	13 Septembre ,,	1 Septembre ,,
,, Doul Hedja	14 Novembre ,,	3 Novembre ,,	24 Octobre ,,	13 Octobre ,,	1 Octobre ,,

	Année 461. 1068 - 1069.	Année 462. 1069 - 1070.	Année 463. (e) 1070 - 1071.	Année 464. 1071 - 1072. (b)	Année 465. 1072 - 1073.
1.er Moharrem	31 Octobre 1068	20 Octobre 1069	9 Octobre 1070	29 Septembre 1071	17 Septembre 1072
,, Safar	30 Novembre ,,	19 Novembre ,,	8 Novembre ,,	29 Octobre ,,	17 Octobre ,,
,, Rebi' 1.er	29 Décembre ,,	18 Decembre ,,	7 Décembre ,,	27 Novembre ,,	15 Novembre ,,
,, Rebi' 2.e	28 Janvier 1069	17 Janvier 1070	6 Janvier 1071	27 Décembre ,,	15 Décembre ,,
,, Djoumada 1.er	26 Février ,,	15 Février ,,	4 Février ,,	25 Janvier 1072	13 Janvier 1073
,, Djoumada 2.e	28 Mars ,,	17 Mars ,,	6 Mars ,,	24 Février ,,	13 Février ,,
,, Redjeb	26 Avril ,,	15 Avril ,,	4 Avril ,,	24 Mars ,,	13 Mars ,,
,, Chaâban	26 Mai ,,	15 Mai ,,	4 Mai ,,	23 Avril ,,	12 Avril ,,
,, Ramadan	24 Juin ,,	13 Juin ,,	2 Juin ,,	22 Mai ,,	11 Mai ,,
,, Chaoual	24 Juillet ,,	13 Juillet ,,	2 Juillet ,,	21 Juin ,,	10 Juin ,,
,, Doul Kaâda	22 Aout ,,	11 Aout ,,	31 ,, ,,	20 Juillet ,,	9 Juillet ,,
,, Doul Hedja	21 Septembre ,,	10 Septembre ,,	30 Aout ,,	19 Aout ,,	8 Aout ,,

	Année 466. (e) 1073 - 1074.	Année 467. 1074 - 1075.	Année 468. (e) 1075 - 1076. (b)	Année 469. 1076 - 1077.	Année 470. 1077 - 1078.
1er. Moharrem	6 Septembre 1073	27 Août 1074	16 Août 1075	5 Août 1076	25 Juillet 1077
,, Safar	6 Octobre ,,	26 Septembre ,,	15 Septembre ,,	4 Septembre ,,	24 Août ,,
,, Rebi' 1.er	4 Novembre ,,	25 Octobre ,,	14 Octobre ,,	3 Octobre ,,	22 Septembre ,,
,, Rebi' 2.e	4 Décembre ,,	24 Novembre ,,	13 Novembre ,,	2 Novembre ,,	22 Octobre ,,
,, Djoumada 1.er	2 Janvier 1074	23 Décembre ,,	12 Décembre ,,	1 Décembre ,,	20 Novembre ,,
,, Djoumada 2.e	1 Février ,,	22 Janvier 1075	11 Janvier 1076	31 ,, ,,	20 Décembre ,,
,, Redjeb	2 Mars ,,	20 Février ,,	9 Février ,,	29 Janvier 1077	18 Janvier 1078
,, Chaâban	1 Avril ,,	22 Mars ,,	10 Mars ,,	28 Février ,,	17 Février ,,
,, Ramadan	30 ,, ,,	20 Avril ,,	8 Avril ,,	29 Mars ,,	18 Mars ,,
,, Chaoual	30 Mai ,,	20 Mai ,,	8 Mai ,,	28 Avril ,,	17 Avril ,,
,, Doul Kaâda	28 Juin ,,	18 Juin ,,	6 Juin ,,	27 Mai ,,	16 Mai ,,
,, Doul Hedja	28 Juillet ,,	18 Juillet ,,	6 Juillet ,,	26 Juin ,,	15 Juin ,,

	Année 471. (e) 1078 - 1079.	Année 472. 1079 - 1080. (b)	Année 473. 1080 - 1081.	Année 474. (e) 1081 - 1082.	Année 475. 1082 - 1083.
1.er Moharrem	14 Juillet 1078	4 Juillet 1079	22 Juin 1080	11 Juin 1081	1 Juin 1082
,, Safar	13 Août ,,	3 Août ,,	22 Juillet ,,	11 Juillet ,,	1 Juillet ,,
,, Rebi' 1.er	11 Septembre ,,	1 Septembre ,,	20 Aout ,,	9 Août ,,	30 ,, ,,
,, Rebi' 2.e	11 Octobre ,,	1 Octobre ,,	19 Septembre ,,	8 Septembre ,,	29 Août ,,
,, Djoumada 1.er	9 Novembre ,,	30 ,, ,,	19 Octobre ,,	7 Octobre ,,	27 Septembre ,,
,, Djoumada 2.e	9 Décembre ,,	29 Novembre ,,	17 Novembre ,,	6 Novembre ,,	27 Octobre ,,
,, Redjeb	7 Janvier 1079	28 Décembre ,,	16 Décembre ,,	5 Décembre ,,	25 Novembre ,,
,, Chaâban	6 Février ,,	27 Janvier 1080	15 Janvier 1081	4 Janvier 1082	25 Décembre ,,
,, Ramadan	7 Mars ,,	25 Février ,,	13 Février ,,	2 Février ,,	23 Janvier 1083
,, Chaoual	6 Avril ,,	26 Mars ,,	15 Mars ,,	4 Mars ,,	22 Février ,,
,, Doul Kaâda	5 Mai ,,	24 Avril ,,	13 Avril ,,	2 Avril ,,	23 Mars ,,
,, Doul Hedja	4 Juin ,,	24 Mai ,,	13 Mai ,,	2 Mai ,,	22 Avril ,,

	Année 476. (e) 1083 - 1084. (b)	Année 477. 1084 - 1085.	Année 478. 1085 - 1086.	Année 479. (e) 1086 - 1087.	Année 480. 1087 - 1088. (b)
1.er Moharrem	21 Mai 1083	10 Mai 1084	29 Avril 1085	18 Avril 1086	8 Avril 1087
,, Safar	20 Juin ,,	9 Juin ,,	29 Mai ,,	18 Mai ,,	8 Mai ,,
,, Rebi' 1.er	19 Juillet ,,	8 Juillet ,,	27 Juin ,,	16 Juin ,,	6 Juin ,,
,, Rebi' 2.e	18 Août ,,	7 Août ,,	27 Juillet ,,	16 Juillet ,,	6 Juillet ,,
,, Djoumada 1.er	16 Septembre ,,	5 Septembre ,,	25 Août ,,	14 Août ,,	4 Août ,,
,, Djoumada 2.e	16 Octobre ,,	5 Octobre ,,	24 Septembre ,,	13 Septembre ,,	3 Septembre ,,
,, Redjeb	14 Novembre ,,	3 Novembre ,,	23 Octobre ,,	12 Octobre ,,	2 Octobre ,,
,, Chaâban	14 Décembre ,,	3 Décembre ,,	22 Novembre ,,	11 Novembre ,,	1 Novembre ,,
,, Ramadan	12 Janvier 1084	1 Janvier 1085	21 Décembre ,,	10 Décembre ,,	30 ,, ,,
,, Chaoual	11 Février ,,	31 ,, ,,	20 Janvier 1086	9 Janvier 1087	30 Décembre ,,
,, Doul Kaâda	11 Mars ,,	1 Mars ,,	18 Février ,,	7 Février ,,	28 Janvier 1088
,, Doul Hedja	10 Avril ,,	31 ,, ,,	20 Mars ,,	9 Mars ,,	27 Février ,,

	Année 481. 1088 - 1089.		Année 482. (e) 1089 - 1090.		Année 483. 1090 - 1091.		Année 484. 1091 - 1092. (b)		Année 485. (e) 1092 - 1093.	
1.er Moharrem	27 Mars	1088	16 Mars	1089	6 Mars	1090	23 Février	1091	12 Février	1092
,, Safar	26 Avril	,,	15 Avril	,,	5 Avril	,,	25 Mars	,,	13 Mars	,,
,, Rebi' 1.er	25 Mai	,,	14 Mai	,,	4 Mai	,,	23 Avril	,,	11 Avril	,,
,, Rebi' 2.e	24 Juin	,,	13 Juin	,,	3 Juin	,,	23 Mai	,,	11 Mai	,,
,, Djoumada 1.er	23 Juillet	,,	12 Juillet	,,	2 Juillet	,,	21 Juin	,,	9 Juin	,,
,, Djoumada 2.e	22 Aout	,,	11 Août	,,	1 Aout	,,	21 Juillet	,,	9 Juillet	,,
,, Redjeb	20 Septembre	,,	9 Septembre	,,	30 ,,	,,	19 Aout	,,	7 Aout	,,
,, Chaâban	20 Octobre	,,	9 Octobre	,,	29 Septembre	,,	18 Septembre	,,	6 Septembre	,,
,, Ramadan	18 Novembre	,,	7 Novembre	,,	28 Octobre	,,	17 Octobre	,,	5 Octobre	,,
,, Chaoual	18 Décembre	,,	7 Décembre	,,	27 Novembre	,,	16 Novembre	,,	4 Novembre	,,
,, Doul Kaâda	16 Janvier	1089	5 Janvier	1090	26 Décembre	,,	15 Décembre	,,	3 Décembre	,,
,, Doul Hedja	15 Février	,,	4 Février	,,	25 Janvier	1091	14 Janvier	1092	2 Janvier	1093

	Année 486. 1093 - 1094.		Année 487. (e) 1094 - 1095.		Année 488. 1095.		Année 489. 1095 - 1096. (b)		Année 490. (e) 1096 - 1097.	
I.er Moharrem	1 Février	1093	21 Janvier	1094	11 Janvier	1095	31 Décembre	1095	19 Décembre	1096
,, Safar	3 Mars	,,	20 Février	,,	10 Février	,,	30 Janvier	1096	18 Janvier	1097
,, Rebi' I.er	1 Avril	,,	21 Mars	,,	11 Mars	,,	28 Février	,,	16 Février	,,
,, Rebi' 2.e	1 Mai	,,	20 Avril	,,	10 Avril	,,	29 Mars	,,	18 Mars	,,
,, Djoumada I.er	30 ,,	,,	19 Mai	,,	9 Mai	,,	27 Avril	,,	16 Avril	,,
,, Djoumada 2.e	29 Juin	,,	18 Juin	,,	8 Juin	,,	27 Mai	,,	16 Mai	,,
,, Redjeb	28 Juillet	,,	17 Juillet	,,	7 Juillet	,,	25 Juin	,,	14 Juin	,,
,, Chaâban	27 Août	,,	16 Août	,,	6 Août	,,	25 Juillet	,,	14 Juillet	,,
,, Ramadan	25 Septembre	,,	14 Septembre	,,	4 Septembre	,,	23 Août	,,	12 Aout	,,
,, Chaoual	25 Octobre	,,	14 Octobre	,,	4 Octobre	,,	22 Septembre	,,	11 Septembre	,,
,, Doul Kaâda	23 Novembre	,,	12 Novembre	,,	2 Novembre	,,	21 Octobre	,,	10 Octobre	,,
,, Doul Hedja	23 Décembre	,,	12 Décembre	,,	2 Décembre	,,	20 Novembre	,,	9 Novembre	,,

	Année 491. 1097 - 1098.		Année 492. 1098 - 1099.		Année 493. (e) 1099 - 1100. (b)		Année 494. 1100 - 1101.		Année 495. 1101 - 1102.	
I.er Moharrem	9 Décembre	1097	28 Novembre	1098	17 Novembre	1099	6 Novembre	1100	26 Octobre	1101
,, Safar	8 Janvier	1098	28 Décembre	,,	17 Décembre	,,	6 Décembre	,,	25 Novembre	,,
,, Rebi' I.er	6 Février	,,	26 Janvier	1099	15 Janvier	1100	4 Janvier	1101	24 Décembre	,,
,, Rebi' 2.e	8 Mars	,,	25 Février	,,	14 Février	,,	3 Février	,,	23 Janvier	1102
,, Djoumada I.er	6 Avril	,,	26 Mars	,,	14 Mars	,,	4 Mars	,,	21 Février	,,
,, Djoumada 2.e	6 Mai	,,	25 Avril	,,	13 Avril	,,	3 Avril	,,	23 Mars	,,
,, Redjeb	4 Juin	,,	24 Mai	,,	12 Mai	,,	2 Mai	,,	21 Avril	,,
,, Chaâban	4 Juillet	,,	23 Juin	,,	11 Juin	,,	1 Juin	,,	21 Mai	,,
,, Ramadan	2 Aout	,,	22 Juillet	,,	10 Juillet	,,	30 ,,	,,	19 Juin	,,
,, Chaoual	1 Septembre	,,	21 Août	,,	9 Août	,,	30 Juillet	,,	19 Juillet	,,
,, Doul Kaâda	30 ,,	,,	19 Septembre	,,	7 Septembre	,,	28 Aout	,,	17 Août	,,
,, Doul Hedja	30 Octobre	,,	19 Octobre	,,	7 Octobre	,,	27 Septembre	,,	16 Septembre	,,

	Année 496. (e) 1102 - 1103.	Année 497. 1103 - 1104. (b)	Année 498. (e) 1104 - 1105.	Année 499. 1105 - 1106.	Année 500. 1106 - 1107.
1er. Moharrem	15 Octobre 1102	5 Octobre 1103	23 Septembre 1104	13 Septembre 1105	2 Septembre 1106
,, Safar	14 Novembre ,,	4 Novembre ,,	23 Octobre ,,	13 Octobre ,,	2 Octobre ,,
,, Rebi' 1.er	13 Décembre ,,	3 Décembre ,,	21 Novembre ,,	11 Novembre ,,	31 ,, ,,
,, Rebi' 2.e	12 Janvier 1103	2 Janvier 1104	21 Décembre ,,	11 Décembre ,,	30 Novembre ,,
,, Djoumada 1.er	10 Février ,,	31 ,, ,,	19 Janvier 1105	9 Janvier 1106	29 Décembre ,,
,, Djoumada 2.e	12 Mars ,,	1 Mars ,,	18 Février ,,	8 Février ,,	28 Janvier 1107
,, Redjeb	10 Avril ,,	30 ,, ,,	19 Mars ,,	9 Mars ,,	26 Février ,,
,, Chaâban	10 Mai ,,	29 Avril ,,	18 Avril ,,	8 Avril ,,	28 Mars ,,
,, Ramadan	8 Juin ,,	28 Mai ,,	17 Mai ,,	7 Mai ,,	26 Avril ,,
,, Chaoual	8 Juillet ,,	27 Juin ,,	16 Juin ,,	6 Juin ,,	26 Mai ,,
,, Doul Kaâda	6 Aout ,,	26 Juillet ,,	15 Juillet ,,	5 Juillet ,,	24 Juin ,,
,, Doul Hedja	5 Septembre ,,	25 Août ,,	14 Août ,,	4 Aout ,,	24 Juillet ,,

	Année 501. (e) 1107 - 1108. (b)	Année 502. 1108 - 1109.	Année 503. 1109 - 1110.	Année 504. (e) 1110 - 1111.	Année 505. 1111 - 1112. (b)
1.er Moharrem	22 Août 1107	11 Août 1108	31 Juillet 1109	20 Juillet 1110	10 Juillet 1111
,, Safar	21 Septembre ,,	10 Septembre ,,	30 Août ,,	19 Août ,,	9 Août ,,
,, Rebi' 1.er	20 Octobre ,,	9 Octobre ,,	28 Septembre ,,	17 Septembre ,,	7 Septembre ,,
,, Rebi' 2.e	19 Novembre ,,	8 Novembre ,,	28 Octobre ,,	17 Octobre ,,	7 Octobre ,,
,, Djoumada 1.er	18 Décembre ,,	7 Décembre ,,	26 Novembre ,,	15 Novembre ,,	5 Novembre ,,
,, Djoumada 2.e	17 Janvier 1108	6 Janvier 1109	26 Décembre ,,	15 Décembre ,,	5 Décembre ,,
,, Redjeb	15 Février ,,	4 Février ,,	24 Janvier 1110	13 Janvier 1111	3 Janvier 1112
,, Chaâban	16 Mars ,,	6 Mars ,,	23 Février ,,	12 Février ,,	2 Février ,,
,, Ramadan	14 Avril ,,	4 Avril ,,	24 Mars ,,	13 Mars ,,	2 Mars ,,
,, Chaoual	14 Mai ,,	4 Mai ,,	23 Avril ,,	12 Avril ,,	1 Avril ,,
,, Doul Kaâda	12 Juin ,,	2 Juin ,,	22 Mai ,,	11 Mai ,,	30 ,, ,,
,, Doul Hedja	12 Juillet ,,	2 Juillet ,,	21 Juin ,,	10 Juin ,,	30 Mai ,,

	Année 506. (e) 1112 - 1113.	Année 507. 1113 - 1114.	Année 508. 1114 - 1115.	Année 509. (e) 1115 - 1116. (b)	Année 510. 1116 - 1117.
1.er Moharrem	28 Juin 1112	18 Juin 1113	7 Juin 1114	27 Mai 1115	16 Mai 1116
,, Safar	28 Juillet ,,	18 Juillet ,,	7 Juillet ,,	26 Juin ,,	15 Juin ,,
,, Rebi' 1.er	26 Aout ,,	16 Août ,,	5 Août ,,	25 Juillet ,,	14 Juillet ,,
,, Rebi' 2.e	25 Septembre ,,	15 Septembre ,,	4 Septembre ,,	24 Aout ,,	13 Aout ,,
,, Djoumada 1.er	24 Octobre ,,	14 Octobre ,,	3 Octobre ,,	22 Septembre ,,	11 Septembre ,,
,, Djoumada 2.e	23 Novembre ,,	13 Novembre ,,	2 Novembre ,,	22 Octobre ,,	11 Octobre ,,
,, Redjeb	22 Décembre ,,	12 Décembre ,,	1 Décembre ,,	20 Novembre ,,	9 Novembre ,,
,, Chaâban	21 Janvier 1113	11 Janvier 1114	31 ,, ,,	20 Décembre ,,	9 Décembre ,,
,, Ramadan	19 Février ,,	9 Février ,,	29 Janvier 1115	18 Janvier 1116	7 Janvier 1117
,, Chaoual	21 Mars ,,	11 Mars ,,	28 Février ,,	17 Février ,,	6 Février ,,
,, Doul Kaâda	19 Avril ,,	9 Avril ,,	29 Mars ,,	17 Mars ,,	7 Mars ,,
,, Doul Hedja	19 Mai ,,	9 Mai ,,	28 Avril ,,	16 Avril ,,	6 Avril ,,

	Année 511. 1117 - 1118.	*Année 512.* (e) 1118 - 1119.	*Année 513.* 1119 - 1120. (b)	*Année 514.* 1120 - 1121.	*Année 515.* (e) 1121 - 1122.
1.ᵉʳ Moharrem	5 Mai 1117	24 Avril 1118	14 Avril 1119	2 Avril 1120	22 Mars 1121
,, Safar	4 Juin ,,	24 Mai ,,	14 Mai ,,	2 Mai ,,	21 Avril ,,
,, Rebi' 1.ᵉʳ	3 Juillet ,,	22 Juin ,,	12 Juin ,,	31 ,, ,,	20 Mai ,,
,, Rebi' 2.ᵉ	2 Août ,,	22 Juillet ,,	12 Juillet ,,	30 Juin ,,	19 Juin ,,
,, Djoumada 1.ᵉʳ	31 ,, ,,	20 Août ,,	10 Août ,,	29 Juillet ,,	18 Juillet ,,
,, Djoumada 2.ᵉ	30 Septembre ,,	19 Septembre ,,	9 Septembre ,,	28 Août ,,	17 Août ,,
,, Redjeb	29 Octobre ,,	18 Octobre ,,	8 Octobre ,,	26 Septembre ,,	15 Septembre ,,
,, Chaâban	28 Novembre ,,	17 Novembre ,,	7 Novembre ,,	26 Octobre ,,	15 Octobre ,,
,, Ramadan	27 Décembre ,,	16 Décembre ,,	6 Décembre ,,	24 Novembre ,,	13 Novembre ,,
,, Chaoual	26 Janvier 1118	15 Janvier 1119	5 Janvier 1120	24 Décembre ,,	13 Décembre ,,
,, Doul Kaâda	24 Février ,,	13 Février ,,	3 Février ,,	22 Janvier 1121	11 Janvier 1122
,, Doul Hedja	26 Mars ,,	15 Mars ,,	4 Mars ,,	21 Février ,,	10 Février ,,

	Année 516. 1122 - 1123.	*Année 517.* (e) 1123 - 1124.	*Année 518.* 1124 (b) - 1125.	*Année 519.* 1125 - 1126.	*Année 520.* (e) 1126 - 1127.
1ᵉʳ. Moharrem	12 Mars 1122	1 Mars 1123	19 Février 1124	7 Février 1125	27 Janvier 1126
,, Safar	11 Avril ,,	31 ,, ,,	20 Mars ,,	9 Mars ,,	26 Février ,,
,, Rebi' 1.ᵉʳ	10 Mai ,,	29 Avril ,,	18 Avril ,,	7 Avril ,,	27 Mars ,,
,, Rebi' 2.ᵉ	9 Juin ,,	29 Mai ,,	18 Mai ,,	7 Mai ,,	26 Avril ,,
,, Djoumada 1.ᵉʳ	8 Juillet ,,	27 Juin ,,	16 Juin ,,	5 Juin ,,	25 Mai ,,
,, Djoumada 2.ᵉ	7 Août ,,	27 Juillet ,,	16 Juillet ,,	5 Juillet ,,	24 Juin ,,
,, Redjeb	5 Septembre ,,	25 Août ,,	14 Août ,,	3 Août ,,	23 Juillet ,,
,, Chaâban	5 Octobre ,,	24 Septembre ,,	13 Septembre ,,	2 Septembre ,,	22 Août ,,
,, Ramadan	3 Novembre ,,	23 Octobre ,,	12 Octobre ,,	1 Octobre ,,	20 Septembre ,,
,, Chaoual	3 Décembre ,,	22 Novembre ,,	11 Novembre ,,	31 ,, ,,	20 Octobre ,,
,, Doul Kaâda	1 Janvier 1123	21 Décembre ,,	10 Décembre ,,	29 Novembre ,,	18 Novembre ,,
,, Doul Hedja	31 ,, ,,	20 Janvier 1124	9 Janvier 1125	29 Décembre ,,	18 Décembre ,,

	Année 521. 1127 - 1128.	*Année 522.* 1128. (b)	*Année 523.* (e) 1128 - 1129.	*Année 524.* 1129 - 1130. (b)	*Année 525.* 1130 - 1131.
1.ᵉʳ Moharrem	17 Janvier 1127	6 Janvier 1128	25 Décembre 1128	15 Décembre 1129	4 Décembre 1130
,, Safar	16 Février ,,	5 Février ,,	24 Janvier 1129	14 Janvier 1130	3 Janvier 1131
,, Rebi' 1.ᵉʳ	17 Mars ,,	5 Mars ,,	22 Février ,,	12 Février ,,	1 Février ,,
,, Rebi' 2.ᵉ	16 Avril ,,	4 Avril ,,	24 Mars ,,	14 Mars ,,	3 Mars ,,
,, Djoumada 1.ᵉʳ	15 Mai ,,	3 Mai ,,	22 Avril ,,	12 Avril ,,	1 Avril ,,
,, Djoumada 2.ᵉ	14 Juin ,,	2 Juin ,,	22 Mai ,,	12 Mai ,,	1 Mai ,,
,, Redjeb	13 Juillet ,,	1 Juillet ,,	20 Juin ,,	10 Juin ,,	30 ,, ,,
,, Chaâban	12 Août ,,	31 ,, ,,	20 Juillet ,,	10 Juillet ,,	29 Juin ,,
,, Ramadan	10 Septembre ,,	29 Août ,,	18 Août ,,	8 Août ,,	28 Juillet ,,
,, Chaoual	10 Octobre ,,	28 Septembre ,,	17 Septembre ,,	7 Septembre ,,	27 Août ,,
,, Doul Kaâda	8 Novembre ,,	27 Octobre ,,	16 Octobre ,,	6 Octobre ,,	25 Septembre ,,
,, Doul Hedja	8 Décembre ,,	26 Novembre ,,	15 Novembre ,,	5 Novembre ,,	25 Octobre ,,

	Année 526. (e) 1131 - 1132. (b)	Année 527. 1132 - 1133.	Année 528. (e) 1133 - 1134.	Année 529. 1134 - 1135.	Année 530. 1135 - 1136. (b)
1.er Moharrem	23 Novembre 1131	12 Novembre 1132	1 Novembre 1133	22 Octobre 1134	11 Octobre 1135
,, Safar	23 Décembre ,,	12 Décembre ,,	1 Décembre ,,	21 Novembre ,,	10 Novembre ,,
,, Rebi' 1.er	21 Janvier 1132	10 Janvier 1133	30 ,, ,,	20 Décembre ,,	9 Décembre ,,
,, Rebi' 2.e	20 Février ,,	9 Février ,,	29 Janvier 1134	19 Janvier 1135	8 Janvier 1136
,, Djoumada 1er	20 Mars ,,	10 Mars ,,	27 Février ,,	17 Février ,,	6 Février ,,
,, Djoumada 2.e	19 Avril ,,	9 Avril ,,	29 Mars ,,	19 Mars ,,	7 Mars ,,
,, Redjeb	18 Mai ,,	8 Mai ,,	27 Avril ,,	17 Avril ,,	5 Avril ,,
,, Chaâban	17 Juin ,,	7 Juin ,,	27 Mai ,,	17 Mai ,,	5 Mai ,,
,, Ramadan	16 Juillet ,,	6 Juillet ,,	25 Juin ,,	15 Juin ,,	3 Juin ,,
,, Chaoual	15 Août ,,	5 Août ,,	25 Juillet ,,	15 Juillet ,,	3 Juillet ,,
,, Doul Kaâda	13 Septembre ,,	3 Septembre ,,	23 Août ,,	13 Août ,,	1 Aout ,,
,, Doul Hedja	13 Octobre ,,	3 Octobre ,,	22 Septembre ,,	12 Septembre ,,	31 ,, ,,

	Année 531. (e) 1136 - 1137.	Année 532. 1137 - 1138.	Année 533. 1138 - 1139.	Année 534. (e) 1139 - 1140. (b)	Année 535. 1140 - 1141.
1.er Moharrem	29 Septembre 1136	19 Septembre 1137	8 Septembre 1138	28 Août 1139	17 Août 1140
,, Safar	29 Octobre ,,	19 Octobre ,,	8 Octobre ,,	27 Septembre ,,	16 Septembre ,,
,, Rebi' 1.er	27 Novembre ,,	17 Novembre ,,	6 Novembre ,,	26 Octobre ,,	15 Octobre ,,
,, Rebi' 2.e	27 Décembre ,,	17 Décembre ,,	6 Décembre ,,	25 Novembre ,,	14 Novembre ,,
,, Djoumada 1.er	25 Janvier 1137	15 Janvier 1138	4 Janvier 1139	24 Décembre ,,	13 Décembre ,,
,, Djoumada 2.e	24 Février ,,	14 Février ,,	3 Février ,,	23 Janvier 1140	12 Janvier 1141
,, Redjeb	25 Mars ,,	15 Mars ,,	4 Mars ,,	21 Février ,,	10 Février ,,
,, Chaâban	24 Avril ,,	14 Avril ,,	3 Avril ,,	22 Mars ,,	12 Mars ,,
,, Ramadan	23 Mai ,,	13 Mai ,,	2 Mai ,,	20 Avril ,,	10 Avril ,,
,, Chaoual	22 Juin ,,	12 Juin ,,	1 Juin ,,	20 Mai ,,	10 Mai ,,
,, Doul Kaâda	21 Juillet ,,	11 Juillet ,,	30 ,, ,,	18 Juin ,,	8 Juin ,,
,, Doul Hedja	20 Août ,,	10 Août ,,	30 Juillet ,,	18 Juillet ,,	8 Juillet ,,

	Année 536. (e) 1141 - 1142.	Année 537. 1142 - 1143.	Année 538. 1143 - 1144. (b)	Année 539. (e) 1144 - 1145.	Année 540. 1145 - 1146,
1.er Moharrem	6 Aout 1141	27 Juillet 1142	16 Juillet 1143	4 Juillet 1144	24 Juin 1145
,, Safar	5 Septembre ,,	26 Aout ,,	15 Aout ,,	3 Aout ,,	24 Juillet ,,
,, Rebi' 1.er	4 Octobre ,,	24 Septembre ,,	13 Septembre ,,	1 Septembre ,,	22 Aout ,,
,, Rebi' 2.e	3 Novembre ,,	24 Octobre ,,	13 Octobre ,,	1 Octobre ,,	21 Septembre ,,
,, Djoumada 1er	2 Décembre ,,	22 Novembre ,,	11 Novembre ,,	30 ,, ,,	20 Octobre ,,
,, Djoumada 2.e	1 Janvier 1142	22 Décembre ,,	11 Décembre ,,	29 Novembre ,,	19 Novembre ,,
,, Redjeb	30 ,, ,,	20 Janvier 1143	9 Janvier 1144	28 Décembre ,,	18 Décembre ,,
,, Chaâban	1 Mars ,,	19 Février ,,	8 Février ,,	27 Janvier 1145	17 Janvier 1146
,, Ramadan	30 ,, ,,	20 Mars ,,	8 Mars ,,	25 Février ,,	15 Février ,,
,, Chaoual	29 Avril ,,	19 Avril ,,	7 Avril ,,	27 Mars ,,	17 Mars ,,
,, Doul Kaâda	28 Mai ,,	18 Mai ,,	6 Mai ,,	25 Avril ,,	15 Avril ,,
,, Doul Hedja	27 Juin ,,	17 Juin ,,	5 Juin ,,	25 Mai ,,	15 Mai ,,

	Année 541. 1146 - 1147.	*Année 542. (e)* 1147 - 1148. (b)	*Année 543.* 1148 - 1149.	*Année 544.* 1149 - 1150.	*Année 545. (e)* 1150 - 1151.
1er. Moharrem	18 Juin 1146	2 Juin 1147	22 Mai 1148	11 Mai 1149	30 Avril 1150
„ Safar	19 Juillet „	2 Juillet „	21 Juin „	10 Juin „	30 Mai „
„ Rebi' 1.er	11 Aout „	31 „ „	20 Juillet „	9 Juillet „	28 Juin „
„ Rebi' 2.e	10 Septembre „	30 Août „	19 Aout „	8 Aout „	28 Juillet „
„ Djoumada 1.er	9 Octobre „	28 Septembre „	17 Septembre „	6 Septembre „	26 Aout „
„ Djoumada 2.e	8 Novembre „	28 Octobre „	17 Octobre „	6 Octobre „	25 Septembre „
„ Redjeb	7 Décembre „	26 Novembre „	15 Novembre „	4 Novembre „	24 Octobre „
„ Chaâban	6 Janvier 1147	26 Décembre „	15 Décembre „	4 Décembre „	23 Novembre „
„ Ramadan	4 Février „	24 Janvier 1148	13 Janvier 1149	2 Janvier 1150	22 Décembre „
„ Chaoual	6 Mars „	23 Février „	12 Février „	1 Février „	21 Janvier 1151
„ Doul Kaâda	4 Avril „	23 Mars „	13 Mars „	2 Mars „	19 Février „
„ Doul Hedja	4 Mai „	22 Avril „	12 Avril „	1 Avril „	21 Mars „

	Année 546. 1151 - 1152. (b)	*Année 547. (e)* 1152 - 1153.	*Année 548.* 1153 - 1154.	*Année 549.* 1154 - 1155.	*Année 550. (e)* 1155 - 1156.
1.er Moharrem	20 Avril 1151	8 Avril 1152	29 Mars 1153	18 Mars 1154	7 Mars 1155
, Safar	20 Mai „	8 Mai „	28 Avril „	17 Avril „	6 Avril „
„ Rebi' 1.er	18 Juin „	6 Juin „	27 Mai „	16 Mai „	5 Mai „
„ Rebi' 2.e	18 Juillet „	6 Juillet „	26 Juin „	15 Juin „	4 Juin „
„ Djoumada 1.er	16 Aout „	4 Aout „	25 Juillet „	14 Juillet „	3 Juillet „
„ Djoumada 2.e	15 Septembre „	3 Septembre „	24 Aout „	13 Aout „	2 Aout „
„ Redjeb	14 Octobre „	2 Octobre „	22 Septembre „	11 Septembre „	31 „ „
„ Chaâban	13 Novembre „	1 Novembre „	22 Octobre „	11 Octobre „	30 Septembre „
„ Ramadan	12 Décembre „	30 „ „	20 Novembre „	9 Novembre „	29 Octobre „
„ Chaoual	11 Janvier 1152	30 Décembre „	20 Décembre „	9 Décembre „	28 Novembre „
„ Doul Kaâda	9 Février „	28 Janvier 1153	18 Janvier 1154	7 Janvier 1155	27 Décembre „
„ Doul Hedja	10 Mars „	27 Février „	17 Février „	6 Février „	26 Janvier 1156

	Année 551. 1156 (b) - 1157.	*Année 552.* 1157 - 1158.	*Année 553. (e)* 1158 - 1159.	*Année 554.* 1159 - 1160.	*Année 555.* 1160. (b)
1.er Moharrem	25 Février 1156	13 Février 1157	2 Février 1158	23 Janvier 1159	12 Janvier 1160
„ Safar	26 Mars „	15 Mars „	4 Mars „	22 Février „	11 Février „
„ Rebi' 1.er	24 Avril „	13 Avril „	2 Avril „	23 Mars „	11 Mars „
„ Rebi' 2.e	24 Mai „	13 Mai „	2 Mai „	22 Avril „	10 Avril „
„ Djoumada 1.er	22 Juin „	11 Juin „	31 „ „	21 Mai „	9 Mai „
„ Djoumada 2.e	22 Juillet „	11 Juillet „	30 Juin „	20 Juin „	8 Juin „
„ Redjeb	20 Aout „	9 Aout „	29 Juillet „	19 Juillet „	7 Juillet „
„ Chaâban	19 Septembre „	8 Septembre „	28 Aout „	18 Aout „	6 Aout „
„ Ramadan	18 Octobre „	7 Octobre „	26 Septembre „	16 Septembre „	4 Septembre „
„ Chaoual	17 Novembre „	6 Novembre „	26 Octobre „	16 Octobre „	4 Octobre „
„ Doul Kaâda	16 Décembre „	5 Decembre „	24 Novembre „	14 Novembre „	2 Novembre „
„ Doul Hedja	15 Janvier 1157	4 Janvier 1158	24 Décembre „	14 Décembre „	2 Décembre „

	Année 556. (e) 1160 - 1161.	Année 557. 1161 - 1162.	Année 558. (e) 1162 - 1163.	Année 559. 1163 - 1164. (b)	Année 560. 1164 - 1165.
I.er Moharrem	31 Décembre 1160	21 Décembre 1161	10 Décembre 1162	30 Novembre 1163	18 Novembre 1164
,, Safar	30 Janvier 1161	20 Janvier 1162	9 Janvier 1163	30 Décembre ,,	18 Décembre ,,
,, Rebi' I.er	28 Février ,,	18 Février ,,	7 Février ,,	28 Janvier 1164	16 Janvier 1165
,, Rebi' 2.e	30 Mars ,,	20 Mars ,,	9 Mars ,,	27 Février ,,	15 Février ,,
,, Djoumada 1er	28 Avril ,,	18 Avril ,,	7 Avril ,,	27 Mars ,,	16 Mars ,,
,, Djoumada 2.e	28 Mai ,,	18 Mai ,,	7 Mai ,,	26 Avril ,,	15 Avril ,,
,, Redjeb	26 Juin ,,	16 Juin ,,	5 Juin ,,	25 Mai ,,	14 Mai ,,
,, Chaâban	26 Juillet ,,	16 Juillet ,,	5 Juillet ,,	24 Juin ,,	13 Juin ,,
,, Ramadan	24 Août ,,	14 Août ,,	3 Août ,,	23 Juillet ,,	12 Juillet ,,
,, Chaoual	23 Septembre ,,	13 Septembre ,,	2 Septembre ,,	22 Août ,,	11 Aout ,,
,, Doul Kaâda	22 Octobre ,,	12 Octobre ,,	1 Octobre ,,	20 Septembre ,,	9 Septembre ,,
,, Doul Hedja	21 Novembre ,,	11 Novembre ,,	31 ,, ,,	20 Octobre ,,	9 Octobre ,,

	Année 561. (e) 1165 - 1166.	Année 562. 1166 - 1167.	Année 563. 1167 - 1168. (b)	Année 564. (e) 1168 - 1169.	Année 565. 1169 - 1170.
I.er Moharrem	7 Novembre 1165	28 Octobre 1166	17 Octobre 1167	5 Octobre 1168	25 Septembre 1169
,, Safar	7 Décembre ,,	27 Novembre ,,	16 Novembre ,,	4 Novembre ,,	25 Octobre ,,
,, Rebi' I.er	5 Janvier 1166	26 Décembre ,,	15 Décembre ,,	3 Décembre ,,	23 Novembre ,,
,, Rebi' 2.e	4 Février ,,	25 Janvier 1167	14 Janvier 1168	2 Janvier 1169	23 Décembre ,,
,, Djoumada I.er	5 Mars ,,	23 Février ,,	12 Février ,,	31 ,, ,,	21 Janvier 1170
,, Djoumada 2.e	4 Avril ,,	25 Mars ,,	13 Mars ,,	2 Mars ,,	20 Février ,,
,, Redjeb	3 Mai ,,	23 Avril ,,	11 Avril ,,	31 ,, ,,	21 Mars ,,
,, Chaâban	2 Juin ,,	23 Mai ,,	11 Mai ,,	30 Avril ,,	20 Avril ,,
,, Ramadan	1 Juillet ,,	21 Juin ,,	9 Juin ,,	29 Mai ,,	19 Mai ,,
,, Chaoual	31 ,, ,,	21 Juillet ,,	9 Juillet ,,	28 Juin ,,	18 Juin ,,
,, Doul Kaâda	29 Août ,,	19 Août ,,	7 Aout ,,	27 Juillet ,,	17 Juillet ,,
,, Doul Hedja	28 Septembre ,,	18 Septembre ,,	6 Septembre ,,	26 Août ,,	16 Août ,,

	Année 566. (e) 1170 - 1171.	Année 567. 1171 - 1172. (b)	Année 568. 1172 - 1173.	Année 569. (e) 1173 - 1174.	Année 570. 1174 - 1175.
I.er Moharrem	14 Septembre 1170	4 Septembre 1171	23 Aout 1172	12 Aout 1173	2 Aout 1174
,, Safar	14 Octobre ,,	4 Octobre ,,	22 Septembre ,,	11 Septembre ,,	1 Septembre ,,
,, Rebi' 1.er	12 Novembre ,,	2 Novembre ,,	21 Octobre ,,	10 Octobre ,,	30 ,, ,,
,, Rebi' 2.e	12 Décembre ,,	2 Décembre ,,	20 Novembre ,,	9 Novembre ,,	30 Octobre ,,
,, Djoumada 1er	10 Janvier 1171	31 ,, ,,	19 Décembre ,,	8 Décembre ,,	28 Novembre ,,
,, Djoumada 2.e	9 Février ,,	30 Janvier 1172	18 Janvier 1173	7 Janvier 1174	28 Décembre ,,
,, Redjeb	10 Mars ,,	28 Février ,,	16 Février ,,	5 Février ,,	26 Janvier 1175
,, Chaâban	9 Avril ,,	29 Mars ,,	18 Mars ,,	7 Mars ,,	25 Février ,,
,, Ramadan	8 Mai ,,	27 Avril ,,	16 Avril ,,	5 Avril ,,	26 Mars ,,
,, Chaoual	7 Juin ,,	27 Mai ,,	16 Mai ,,	5 Mai ,,	25 Avril ,,
,, Doul Kaâda	6 Juillet ,,	25 Juin ,,	14 Juin ,,	3 Juin ,,	24 Mai ,,
,, Doul Hedja	5 Aout ,,	25 Juillet ,,	14 Juillet ,,	3 Juillet ,,	23 Juin ,,

	Année 571. 1175-1176. (b)	Année 572. (e) 1176-1177.	Année 573. 1177-1178.	Année 574. 1178-1179.	Année 575. (e) 1179-1180. (b)
1er. Moharrem	22 Juillet 1175	10 Juillet 1176	30 Juin 1177	19 Juin 1178	8 Juin 1179
,, Safar	21 Aout ,,	9 Août ,,	30 Juillet ,,	19 Juillet ,,	8 Juillet ,,
,, Rebi' 1.er	19 Septembre ,,	7 Septembre ,,	28 Aout ,,	17 Aout ,,	6 Aout ,,
,, Rebi' 2.e	19 Octobre ,,	7 Octobre ,,	27 Septembre ,,	16 Septembre ,,	5 Septembre ,,
,, Djoumada 1.er	17 Novembre ,,	5 Novembre ,,	26 Octobre ,,	15 Octobre ,,	4 Octobre ,,
,, Djoumada 2.e	17 Décembre ,,	5 Décembre ,,	25 Novembre ,,	14 Novembre ,,	3 Novembre ,,
,, Redjeb	15 Janvier 1176	3 Janvier 1177	24 Décembre ,,	13 Décembre ,,	2 Décembre ,,
,, Chaâban	14 Février ,,	2 Février ,,	23 Janvier 1178	12 Janvier 1179	1 Janvier 1180
,, Ramadan	14 Mars ,,	3 Mars ,,	21 Février ,,	10 Février ,,	30 ,, ,,
,, Chaoual	13 Avril ,,	2 Avril ,,	23 Mars ,,	12 Mars ,,	29 Février ,,
,, Doul Kaâda	12 Mai ,,	1 Mai ,,	21 Avril ,,	10 Avril ,,	29 Mars ,,
,, Doul Hedja	11 Juin ,,	31 ,, ,,	21 Mai ,,	10 Mai ,,	28 Avril ,,

	Année 576. 1180-1181.	Année 577. (e) 1181-1182.	Année 578. 1182-1183.	Année 579. 1183-1184. (b)	Année 580. (e) 1184-1185.
1.er Moharrem	28 Mai 1180	17 Mai 1181	7 Mai 1182	26 Avril 1183	14 Avril 1184
, Safar	27 Juin ,,	16 Juin ,,	6 Juin ,,	26 Mai ,,	14 Mai ,,
,, Rebi' 1.er	26 Juillet ,,	15 Juillet ,,	5 Juillet ,,	24 Juin ,,	12 Juin ,,
,, Rebi' 2.e	25 Aout ,,	14 Aout ,,	4 Aout ,,	24 Juillet ,,	12 Juillet ,,
,, Djoumada 1.er	23 Septembre ,,	12 Septembre ,,	2 Septembre ,,	22 Aout ,,	10 Aout ,,
,, Djoumada 2.e	23 Octobre ,,	12 Octobre ,,	2 Octobre ,,	21 Septembre ,,	9 Septembre ,,
,, Redjeb	21 Novembre ,,	10 Novembre ,,	31 ,, ,,	20 Octobre ,,	8 Octobre ,,
,, Chaâban	21 Décembre ,,	10 Décembre ,,	30 Novembre ,,	19 Novembre ,,	7 Novembre ,,
,, Ramadan	19 Janvier 1181	8 Janvier 1182	29 Décembre ,,	18 Décembre ,,	6 Décembre ,,
,, Chaoual	18 Février ,,	7 Février ,,	28 Janvier 1183	17 Janvier 1184	5 Janvier 1185
,, Doul Kaâda	19 Mars ,,	8 Mars ,,	26 Février ,,	15 Février ,,	3 Février ,,
,, Doul Hedja	18 Avril ,,	7 Avril ,,	28 Mars ,,	16 Mars ,,	5 Mars ,,

	Année 581. 1185-1186.	Année 582. 1186-1187.	Année 583. (e) 1187-1188. (b)	Année 584. 1188-1189.	Année 585. 1189-1190.
1.er Moharrem	4 Avril 1185	24 Mars 1186	13 Mars 1187	2 Mars 1188	19 Février 1189
,, Safar	4 Mai ,,	23 Avril ,,	12 Avril ,,	1 Avril ,,	21 Mars ,,
,, Rebi' 1.er	2 Juin ,,	22 Mai ,,	11 Mai ,,	30 ,, ,,	19 Avril ,,
,, Rebi' 2.e	2 Juillet ,,	21 Juin ,,	10 Juin ,,	30 Mai ,,	19 Mai ,,
,, Djoumada 1.er	31 ,, ,,	20 Juillet ,,	9 Juillet ,,	28 Juin ,,	17 Juin ,,
,, Djoumada 2.e	30 Aout ,,	19 Aout ,,	8 Aout ,,	28 Juillet ,,	17 Juillet ,,
,, Redjeb	28 Septembre ,,	17 Septembre ,,	6 Septembre ,,	26 Aout ,,	15 Aout ,,
,, Chaâban	28 Octobre ,,	17 Octobre ,,	6 Octobre ,,	25 Septembre ,,	14 Septembre ,,
,, Ramadan	26 Novembre ,,	15 Novembre ,,	4 Novembre ,,	24 Octobre ,,	13 Octobre ,,
,, Chaoual	26 Décembre ,,	15 Decembre ,,	4 Décembre ,,	23 Novembre ,,	12 Novembre ,,
,, Doul Kaâda	24 Janvier 1186	13 Janvier 1187	2 Janvier 1188	22 Décembre ,,	11 Décembre ,,
,, Doul Hedja	23 Février ,,	12 Février ,,	1 Février ,,	21 Janvier 1189	10 Janvier 1190

	Année 586. (e) 1190 - 1191.	Année 587. 1191 - 1192.	Année 588. (e) 1192 (b) - 1193.	Année 589. 1193.	Année 590. 1193 - 1194.
1.er Moharrem	8 Février 1190	29 Janvier 1191	18 Janvier 1192	7 Janvier 1193	27 Décembre 1193
,, Safar	10 Mars ,,	28 Février ,,	17 Février ,,	6 Février ,,	26 Janvier 1194
,, Rebi' 1.er	8 Avril ,,	29 Mars ,,	17 Mars ,,	7 Mars ,,	24 Février ,,
,, Rebi' 2.e	8 Mai ,,	28 Avril ,,	16 Avril ,,	6 Avril ,,	26 Mars ,,
,, Djoumada 1.er	6 Juin ,,	27 Mai ,,	15 Mai ,,	5 Mai ,,	24 Avril ,,
,, Djoumada 2.e	6 Juillet ,,	26 Juin ,,	14 Juin ,,	4 Juin ,,	24 Mai ,,
,, Redjeb	4 Août ,,	25 Juillet ,,	13 Juillet ,,	3 Juillet ,,	22 Juin ,,
,, Chaâban	3 Septembre ,,	24 Août ,,	12 Août ,,	2 Août ,,	22 Juillet ,,
,, Ramadan	2 Octobre ,,	22 Septembre ,,	10 Septembre ,,	31 ,, ,,	20 Août ,,
,, Chaoual	1 Novembre ,,	22 Octobre ,,	10 Octobre ,,	30 Septembre ,,	19 Septembre ,,
,, Doul Kaâda	30 ,, ,,	20 Novembre ,,	8 Novembre ,,	29 Octobre ,,	18 Octobre ,,
,, Doul Hedja	30 Décembre ,,	20 Décembre ,,	8 Décembre ,,	28 Novembre ,,	17 Novembre ,,

	Année 591. (e) 1194 - 1195.	Année 592. 1195 - 1196. (b)	Année 593. 1196 - 1197.	Année 594. (e) 1197 - 1198.	Année 595. 1198 - 1199.
1er. Moharrem	16 Décembre 1194	6 Décembre 1195	24 Novembre 1196	13 Novembre 1197	3 Novembre 1198
,, Safar	15 Janvier 1195	5 Janvier 1196	24 Décembre ,,	13 Décembre ,,	3 Décembre ,,
,, Rebi' 1.er	13 Février ,,	3 Février ,,	22 Janvier 1197	11 Janvier 1198	1 Janvier 1199
,, Rebi' 2.c	15 Mars ,,	4 Mars ,,	21 Février ,,	10 Février ,,	31 ,, ,,
,, Djoumada 1.er	13 Avril ,,	2 Avril ,,	22 Mars ,,	11 Mars ,,	1 Mars ,,
,, Djoumada 2.c	13 Mai ,,	2 Mai ,,	21 Avril ,,	10 Avril ,,	31 ,, ,,
,, Redjeb	11 Juin ,,	31 ,, ,,	20 Mai ,,	9 Mai ,,	29 Avril ,,
,, Chaâban	11 Juillet ,,	30 Juin ,,	19 Juin ,,	8 Juin ,,	29 Mai ,,
,, Ramadan	9 Août ,,	29 Juillet ,,	18 Juillet ,,	7 Juillet ,,	27 Juin ,,
,, Chaoual	8 Septembre ,,	28 Août ,,	17 Août ,,	6 Août ,,	27 Juillet ,,
,, Doul Kaâda	7 Octobre ,,	26 Septembre ,,	15 Septembre ,,	4 Septembre ,,	25 Août ,,
,, Doul Hedja	6 Novembre ,,	26 Octobre ,,	15 Octobre ,,	4 Octobre ,,	24 Septembre ,,

	Année 596. (e) 1199 - 1200. (b)	Année 597. 1200 - 1201.	Année 598. 1201 - 1202.	Année 599. (e) 1202 - 1203.	Année 600. 1203 - 1204. (b)
1.er Moharrem	28 Octobre 1199	12 Octobre 1200	1 Octobre 1201	20 Septembre 1202	10 Septembre 1203
,, Safar	22 Novembre ,,	11 Novembre ,,	31 ,, ,,	20 Octobre ,,	10 Octobre ,,
,, Rebi' 1.er	21 Décembre ,,	10 Décembre ,,	29 Novembre ,,	18 Novembre ,,	8 Novembre ,,
,, Rebi' 2.e	20 Janvier 1200	9 Janvier 1201	29 Décembre ,,	18 Décembre ,,	8 Décembre ,,
,, Djoumada 1.er	18 Février ,,	7 Février ,,	27 Janvier 1202	16 Janvier 1203	6 Janvier 1204
,, Djoumada 2.e	19 Mars ,,	9 Mars ,,	26 Février ,,	15 Février ,,	5 Février ,,
,, Redjeb	17 Avril ,,	7 Avril ,,	27 Mars ,,	16 Mars ,,	5 Mars ,,
,, Chaâban	17 Mai ,,	7 Mai ,,	26 Avril ,,	15 Avril ,,	4 Avril ,,
,, Ramadan	15 Juin ,,	5 Juin ,,	25 Mai ,,	14 Mai ,,	3 Mai ,,
,, Chaoual	15 Juillet ,,	5 Juillet ,,	24 Juin ,,	13 Juin ,,	2 Juin ,,
,, Doul Kaâda	13 Août ,,	3 Août ,,	23 Juillet ,,	12 Juillet ,,	1 Juillet ,,
,, Doul Hedja	12 Septembre ,,	2 Septembre ,,	22 Août ,,	11 Août ,,	31 ,, ,,

	Année 601. 1204 - 1205.	Année 602. (e) 1205 - 1206.	Année 603. 1206 - 1207.	Année 604. 1207 - 1208. (b)	Année 605. (e) 1208 - 1209.
1.er Moharrem	29 Août 1204	18 Août 1205	8 Août 1206	28 Juillet 1207	16 Juillet 1208
,, Safar	28 Septembre ,,	17 Septembre ,,	7 Septembre ,,	27 Août ,,	15 Août ,,
,, Rebi' 1.er	27 Octobre ,,	16 Octobre ,,	6 Octobre ,,	25 Septembre ,,	13 Septembre ,,
,, Rebi' 2.e	26 Novembre ,,	15 Novembre ,,	5 Novembre ,,	25 Octobre ,,	13 Octobre ,,
,, Djoumada 1.er	25 Décembre ,,	14 Décembre ,,	4 Décembre ,,	23 Novembre ,,	11 Novembre ,,
,, Djoumada 2.e	24 Janvier 1205	13 Janvier 1206	3 Janvier 1207	23 Décembre ,,	11 Décembre ,,
,, Redjeb	22 Février ,,	11 Février ,,	1 Février ,,	21 Janvier 1208	9 Janvier 1209
,, Chaâban	24 Mars ,,	13 Mars ,,	3 Mars ,,	20 Février ,,	8 Février ,,
,, Ramadan	22 Avril ,,	11 Avril ,,	1 Avril ,,	20 Mars ,,	9 Mars ,,
,, Chaoual	22 Mai ,,	11 Mai ,,	1 Mai ,,	19 Avril ,,	8 Avril ,,
,, Doul Kaâda	20 Juin ,,	9 Juin ,,	30 ,, ,,	18 Mai ,,	7 Mai ,,
,, Doul Hedja	20 Juillet ,,	9 Juillet ,,	29 Juin ,,	17 Juin ,,	6 Juin ,,

	Année 606. 1209 - 1210.	Année 607. (e) 1210 - 1211.	Année 608. 1211 - 1212. (b)	Année 609. 1212 - 1213.	Année 610. (e) 1213 - 1214.
1er. Moharrem	6 Juillet 1209	25 Juin 1210	15 Juin 1211	3 Juin 1212	28 Mai 1213
,, Safar	5 Août ,,	25 Juillet ,,	15 Juillet ,,	3 Juillet ,,	22 Juin ,,
,, Rebi' 1.er	3 Septembre ,,	23 Août ,,	13 Août ,,	1 Août ,,	21 Juillet ,,
,, Rebi' 2.e	3 Octobre ,,	22 Septembre ,,	12 Septembre ,,	31 ,, ,,	20 Août ,,
,, Djoumada 1.er	1 Novembre ,,	21 Octobre ,,	11 Octobre ,,	29 Septembre ,,	18 Septembre ,,
,, Djoumada 2.e	1 Décembre ,,	20 Novembre ,,	10 Novembre ,,	29 Octobre ,,	18 Octobre ,,
,, Redjeb	30 ,, ,,	19 Décembre ,,	9 Décembre ,,	27 Novembre ,,	16 Novembre ,,
,, Chaâban	29 Janvier 1210	18 Janvier 1211	8 Janvier 1212	27 Décembre ,,	16 Décembre ,,
,, Ramadan	27 Février ,,	16 Février ,,	6 Février ,,	25 Janvier 1213	14 Janvier 1214
,, Chaoual	29 Mars ,,	18 Mars ,,	7 Mars ,,	24 Février ,;	13 Février ,,
,, Doul Kaâda	27 Avril ,,	16 Avril ,,	5 Avril ,,	25 Mars ,,	14 Mars ,,
,, Doul Hedja	27 Mai ,,	16 Mai ,,	5 Mai ,,	24 Avril ,,	13 Avril ,,

	Année 611. 1214 - 1215.	Année 612. 1215 - 1516. (b)	Année 613. (e) 1216 - 1217.	Année 614. 1217 - 1218.	Année 615. 1218 - 1219.
1.er Moharrem	13 Mai 1214	2 Mai 1215	20 Avril 1216	10 Avril 1217	30 Mars 1218
,, Safar	12 Juin ,,	1 Juin ,,	20 Mai ,,	10 Mai ,,	29 Avril ,,
,, Rebi' 1.er	11 Juillet ,,	30 ,, ,,	18 Juin ,,	8 Juin ,,	28 Mai ,,
,, Rebi' 2.e	10 Août ,,	30 Juillet ,,	18 Juillet ,,	8 Juillet ,,	27 Juin ,,
,, Djoumada 1.er	8 Septembre ,,	28 Août ,,	16 Août ,,	6 Août ,,	26 Juillet ,,
,, Djoumada 2.e	8 Octobre ,,	27 Septembre ,,	15 Septembre ,,	5 Septembre ,,	25 Août ,,
,, Redjeb	6 Novembre ,,	26 Octobre ,,	14 Octobre ,,	4 Octobre ,,	23 Septembre ,,
,, Chaâban	6 Décembre ,,	25 Novembre ,,	13 Novembre ,,	3 Novembre ,,	23 Octobre ,,
,, Ramadan	4 Janvier 1215	24 Décembre ,,	12 Décembre ,,	2 Décembre ,,	21 Novembre ,,
,, Chaoual	3 Février ,,	23 Janvier 1216	11 Janvier 1217	1 Janvier 1218	21 Décembre ,,
,, Doul Kaâda	4 Mars ,,	21 Février ,,	9 Février ,,	30 ,, ,,	19 Janvier 1219
,, Doul Hedja	3 Avril ,,	22 Mars ,,	11 Mars ,,	1 Mars ,,	18 Février ,,

	Année 616. (e) 1219 - 1220. (b)	Année 617. 1220 - 1221.	Année 618. (e) 1221 - 1222.	Année 619. 1222 - 1223.	Année 620. 1223 - 1224.
I.er Moharrem	19 Mars 1219	8 Mars 1220	25 Février 1221	15 Février 1222	4 Février 1223
„ Safar	18 Avril „	7 Avril „	27 Mars „	17 Mars „	6 Mars „
„ Rebi' I.er	17 Mai „	6 Mai „	25 Avril „	15 Avril „	4 Avril „
„ Rebi' 2.e	16 Juin „	5 Juin „	25 Mai „	15 Mai „	4 Mai „
„ Djoumada I.er	15 Juillet „	4 Juillet „	23 Juin „	13 Juin „	2 Juin „
„ Djoumada 2.e	14 Août „	3 Août „	23 Juillet „	13 Juillet „	2 Juillet „
„ Redjeb	12 Septembre „	1 Septembre „	21 Août „	11 Août „	31 „ „
„ Chaâban	12 Octobre „	1 Octobre „	20 Septembre „	10 Septembre „	30 Aout „
„ Ramadan	10 Novembre „	30 „ „	19 Octobre „	9 Octobre „	28 Septembre „
„ Chaoual	10 Décembre „	29 Novembre „	18 Novembre „	8 Novembre „	28 Octobre „
„ Doul Kaâda	8 Janvier 1220	28 Décembre „	17 Décembre „	7 Décembre „	26 Novembre „
„ Doul Hedja	7 Février „	27 Janvier 1221	16 Janvier 1222	6 Janvier 1223	26 Décembre „

	Année 621. (e) 1224 (b) - 1225.	Année 622. 1225 - 1226.	Année 623. 1226.	Année 624. (e) 1226 - 1227.	Année 625. 1227 - 1228. (b)
I.er Moharrem	24 Janvier 1224	13 Janvier 1225	2 Janvier 1226	22 Décembre 1226	12 Décembre 1227
„ Safar	23 Février „	12 Février „	1 Février „	21 Janvier 1227	11 Janvier 1228
„ Rebi' I.er	23 Mars „	13 Mars „	2 Mars „	19 Février „	9 Février „
„ Rebi' 2.e	22 Avril „	12 Avril „	1 Avril „	21 Mars „	10 Mars „
„ Djoumada I.er	21 Mai „	11 Mai „	30 „ „	19 Avril „	8 Avril „
„ Djoumada 2.e	20 Juin „	10 Juin „	30 Mai „	19 Mai „	8 Mai „
„ Redjeb	19 Juillet „	9 Juillet „	28 Juin „	17 Juin „	6 Juin „
„ Chaâban	18 Août „	8 Août „	28 Juillet „	17 Juillet „	6 Juillet „
„ Ramadan	16 Septembre „	6 Septembre „	26 Aout „	15 Août „	4 Août „
„ Chaoual	16 Octobre „	6 Octobre „	25 Septembre „	14 Septembre „	3 Septembre „
„ Doul Kaâda	14 Novembre „	4 Novembre „	24 Octobre „	13 Octobre „	2 Octobre „
„ Doul Hedja	14 Décembre „	4 Décembre „	23 Novembre „	12 Novembre „	1 Novembre „

	Année 626. (e) 1228 - 1229.	Année 627. 1229 - 1230.	Année 628. 1230 - 1231.	Année 629. (e) 1231 - 1232. (b)	Année 630. 1232 - 1233.
I.er Moharrem	30 Novembre 1228	20 Novembre 1229	9 Novembre 1230	29 Octobre 1231	18 Octobre 1232
„ Safar	30 Décembre „	20 Décembre „	9 Décembre „	28 Novembre „	17 Novembre „
„ Rebi' 1.er	28 Janvier 1229	18 Janvier 1230	7 Janvier 1231	27 Décembre „	16 Décembre „
„ Rebi' 2.e	27 Février „	17 Février „	6 Février „	26 Janvier 1232	15 Janvier 1233
„ Djoumada 1.er	28 Mars „	18 Mars „	7 Mars „	24 Février „	13 Février „
„ Djoumada 2.e	27 Avril „	17 Avril „	6 Avril „	25 Mars „	15 Mars „
„ Redjeb	26 Mai „	16 Mai „	5 Mai „	23 Avril „	13 Avril „
„ Chaâban	25 Juin „	15 Juin „	4 Juin „	23 Mai „	13 Mai „
„ Ramadan	24 Juillet „	14 Juillet „	3 Juillet „	21 Juin „	11 Juin „
„ Chaoual	23 Aout „	13 Aout „	2 Aout „	21 Juillet „	11 Juillet „
„ Doul Kaâda	21 Septembre „	11 Septembre „	31 „ „	19 Aout „	9 Aout „
„ Doul Hedja	21 Octobre „	11 Octobre „	30 Septembre „	18 Septembre „	8 Septembre „

	Année 631. 1233 - 1234.	Année 632. (e) 1234 - 1235.	Année 633. 1235 - 1236. (b)	Année 634. 1236 - 1237.	Année 635. (e) 1237 - 1238.
1er. Moharrem	7 Octobre 1233	26 Septembre 1234	16 Septembre 1235	4 Septembre 1236	24 Août 1237
,, Safar	6 Novembre ,,	26 Octobre ,,	16 Octobre ,,	4 Octobre ,,	23 Septembre ,,
,, Rebi' 1.er	5 Décembre ,,	24 Novembre ,,	14 Novembre ,,	2 Novembre ,,	22 Octobre ,,
,, Rebi' 2.º	4 Janvier 1234	24 Décembre ,,	14 Décembre ,,	2 Décembre ,,	21 Novembre ,,
,, Djoumada 1.er	2 Février ,,	22 Janvier 1235	12 Janvier 1236	31 ,, ,,	20 Décembre ,,
,, Djoumada 2.º	4 Mars ,,	21 Février ,,	11 Février ,,	30 Janvier 1237	19 Janvier 1238
,, Redjeb	2 Avril ,,	22 Mars ,,	11 Mars ,,	28 Février ,,	17 Février ,,
,, Chaâban	2 Mai ,,	21 Avril ,,	10 Avril ,,	30 Mars ,,	19 Mars ,,
,, Ramadan	31 ,, ,,	20 Mai ,,	9 Mai ,,	28 Avril ,,	17 Avril ,,
,, Chaoual	30 Juin ,,	19 Juin ,,	8 Juin ,,	28 Mai ,,	17 Mai ,,
,, Doul Kaâda	29 Juillet ,,	18 Juillet ,,	7 Juillet ,,	26 Juin ,,	15 Juin ,,
,, Doul Hedja	28 Août ,,	17 Août ,,	6 Août ,,	26 Juillet ,,	15 Juillet ,,

	Année 636. 1238 - 1239.	Année 637. (e) 1239 - 1240. (b)	Année 638. 1240 - 1241.	Année 639. 1241 - 1242.	Année 640. (e) 1242 - 1243.
1.er Moharrem	14 Août 1238	3 Août 1239	23 Juillet 1240	12 Juillet 1241	1 Juillet 1242
,, Safar	13 Septembre ,,	2 Septembre ,,	22 Aout ,,	11 Aout ,,	31 ,, ,,
,, Rebi' 1.er	12 Octobre ,,	1 Octobre ,,	20 Septembre ,,	9 Septembre ,,	29 Août ,,
,, Rebi' 2.º	11 Novembre ,,	31 ,, ,,	20 Octobre ,,	9 Octobre ,,	28 Septembre ,,
,, Djoumada 1.er	10 Décembre ,,	29 Novembre ,,	18 Novembre ,,	7 Novembre ,,	27 Octobre ,,
,, Djoumada 2.º	9 Janvier 1239	29 Décembre ,,	18 Décembre ,,	7 Décembre ,,	26 Novembre ,,
,, Redjeb	7 Février ,,	27 Janvier 1240	16 Janvier 1241	5 Janvier 1242	25 Décembre ,,
,, Chaâban	9 Mars ,,	26 Février ,,	15 Février ,,	4 Février ,,	24 Janvier 1243
,, Ramadan	7 Avril ,,	26 Mars ,,	16 Mars ,,	5 Mars ,,	22 Février ,,
,, Chaoual	7 Mai ,,	25 Avril ,,	15 Avril ,,	4 Avril ,,	24 Mars ,,
,, Doul Kaâda	5 Juin ,,	24 Mai ,,	14 Mai ,,	2 Mai ,,	22 Avril ,,
,, Doul Hedja	5 Juillet ,,	23 Juin ,,	13 Juin ,,	2 Juin ,,	22 Mai ,,

	Année 641. 1243 - 1244. (b)	Année 642. 1244 - 1245.	Année 643. (e) 1245 - 1246.	Année 644. 1246 - 1247.	Année 645. 1247 - 1248. (b)
1.er Moharrem	21 Juin 1243	9 Juin 1244	29 Mai 1245	19 Mai 1246	8 Mai 1247
,, Safar	21 Juillet ,,	9 Juillet ,,	28 Juin ,,	18 Juin ,,	7 Juin ,,
,, Rebi' 1.er	19 Août ,,	7 Août ,,	27 Juillet ,,	17 Juillet ,,	6 Juillet ,,
,, Rebi' 2.º	18 Septembre ,,	6 Septembre ,,	26 Août ,,	16 Août ,,	5 Août ,,
,, Djoumada 1.er	17 Octobre ,,	5 Octobre ,,	24 Septembre ,,	14 Septembre ,,	3 Septembre ,,
,, Djoumada 2.º	16 Novembre ,,	4 Novembre ,,	24 Octobre ,,	14 Octobre ,,	3 Octobre ,,
,, Redjeb	15 Décembre ,,	3 Décembre ,,	22 Novembre ,,	12 Novembre ,,	1 Novembre ,,
,, Chaâban	14 Janvier 1244	2 Janvier 1245	22 Décembre ,,	12 Décembre ,,	1 Décembre ,,
,, Ramadan	12 Février ,,	31 ,, ,,	20 Janvier 1246	10 Janvier 1247	30 ,, ,,
,, Chaoual	13 Mars ,,	2 Mars ,,	19 Février ,,	9 Février ,,	29 Janvier 1248
,, Doul Kaâda	11 Avril ,,	31 ,, ,,	20 Mars ,,	10 Mars ,,	27 Février ,,
,, Doul Hedja	11 Mai ,,	30 Avril ,,	19 Avril ,,	9 Avril ,,	28 Mars ,,

	Année 646. (e) 1248 - 1249.		*Année 647.* 1249 - 1250.		*Année 648. (e)* 1250 - 1251.		*Année 649.* 1251 - 1252. (b)		*Année 650.* 1252 - 1253.	
1er. Moharrem	26 Avril	1248	16 Avril	1249	5 Avril	1250	26 Mars	1251	14 Mars	1252
,, Safar	26 Mai	,,	16 Mai	,,	5 Mai	,,	25 Avril	,,	13 Avril	,,
,, Rebi' 1.er	24 Juin	,,	14 Juin	,,	3 Juin	,,	24 Mai	,,	12 Mai	,,
,, Rebi' 2.e	24 Juillet	,,	14 Juillet	,,	3 Juillet	,,	23 Juin	,,	11 Juin	,,
,, Djoumada 1.er	22 Aout	,,	12 Aout	,,	1 Août	,,	22 Juillet	,,	10 Juillet	,,
,, Djoumada 2.e	21 Septembre	,,	11 Septembre	,,	31 ,,	,,	21 Aout	,,	9 Aout	,,
,, Redjeb	20 Octobre	,,	10 Octobre	,,	29 Septembre	,,	19 Septembre	,,	7 Septembre	,,
,, Chaâban	19 Novembre	,,	9 Novembre	,,	29 Octobre	,,	19 Octobre	,,	7 Octobre	,,
,, Ramadan	18 Décembre	,,	8 Décembre	,,	27 Novembre	,,	17 Novembre	,,	5 Novembre	,,
,, Chaoual	17 Janvier	1249	7 Janvier	1250	27 Décembre	,,	17 Décembre	,,	5 Décembre	,,
,, Doul Kaâda	15 Février	,,	5 Février	,,	25 Janvier	1251	15 Janvier	1252	3 Janvier	1253
,, Doul Hedja	17 Mars	,,	7 Mars	,,	24 Février	,,	14 Février	,,	2 Février	,,

	Année 651. (e) 1253 - 1254.		*Année 652.* 1254 - 1255.		*Année 653.* 1255 - 1256.		*Année 654. (e)* 1256 (b) - 1257.		*Année 655.* 1257 - 1258.	
1.er Moharrem	3 Mars	1253	21 Février	1254	10 Février	1255	30 Janvier	1256	19 Janvier	1257
,, Safar	2 Avril	,,	23 Mars	,,	12 Mars	,,	29 Février	,,	18 Février	,,
,, Rebi' 1.er	1 Mai	,,	21 Avril	,,	10 Avril	,,	29 Mars	,,	19 Mars	,,
,, Rebi' 2.e	31 ,,	,,	21 Mai	,,	10 Mai	,,	28 Avril	,,	18 Avril	,,
,, Djoumada 1.er	29 Juin	,,	19 Juin	,,	8 Juin	,,	27 Mai	,,	17 Mai	,,
,, Djoumada 2.e	29 Juillet	,,	19 Juillet	,,	8 Juillet	,,	26 Juin	,,	16 Juin	,,
,, Redjeb	27 Aout	,,	17 Aout	,,	6 Aout	,,	25 Juillet	,,	15 Juillet	,,
,, Chaâban	26 Septembre	,,	16 Septembre	,,	5 Septembre	,,	24 Aout	,,	14 Aout	,,
,, Ramadan	25 Octobre	,,	15 Octobre	,,	4 Octobre	,,	22 Septembre	,,	12 Septembre	,,
,, Chaoual	24 Novembre	,,	14 Novembre	,,	3 Novembre	,,	22 Octobre	,,	12 Octobre	,,
,, Doul Kaâda	23 Décembre	,,	18 Décembre	,,	2 Décembre	,,	20 Novembre	,,	10 Novembre	,,
,, Doul Hedja	22 Janvier	1254	12 Janvier	1255	1 Janvier	1256	20 Décembre	,,	10 Décembre	,,

	Année 656. (e) 1258.		*Année 657.* 1258 - 1259.		*Année 658.* 1259 - 1260. (b)		*Année 659. (e)* 1260 - 1261.		*Année 660.* 1261 - 1262.	
1.er Moharrem	8 Janvier	1258	29 Decembre	1258	18 Décembre	1259	6 Décembre	1260	26 Novembre	1261
,, Safar	7 Février	,,	28 Janvier	1259	17 Janvier	1260	5 Janvier	1261	26 Décembre	,,
,, Rebi' 1.er	8 Mars	,,	26 Février	,,	15 Février	,,	3 Février	,,	24 Janvier	1262
,, Rebi' 2.e	7 Avril	,,	28 Mars	,,	16 Mars	,,	5 Mars	,,	23 Février	,,
,, Djoumada 1.er	6 Mai	,,	26 Avril	,,	14 Avril	,,	3 Avril	,,	24 Mars	,,
,, Djoumada 2.e	5 Juin	,,	26 Mai	,,	14 Mai	,,	3 Mai	,,	23 Avril	,,
,, Redjeb	4 Juillet	,,	24 Juin	,,	12 Juin	,,	1 Juin	,,	22 Mai	,,
,, Chaâban	3 Aout	,,	24 Juillet	,,	12 Juillet	,,	1 Juillet	,,	21 Juin	,,
,, Ramadan	1 Septembre	,,	22 Aout	,,	10 Aout	,,	30 ,,	,,	20 Juillet	,,
,, Chaoual	1 Octobre	,,	21 Septembre	,,	9 Septembre	,,	29 Aout	,,	19 Aout	,,
,, Doul Kaâda	30 ,,	,,	20 Octobre	,,	8 Octobre	,,	27 Septembre	,,	17 Septembre	,,
,, Doul Hedja	29 Novembre	,,	19 Novembre	,,	7 Novembre	,,	27 Octobre	,,	17 Octobre	,,

	Année 661. 1262 - 1263.	Année 662. (e) 1263 - 1264. (b)	Année 663. 1264 - 1265.	Année 664. 1265 - 1266.	Année 665. (e) 1266 - 1267.
1.er Moharrem	15 Novembre 1262	4 Novembre 1263	24 Octobre 1264	13 Octobre 1265	2 Octobre 1266
,, Safar	15 Décembre ,,	4 Décembre ,,	23 Novembre ,,	12 Novembre ,,	1 Novembre ,,
,, Rebi' 1.er	18 Janvier 1263	2 Janvier 1264	22 Décembre ,,	11 Décembre ,,	30 ,, ,,
,, Rebi' 2.e	12 Février ,,	1 Février ,,	21 Janvier 1265	10 Janvier 1266	30 Décembre ,,
,, Djoumada 1.er	13 Mars ,,	1 Mars ,,	19 Février ,,	8 Février ,,	28 Janvier 1267
,, Djoumada 2.e	12 Avril ,,	31 ,, ,,	21 Mars ,,	10 Mars ,,	27 Février ,,
,, Redjeb	11 Mai ,,	29 Avril ,,	19 Avril ,,	8 Avril ,,	28 Mars ,,
,, Chaâban	10 Juin ,,	29 Mai ,,	19 Mai ,,	8 Mai ,,	27 Avril ,,
,, Ramadan	9 Juillet ,,	27 Juin ,,	17 Juin ,,	6 Juin ,,	26 Mai ,,
,, Chaoual	8 Aout ,,	27 Juillet ,,	17 Juillet ,,	6 Juillet ,,	25 Juin ,,
,, Doul Kaâda	6 Septembre ,,	25 Août ,,	15 Août ,,	4 Août ,,	24 Juillet ,,
,, Doul Hedja	6 Octobre ,,	24 Septembre ,,	14 Septembre ,,	3 Septembre ,,	23 Aout ,,

	Année 666. 1267 - 1268. (b)	Année 667. (e) 1268 - 1269.	Année 668. 1269 - 1270.	Année 669. 1270 - 1271.	Année 670. (e) 1271 - 1272. (b)
1er. Moharrem	22 Septembre 1267	10 Septembre 1268	31 Août 1269	20 Août 1270	9 Août 1271
,, Safar	22 Octobre ,,	10 Octobre ,,	30 Septembre ,,	19 Septembre ,,	8 Septembre ,,
,, Rebi' 1.er	20 Novembre ,,	8 Novembre ,,	29 Octobre ,,	18 Octobre ,,	7 Octobre ,,
,, Rebi' 2.e	20 Décembre ,,	8 Décembre ,,	28 Novembre ,,	17 Novembre ,,	6 Novembre ,,
,, Djoumada 1.er	18 Janvier 1268	6 Janvier 1269	27 Décembre ,,	16 Décembre ,,	5 Décembre ,,
,, Djoumada 2.e	17 Février ,,	5 Février ,,	26 Janvier 1270	15 Janvier 1271	4 Janvier 1272
,, Redjeb	17 Mars ,,	6 Mars ,,	24 Février ,,	13 Février ,,	2 Février ,,
,, Chaâban	16 Avril ,,	5 Avril ,,	26 Mars ,,	15 Mars ,,	3 Mars ,,
,, Ramadan	15 Mai ,,	4 Mai ,,	24 Avril ,,	13 Avril ,,	1 Avril ,,
,, Chaoual	14 Juin ,,	3 Juin ,,	24 Mai ,,	13 Mai ,,	1 Mai ,,
,, Doul Kaâda	13 Juillet ,,	2 Juillet ,,	22 Juin ,,	11 Juin ,,	30 ,, ,,
,, Doul Hedja	12 Aoùt ,,	1 Août ,,	22 Juillet ,,	11 Juillet ,,	29 Juin ,,

	Année 671. 1272 - 1273.	Année 672. 1273 - 1274.	Année 673. (e) 1274 - 1275.	Année 674. 1275 - 1276. (b)	Année 675. 1276 - 1277.
1.er Moharrem	29 Juillet 1272	18 Juillet 1273	7 Juillet 1274	27 Juin 1275	15 Juin 1276
,, Safar	28 Août ,,	17 Août ,,	6 Août ,,	27 Juillet ,,	15 Juillet ,,
,, Rebi' 1.er	26 Septembre ,,	15 Septembre ,,	4 Septembre ,,	25 Août ,,	13 Août ,,
,, Rebi' 2.e	26 Octobre ,,	15 Octobre ,,	4 Octobre ,,	24 Septembre ,,	12 Septembre ,,
,, Djoumada 1.er	24 Novembre ,,	13 Novembre ,,	2 Novembre ,,	23 Octobre ,,	11 Octobre ,,
,, Djoumada 2.e	24 Décembre ,,	13 Décembre ,,	2 Décembre ,,	22 Novembre ,,	10 Novembre ,,
,, Redjeb	22 Janvier 1273	11 Janvier 1274	31 ,, ,,	21 Décembre ,,	9 Décembre ,,
,, Chaâban	21 Février ,,	10 Février ,,	30 Janvier 1275	20 Janvier 1276	8 Janvier 1277
,, Ramadan	22 Mars ,,	11 Mars ,,	28 Février ,,	18 Février ,,	6 Février ,,
,, Chaoual	21 Avril ,,	10 Avril ,,	30 Mars ,,	19 Mars ,,	8 Mars ,,
,, Doul Kaâda	20 Mai ,,	9 Mai ,,	28 Avril ,,	17 Avril ,,	6 Avril ,,
,, Doul Hedja	19 Juin ,,	8 Juin ,,	28 Mai ,,	17 Mai ,,	6 Mai ,,

	Année 676. (e) 1277 - 1278.		Année 677. 1278 - 1279.		Année 678. (e) 1279 - 1280. (b)		Année 679. 1280 - 1281.		Année 680. 1281 - 1282.	
1.er Moharrem	4 Juin	1277	25 Mai	1278	14 Mai	1279	3 Mai	1280	22 Avril	1281
,, Safar	4 Juillet	,,	24 Juin	,,	13 Juin	,,	2 Juin	,,	22 Mai	,,
,, Rebi' 1.er	2 Aout	,,	23 Juillet	,,	12 Juillet	,,	1 Juillet	,,	20 Juin	,,
,, Rebi' 2.e	1 Septembre	,,	22 Août	,,	11 Août	,,	31 ,,	,,	20 Juillet	,,
,, Djoumada 1.er	30 ,,	,,	20 Septembre	,,	9 Septembre	,,	29 Août	,,	18 Août	,,
,, Djoumada 2.e	30 Octobre	,,	20 Octobre	,,	9 Octobre	,,	28 Septembre	,,	17 Septembre	,,
,, Redjeb	28 Novembre	,,	18 Novembre	,,	7 Novembre	,,	27 Octobre	,,	16 Octobre	,,
,, Chaâban	28 Décembre	,,	18 Décembre	,,	7 Décembre	,,	26 Novembre	,,	15 Novembre	,,
,, Ramadan	26 Janvier	1278	16 Janvier	1279	5 Janvier	1280	25 Décembre	,,	14 Décembre	,,
,, Chaoual	25 Février	,,	15 Février	,,	4 Février	,,	24 Janvier	1281	13 Janvier	1282
,, Doul Kaâda	26 Mars	,,	16 Mars	,,	4 Mars	,,	22 Février	,,	11 Février	,,
,, Doul Hedja	25 Avril	,,	15 Avril	,,	3 Avril	,,	24 Mars	,,	13 Mars	,,

	Année 681. (e) 1282 - 1283.		Année 682. 1283 - 1284. (b)		Année 683. 1284 - 1285.		Année 684. (e) 1285 - 1286.		Année 685. 1286 - 1287.	
1er. Moharrem	11 Avril	1282	1 Avril	1283	20 Mars	1284	9 Mars	1285	27 Février	1286
,, Safar	11 Mai	,,	1 Mai	,,	19 Avril	,,	8 Avril	,,	29 Mars	,,
,, Rebi' 1.er	9 Juin	,,	30 ,,	,,	18 Mai	,,	7 Mai	,,	27 Avril	,,
,, Rebi' 2.e	9 Juillet	,,	29 Juin	,,	17 Juin	,,	6 Juin	,,	27 Mai	,,
,, Djoumada 1.er	7 Aout	,,	28 Juillet	,,	16 Juillet	,,	5 Juillet	,,	25 Juin	,,
,, Djoumada 2.e	6 Septembre	,,	27 Août	,,	15 Aout	,,	4 Août	,,	25 Juillet	,,
,, Redjeb	5 Octobre	,,	25 Septembre	,,	13 Septembre	,,	2 Septembre	,,	23 Aout	,,
,, Chaâban	4 Novembre	,,	25 Octobre	,,	13 Octobre	,,	2 Octobre	,,	22 Septembre	,,
,, Ramadan	3 Décembre	,,	23 Novembre	,,	11 Novembre	,,	31 ,,	,,	21 Octobre	,,
,, Chaoual	2 Janvier	1283	23 Décembre	,,	11 Décembre	,,	30 Novembre	,,	20 Novembre	,,
,, Doul Kaâda	31 ,,	,,	21 Janvier	1284	9 Janvier	1285	29 Décembre	,,	19 Décembre	,,
,, Doul Hedja	2 Mars	,,	20 Février	,,	8 Février	,,	28 Janvier	1286	18 Janvier	1287

	Année 636. (e) 1287 - 1288.		Année 687. 1288 (b) - 1289.		Année 688. 1289 - 1290.		Année 689. (e) 1290 - 1291.		Année 690. 1291.	
I.er Moharrem	16 Février	1287	6 Février	1288	25 Janvier	1289	14 Janvier	1290	4 Janvier	1291
,, Safar	18 Mars	,,	7 Mars	,,	24 Février	,,	13 Février	,,	3 Février	,,
,, Rebi' 1.er	16 Avril	,,	5 Avril	,,	25 Mars	,,	14 Mars	,,	4 Mars	,,
,, Rebi' 2.e	16 Mai	,,	5 Mai	,,	24 Avril	,,	13 Avril	,,	3 Avril	,,
,, Djoumada 1.er	14 Juin	,,	3 Juin	,,	23 Mai	,,	12 Mai	,,	2 Mai	,,
,, Djoumada 2.e	14 Juillet	,,	3 Juillet	,,	22 Juin	,,	11 Juin	,,	1 Juin	,,
,, Redjeb	12 Aout	,,	1 Aout	,,	21 Juillet	,,	10 Juillet	,,	30 ,,	,,
,, Chaâban	11 Septembre	,,	31 ,,	,,	20 Aout	,,	9 Aout	,,	30 Juillet	,,
,, Ramadan	10 Octobre	,,	29 Septembre	,,	18 Septembre	,,	7 Septembre	,,	28 Aout	,,
,, Chaoual	9 Novembre	,,	29 Octobre	,,	18 Octobre	,,	7 Octobre	,,	27 Septembre	,,
,, Doul Kaâda	8 Décembre	,,	27 Novembre	,,	16 Novembre	,,	5 Novembre	,,	26 Octobre	,,
,, Doul Hedja	7 Janvier	1288	27 Décembre	,,	16 Décembre	,,	5 Décembre	,,	25 Novembre	,,

	Année 691. 1291 - 1292. (b)	*Année 692. (e)* 1292 - 1293.	*Année 693.* 1293 - 1294.	*Année 694.* 1294 - 1295.	*Année 695. (e)* 1295 - 1296. (b)
1er. Moharrem	24 Décembre 1291	12 Décembre 1292	2 Décembre 1293	21 Novembre 1294	10 Novembre 1295
,, Safar	23 Janvier 1292	11 Janvier 1293	1 Janvier 1294	21 Décembre ,,	10 Décembre ,,
,, Rebi' 1.er	21 Février ,,	9 Février ,,	30 ,, ,,	19 Janvier 1295	8 Janvier 1296
,, Rebi' 2.e	22 Mars ,,	11 Mars ,,	1 Mars ,,	18 Février ,,	7 Février ,,
,, Djoumada 1.er	20 Avril ,,	9 Avril ,,	30 ,, ,,	19 Mars ,,	7 Mars ,,
,, Djoumada 2.e	20 Mai ,,	9 Mai ,,	29 Avril ,,	18 Avril ,,	6 Avril ,,
,, Redjeb	18 Juin ,,	7 Juin ,,	28 Mai ,,	17 Mai ,,	5 Mai ,,
,, Chaâban	18 Juillet ,,	7 Juillet ,,	27 Juin ,,	16 Juin ,,	4 Juin ,,
,, Ramadan	18 Août ,,	5 Août ,,	26 Juillet ,,	15 Juillet ,,	3 Juillet ,,
,, Chaoual	15 Septembre ,,	4 Septembre ,,	25 Août ,,	14 Août ,,	2 Aout ,,
,, Doul Kaâda	14 Octobre ,,	3 Octobre ,,	23 Septembre ,,	12 Septembre ,,	31 ,, ,,
,, Doul Hedja	13 Novembre ,,	2 Novembre ,,	23 Octobre ,,	12 Octobre ,,	30 Septembre ,,

	Année 696. 1296 - 1297.	*Année 697. (e)* 1297 - 1298.	*Année 698.* 1298 - 1299.	*Année 699.* 1299 - 1300. (b)	*Année 700. (e)* 1300 - 1301.
1.er Moharrem	30 Octobre 1296	19 Octobre 1297	9 Octobre 1298	28 Septembre 1299	16 Septembre 1300
,, Safar	29 Novembre ,,	18 Novembre ,,	8 Novembre ,,	28 Octobre ,,	16 Octobre ,,
,, Rebi' 1.er	28 Décembre ,,	17 Décembre ,,	7 Décembre ,,	26 Novembre ,,	14 Novembre ,,
,, Rebi' 2.e	27 Janvier 1297	16 Janvier 1298	6 Janvier 1299	26 Décembre ,,	14 Décembre ,,
,, Djoumada 1.er	25 Février ,,	14 Février ,,	4 Février ,,	24 Janvier 1300	12 Janvier 1301
,, Djoumada 2.e	27 Mars ,,	16 Mars ,,	6 Mars ,,	23 Février ,,	11 Février ,,
,, Redjeb	25 Avril ,,	14 Avril ,,	4 Avril ,,	23 Mars ,,	12 Mars ,,
,, Chaâban	25 Mai ,,	14 Mai ,,	4 Mai ,,	22 Avril ,,	11 Avril ,,
,, Ramadan	23 Juin ,,	12 Juin ,,	2 Juin ,,	21 Mai ,,	10 Mai ,,
,, Chaoual	23 Juillet ,,	12 Juillet ,,	2 Juillet ,,	20 Juin ,,	9 Juin ,,
,, Doul Kaâda	21 Août ,,	10 Août ,,	31 ,, ,,	19 Juillet ,,	8 Juillet ,,
,, Doul Hedja	20 Septembre ,,	9 Septembre ,,	30 Aout ,,	18 Aout ,,	7 Août ,,

	Année 701. 1301 - 1302.	*Année 702.* 1302 - 1303.	*Année 703. (e)* 1303 - 1304. (b)	*Année 704.* 1304 - 1305.	*Année 705.* 1305 - 1306.
1.er Moharrem	6 Septembre 1301	26 Août 1302	15 Août 1303	4 Août 1304	24 Juillet 1305
,, Safar	6 Octobre ,,	25 Septembre ,,	14 Septembre ,,	3 Septembre ,,	23 Août ,,
,, Rebi' 1.er	4 Novembre ,,	24 Octobre ,,	13 Octobre ,,	2 Octobre ,,	21 Septembre ,,
,, Rebi' 2.e	4 Décembre ,,	23 Novembre ,,	12 Novembre ,,	1 Novembre ,,	21 Octobre ,,
,, Djoumada 1.er	2 Janvier 1302	22 Décembre ,,	11 Décembre ,,	30 ,, ,,	19 Novembre ,,
,, Djoumada 2.e	1 Février ,,	21 Janvier 1303	10 Janvier 1304	30 Décembre ,,	19 Décembre ,,
,, Redjeb	2 Mars ,,	19 Février ,,	8 Février ,,	28 Janvier 1305	17 Janvier 1306
,, Chaâban	1 Avril ,,	21 Mars ,,	9 Mars ,,	27 Février ,,	16 Février ,,
,, Ramadan	30 ,, ,,	19 Avril ,,	7 Avril ,,	28 Mars ,,	17 Mars ,,
,, Chaoual	30 Mai ,,	19 Mai ,,	7 Mai ,,	27 Avril ,,	16 Avril ,,
,, Doul Kaâda	28 Juin ,,	17 Juin ,,	5 Juin ,,	26 Mai ,,	15 Mai ,,
,, Doul Hedja	28 Juillet ,,	17 Juillet ,,	5 Juillet ,,	25 Juin ,,	14 Juin ,,

	Année 706. (e) 1306 - 1307.	Année 707. 1307 - 1308. (b)	Année 708. (e) 1308 - 1309.	Année 709. 1309 - 1310.	Année 710. 1310 - 1311.
I.er Moharrem	13 Juillet 1306	3 Juillet 1307	21 Juin 1308	11 Juin 1809	31 Mai 1310
,, Safar	12 Août ,,	2 Août ,,	21 Juillet ,,	11 Juillet ,,	30 Juin ,,
,, Rebi' I.er	10 Septembre ,,	31 ,, ,,	19 Août ,,	9 Août ,,	29 Juillet ,,
,, Rebi' 2.e	10 Octobre ,,	30 Septembre ,,	18 Septembre ,,	8 Septembre ,,	28 Aout ,,
,, Djoumada 1er	8 Novembre ,,	29 Octobre ,,	17 Octobre ,,	7 Octobre ,,	26 Septembre ,,
,, Djoumada 2.e	8 Décembre ,,	28 Novembre ,,	16 Novembre ,,	6 Novembre ,,	26 Octobre ,,
,, Redjeb	6 Janvier 1307	27 Décembre ,,	15 Décembre ,,	5 Décembre ,,	24 Novembre ,,
,, Chaâban	5 Février ,,	26 Janvier 1808	14 Janvier 1309	4 Janvier 1310	24 Décembre ,,
,, Ramadan	6 Mars ,,	24 Février ,,	12 Février ,,	2 Février ,,	22 Janvier 1811
,, Chaoual	5 Avril ,,	25 Mars ,,	14 Mars ,,	4 Mars ,,	21 Février ,,
,, Doul Kaâda	4 Mai ,,	23 Avril ,,	12 Avril ,,	3 Avril ,,	22 Mars ,,
,, Doul Hedja	3 Juin ,,	23 Mai ,,	12 Mai ,,	2 Mai ,,	21 Avril ,,

	Année 711. (e) 1311 - 1312 (b).	Année 712. 1312 - 1313.	Année 713. 1313 - 1314.	Année 714. (e) 1314 - 1315.	Année 715. 1315 - 1316. (b)
I.er Moharrem	20 Mai 1311	9 Mai 1312	28 Avril 1313	17 Avril 1814	7 Avril 1315
,, Safar	19 Juin ,,	8 Juin ,,	28 Mai ,,	17 Mai ,,	7 Mai ,,
,, Rebi' I.er	18 Juillet ,,	7 Juillet ,,	26 Juin ,,	15 Juin ,,	5 Juin ,,
,, Rebi' 2.e	17 Août ,,	6 Août ,,	26 Juillet ,,	15 Juillet ,,	5 Juillet ,,
,, Djoumada I.er	15 Septembre ,,	4 Septembre ,,	24 Aout ,,	13 Août ,,	8 Août ,,
,, Djoumada 2.e	15 Octobre ,,	4 Octobre ,,	23 Septembre ,,	12 Septembre ,,	2 Septembre ,,
,, Redjeb	13 Novembre ,,	2 Novembre ,,	22 Octobre ,,	11 Octobre ,,	1 Octobre ,,
,, Chaâban	13 Décembre ,,	2 Décembre ,,	21 Novembre ,,	10 Novembre ,,	31 ,, ,,
,, Ramadan	11 Janvier 1312	31 ,, ,,	20 Décembre ,,	9 Décembre ,,	29 Novembre ,,
,, Chaoual	10 Février ,,	30 Janvier 1313	19 Janvier 1314	8 Janvier 1315	29 Décembre ,,
,, Doul Kaâda	10 Mars ,,	28 Février ,,	17 Février ,,	6 Février ,,	27 Janvier 1316
,, Doul Hedja	9 Avril ,,	30 Mars ,,	19 Mars ,,	8 Mars ,,	26 Février ,,

	Année 716. (e) 1316 - 1317.	Année 717. 1317 - 1318.	Année 718. 1318 - 1319.	Année 719. (e) 1319 - 1320.	Année 720. 1320 (b) - 1321.
I.er Moharrem	26 Mars 1316	16 Mars 1317	5 Mars 1318	22 Février 1319	12 Février 1320
,, Safar	25 Avril ,,	15 Avril ,,	4 Avril ,,	24 Mars ,,	13 Mars ,,
,, Rebi' 1.er	24 Mai ,,	14 Mai ,,	3 Mai ,,	22 Avril ,,	11 Avril ,,
,, Rebi' 2.e	23 Juin ,,	13 Juin ,,	2 Juin ,,	22 Mai ,,	11 Mai ,,
,, Djoumada 1er	22 Juillet ,,	12 Juillet ,,	1 Juillet ,,	20 Juin ,,	9 Juin ,,
,, Djoumada 2.e	21 Aout ,,	11 Aout ,,	31 ,, ,,	20 Juillet ,,	9 Juillet ,,
,, Redjeb	19 Septembre ,,	9 Septembre ,,	29 Aout ,,	18 Aout ,,	7 Aout ,,
,, Chaâban	19 Octobre ,,	9 Octobre ,,	28 Septembre ,,	17 Septembre ,,	6 Septembre ,,
,, Ramadan	17 Novembre ,,	7 Novembre ,,	27 Octobre ,,	16 Octobre ,,	5 Octobre ,,
,, Chaoual	17 Décembre ,,	7 Décembre ,,	26 Novembre ,,	15 Novembre ,,	4 Novembre ,,
,, Doul Kaâda	15 Janvier 1317	5 Janvier 1318	25 Décembre ,,	14 Décembre ,,	3 Décembre ,,
,, Doul Hedja	14 Février ,,	4 Février ,,	24 Janvier 1319	13 Janvier 1320	2 Janvier 1321

	Année 721. 1821 - 1822.		Année 722. (e) 1322 - 1823.		Année 723. 1823.		Année 724. 1823 - 1824. (b)		Année 725. (e) 1824 - 1825.	
1.er Moharrem	31 Janvier	1821	20 Janvier	1322	10 Janvier	1823	30 Décembre	1323	18 Décembre	1824
,, Safar	2 Mars	,,	19 Février	,,	9 Février	,,	29 Janvier	1324	17 Janvier	1825
,, Rebi' 1.er	31 ,,	,,	20 Mars	,,	10 Mars	,,	27 Février	,,	15 Février	,,
,, Rebi' 2.e	30 Avril	,,	19 Avril	,,	9 Avril	,,	28 Mars	,,	17 Mars	,,
,, Djoumada 1.er	29 Mai	,,	18 Mai	,,	8 Mai	,,	26 Avril	,,	15 Avril	,,
,, Djoumada 2.e	28 Juin	,,	17 Juin	,,	7 Juin	,,	26 Mai	,,	15 Mai	,,
,, Redjeb	27 Juillet	,,	16 Juillet	,,	6 Juillet	,,	24 Juin	,,	13 Juin	,,
,, Chaâban	26 Aout	,,	15 Août	,,	5 Aout	,,	24 Juillet	,,	13 Juillet	,,
,, Ramadan	24 Septembre	,,	13 Septembre	,,	3 Septembre	,,	22 Aout	,,	11 Aout	,,
,, Chaoual	24 Octobre	,,	13 Octobre	,,	3 Octobre	,,	21 Septembre	,,	10 Septembre	,,
,, Doul Kaâda	22 Novembre	,,	11 Novembre	,,	1 Novembre	,,	20 Octobre	,,	9 Octobre	,,
,, Doul Hedja	22 Décembre	,,	11 Décembre	,,	1 Décembre	,,	19 Novembre	,,	8 Novembre	,,

	Année 726. 1325 - 1326.		Année 727. (e) 1326 - 1327.		Année 728. 1327 - 1328. (b)		Année 729. 1328 - 1329.		Année 730. (e) 1329 - 1330.	
I.er Moharrem	8 Décembre	1825	27 Novembre	1326	17 Novembre	1327	5 Novembre	1328	25 Octobre	1329
,, Safar	7 Janvier	1326	27 Décembre	,,	17 Décembre	,,	5 Décembre	,,	24 Novembre	,,
,, Rebi' I.er	5 Février	,,	25 Janvier	1327	15 Janvier	1328	3 Janvier	1329	23 Décembre	,,
,, Rebi' 2.e	7 Mars	,,	24 Février	,,	14 Février	,,	2 Février	,,	22 Janvier	1330
,, Djoumada 1er	5 Avril	,,	25 Mars	,,	14 Mars	,,	3 Mars	,,	20 Février	,,
,, Djoumada 2.e	5 Mai	,,	24 Avril	,,	13 Avril	,,	2 Avril	,,	22 Mars	,,
,, Redjeb	3 Juin	,,	23 Mai	,,	12 Mai	,,	1 Mai	,,	20 Avril	,,
,, Chaâban	3 Juillet	,,	22 Juin	,,	11 Juin	,,	31 ,,	,,	20 Mai	,,
,, Ramadan	1 Août	,,	21 Juillet	,,	10 Juillet	,,	29 Juin	,,	18 Juin	,,
,, Chaoual	31 ,,	,,	20 Août	,,	9 Août	,,	29 Juillet	,,	18 Juillet	,,
,, Doul Kaâda	29 Septembre	,,	18 Septembre	,,	7 Septembre	,,	27 Août	,,	16 Aout	,,
,, Doul Hedja	29 Octobre	,,	18 Octobre	,,	7 Octobre	,,	26 Septembre	,,	15 Septembre	,,

	Année 731. 1330 - 1331.		Année 732. 1331 - 1332. (b)		Année 733. (e) 1332 - 1333.		Année 734. 1333 - 1334.		Année 735. 1334 - 1335.	
I.er Moharrem	15 Octobre	1330	4 Octobre	1331	22 Septembre	1332	12 Septembre	1333	1 Septembre	1834
,, Safar	14 Novembre	,,	3 Novembre	,,	22 Octobre	,,	12 Octobre	,,	1 Octobre	,,
,, Rebi' I.er	13 Décembre	,,	2 Décembre	,,	20 Novembre	,,	10 Novembre	,,	30 ,,	,,
,, Rebi' 2.e	12 Janvier	1331	1 Janvier	1332	20 Décembre	,,	10 Décembre	,,	29 Novembre	,,
,, Djoumada I.er	10 Février	,,	30 ,,	,,	18 Janvier	1333	8 Janvier	1834	28 Décembre	,,
,, Djoumada 2.e	12 Mars	,,	29 Février	,,	17 Février	,,	7 Février	,,	27 Janvier	1335
,, Redjeb	10 Avril	,,	29 Mars	,,	18 Mars	,,	8 Mars	,,	25 Février	,,
,, Chaâban	10 Mai	,,	28 Avril	,,	17 Avril	,,	7 Avril	,,	27 Mars	,,
,, Ramadan	8 Juin	,,	27 Mai	,,	16 Mai	,,	6 Mai	,,	25 Avril	,,
,, Chaoual	8 Juillet	,,	26 Juin	,,	15 Juin	,,	5 Juin	,,	25 Mai	,,
,, Doul Kaâda	6 Aout	,,	25 Juillet	,,	14 Juillet	,,	4 Juillet	,,	23 Juin	,,
,, Doul Hedja	5 Septembre	,,	24 Août	,,	13 Août	,,	3 Aout	,,	23 Juillet	,,

	Année 736. (e) 1335 - 1336. (b)	Année 737. 1336 - 1337.	Année 738. (e) 1337 - 1338.	Année 739. 1338 - 1339.	Année 740. 1339 - 1340. (b)
1er. Moharrem	21 Aout 1335	10 Août 1336	30 Juillet 1337	20 Juillet 1338	9 Juillet 1339
,, Safar	21 Septembre ,,	9 Septembre ,,	29 Août ,,	19 Aout ,,	8 Août ,,
,, Rebi' 1.er	19 Octobre ,,	8 Octobre ,,	27 Septembre ,,	17 Septembre ,,	6 Septembre ,,
,, Rebi' 2.e	18 Novembre ,,	7 Novembre ,,	27 Octobre ,,	17 Octobre ,,	6 Octobre ,,
,, Djoumada 1.er	17 Décembre ,,	6 Décembre ,,	25 Novembre ,,	15 Novembre ,,	4 Novembre ,,
,, Djoumada 2.e	16 Janvier 1336	5 Janvier 1337	25 Décembre ,,	15 Décembre ,,	4 Décembre ,,
,, Redjeb	14 Février ,,	3 Février ,,	23 Janvier 1338	13 Janvier 1339	2 Janvier 1340
,, Chaàban	15 Mars ,,	5 Mars ,,	22 Février ,,	12 Février ,,	1 Février ,,
,, Ramadan	13 Avril ,,	3 Avril ,,	23 Mars ,,	13 Mars ,,	1 Mars ,,
,, Chaoual	13 Mai ,,	3 Mai ,,	22 Avril ,,	12 Avril ,,	31 ,, ,,
,, Doul Kaâda	11 Juin ,,	1 Juin ,,	21 Mai ,,	11 Mai ,,	29 Avril ,,
,, Doul Hedja	11 Juillet ,,	1 Juillet ,,	20 Juin ,,	10 Juin ,,	29 Mai ,,

	Année 741. (e) 1340 - 1341.	Année 742. 1341 - 1342.	Année 743. 1342 - 1343.	Année 744. (e) 1343 - 1344. (b)	Année 745. 1344 - 1345.
1.er Moharrem	27 Juin 1340	17 Juin 1341	6 Juin 1342	26 Mai 1343	15 Mai 1344
,, Safar	27 Juillet ,,	17 Juillet ,,	6 Juillet ,,	25 Juin ,,	14 Juin ,,
,, Rebi' 1.er	25 Août ,,	15 Août ,,	4 Août ,,	24 Juillet ,,	13 Juillet ,,
,, Rebi' 2.e	24 Septembre ,,	14 Septembre ,,	3 Septembre ,,	23 Août ,,	12 Août ,,
,, Djoumada 1.er	23 Octobre ,,	13 Octobre ,,	2 Octobre ,,	21 Septembre ,,	10 Septembre ,,
,, Djoumada 2.e	22 Novembre ,,	12 Novembre ,,	1 Novembre ,,	21 Octobre ,,	10 Octobre ,,
,, Redjeb	21 Décembre ,,	11 Décembre ,,	30 ,, ,,	19 Novembre ,,	8 Novembre ,,
,, Chaàban	20 Janvier 1341	10 Janvier 1342	30 Décembre ,,	19 Décembre ,,	8 Décembre ,,
,, Ramadan	18 Février ,,	8 Février ,,	28 Janvier 1343	17 Janvier 1344	6 Janvier 1345
,, Chaoual	20 Mars ,,	10 Mars ,,	27 Février ,,	16 Février ,,	5 Février ,,
,, Doul Kaâda	18 Avril ,,	8 Avril ,,	28 Mars ,,	16 Mars ,,	6 Mars ,,
,, Doul Hedja	18 Mai ,,	8 Mai ,,	27 Avril ,,	15 Avril ,,	5 Avril ,,

	Année 746. (e) 1345 - 1346.	Année 747. 1346 - 1347.	Année 748. 1347 - 1348. (b)	Année 749. (e) 1348 - 1349.	Année 750. 1349 - 1350.
1.er Moharrem	4 Mai 1345	24 Avril 1346	13 Avril 1347	1 Avril 1348	22 Mars 1349
,, Safar	3 Juin ,,	24 Mai	13 Mai ,,	1 Mai ,,	21 Avril ,,
,, Rebi' 1.er	2 Juillet ,,	22 Juin	11 Juin	30 ,, ,,	20 Mai ,,
,, Rebi' 2.e	1 Aout ,,	22 Juillet ,,	11 Juillet ,,	29 Juin ,,	19 Juin ,,
,, Djoumada 1.er	30 ,, ,,	20 Août ,,	9 Août ,,	28 Juillet ,,	18 Juillet ,,
,, Djoumada 2.e	29 Septembre ,,	19 Septembre ,,	8 Septembre ,,	27 Aout ,,	17 Aout ,,
,, Redjeb	28 Octobre ,,	18 Octobre ,,	7 Octobre ,,	25 Septembre ,,	15 Septembre ,,
,, Chaâban	27 Novembre ,,	17 Novembre ,,	6 Novembre ,,	25 Octobre ,,	15 Octobre ,,
,, Ramadan	26 Décembre ,,	16 Décembre ,,	5 Décembre ,,	23 Novembre ,,	13 Novembre ,,
,, Chaoual	25 Janvier 1346	15 Janvier 1347	4 Janvier 1348	23 Décembre ,,	13 Décembre ,,
,, Doul Kaâda	23 Février ,,	13 Février ,,	2 Février ,,	21 Janvier 1349	11 Janvier 1350
,, Doul Hedja	25 Mars ,,	15 Mars ,,	3 Mars ,,	20 Février ,,	10 Février ,,

	Année 751. 1350 - 1351.	Année 752. (e) 1351 - 1352.	Année 753. 1352 (b) - 1353.	Année 754. 1353 - 1354.	Année 755. (e) 1354 - 1355.
1er. Moharrem	11 Mars 1350	28 Février 1351	18 Février 1352	6 Février 1353	26 Janvier 1354
,, Safar	10 Avril ,,	30 Mars ,,	19 Mars ,,	8 Mars ,,	25 Février ,,
,, Rebi' 1.er	9 Mai ,,	28 Avril ,,	17 Avril ,,	6 Avril ,,	26 Mars ,,
,, Rebi' 2.e	8 Juin ,,	28 Mai ,,	17 Mai ,,	6 Mai ,,	25 Avril ,,
,, Djoumada 1.er	7 Juillet ,,	26 Juin ,,	15 Juin ,,	4 Juin ,,	24 Mai ,,
,, Djoumada 2.e	6 Aout ,,	26 Juillet ,,	15 Juillet ,,	4 Juillet ,,	23 Juin ,,
,, Redjeb	4 Septembre ,,	24 Aout ,,	13 Août ,,	2 Aout ,,	22 Juillet ,,
,, Chaâban	4 Octobre ,,	23 Septembre ,,	12 Septembre ,,	1 Septembre ,,	21 Aout ,,
,, Ramadan	2 Novembre ,,	22 Octobre ,,	11 Octobre ,,	30 ,, ,,	19 Septembre ,,
,, Chaoual	2 Décembre ,,	21 Novembre ,,	10 Novembre ,,	30 Octobre ,,	19 Octobre ,,
,, Doul Kaâda	31 ,, ,,	20 Décembre ,,	9 Décembre ,,	28 Novembre ,,	17 Novembre ,,
,, Doul Hedja	30 Janvier 1351	19 Janvier 1852	8 Janvier 1353	28 Décembre ,,	17 Décembre ,,

	Année 756. 1355 - 1356.	Année 757. (e) 1356. (b)	Année 758. 1356 - 1357.	Année 759. 1357 - 1358.	Année 760. (e) 1358 - 1359.
1.er Moharrem	16 Janvier 1355	5 Janvier 1356	25 Décembre 1356	14 Décembre 1357	3 Décembre 1958
,, Safar	15 Février ,,	4 Février ,,	24 Janvier 1357	13 Janvier 1358	2 Janvier 1359
,, Rebi' 1.er	16 Mars ,,	4 Mars ,,	22 Février ,,	11 Février ,,	31 ,, ,,
,, Rebi' 2.e	15 Avril ,,	8 Avril ,,	24 Mars ,,	13 Mars ,,	2 Mars ,,
,, Djoumada 1.er	14 Mai ,,	2 Mai ,,	22 Avril ,,	11 Avril ,,	31 ,, ,,
,, Djoumada 2.e	13 Juin ,,	1 Juin ,,	22 Mai ,,	11 Mai ,,	30 Avril ,,
,, Redjeb	12 Juillet ,,	30 ,, ,,	20 Juin ,,	9 Juin ,,	29 Mai ,,
,, Chaâban	11 Aout ,,	30 Juillet ,,	20 Juillet ,,	9 Juillet ,,	28 Juin ,,
,, Ramadan	9 Septembre ,,	28 Aout ,,	18 Aout ,,	7 Aout ,,	27 Juillet ,,
,, Chaoual	9 Octobre ,,	27 Septembre ,,	17 Septembre ,,	6 Septembre ,,	26 Aout ,,
,, Doul Kaâda	7 Novembre ,,	26 Octobre ,,	16 Octobre ,,	5 Octobre ,,	24 Septembre ,,
,, Doul Hedja	7 Décembre ,,	25 Novembre ,,	15 Novembre ,,	4 Novembre ,,	24 Octobre ,,

	Année 761. 1359 - 1360. (b)	Année 762. 1360 - 1361.	Année 763. (e) 1361 - 1362.	Année 764. 1362 - 1363.	Année 765. 1363 - 1364. (b)
1.er Moharrem	23 Novembre 1859	11 Novembre 1360	31 Octobre 1861	21 Octobre 1362	10 Octobre 1863
,, Safar	23 Decembre ,,	11 Décembre ,,	30 Novembre ,,	20 Novembre ,,	9 Novembre ,,
,, Rebi' 1.er	21 Janvier 1360	9 Janvier 1361	29 Décembre ,,	19 Décembre ,,	8 Décembre ,,
,, Rebi' 2.e	20 Février ,,	8 Février ,,	28 Janvier 1362	18 Janvier 1363	7 Janvier 1864
,, Djoumada 1.er	20 Mars ,,	9 Mars ,,	26 Février ,,	16 Février ,,	5 Février ,,
,, Djoumada 2.e	19 Avril ,,	8 Avril ,,	28 Mars ,,	18 Mars ,,	6 Mars ,,
,, Redjeb	18 Mai ,,	7 Mai ,,	26 Avril ,,	16 Avril ,,	4 Avril ,,
,, Chaâban	17 Juin ,,	6 Juin ,,	26 Mai ,,	16 Mai ,,	4 Mai ,,
,, Ramadan	16 Juillet ,,	5 Juillet ,,	24 Juin ,,	14 Juin ,,	2 Juin ,,
,, Chaoual	15 Aout ,,	4 Aout ,,	24 Juillet ,,	14 Juillet ,,	2 Juillet ,,
,, Doul Kaâda	13 Septembre ,,	2 Septembre ,,	22 Aout ,,	12 Aout ,,	31 ,, ,,
,, Doul Hedja	13 Octobre ,,	2 Octobre ,,	21 Septembre ,,	11 Septembre ,,	30 Aout ,,

	Année 766. (e) 1364 - 1365.	*Année 767.* 1865 - 1866.	*Année 768. (e)* 1866 - 1867.	*Année 769.* 1867 - 1368. (b)	*Année 770.* 1368 - 1369.
1er. Moharrem	28 Septembre 1364	18 Septembre 1865	7 Septembre 1366	28 Août 1367	16 Aout 1868
,, Safar	28 Octobre ,,	18 Octobre ,,	7 Octobre ,,	27 Septembre ,,	15 Septembre ,,
,, Rebi' 1.er	26 Novembre ,,	16 Novembre ,,	5 Novembre ,,	26 Octobre ,,	14 Octobre ,,
,, Rebi' 2.e	26 Décembre ,,	16 Décembre ,,	5 Décembre ,,	25 Novembre ,,	13 Novembre ,,
,, Djoumada 1.er	24 Janvier 1365	14 Janvier 1366	3 Janvier 1367	24 Décembre ,,	12 Décembre ,,
,, Djoumada 2.e	23 Février ,,	18 Février ,,	2 Février ,,	23 Janvier 1868	11 Janvier 1369
,, Redjeb	24 Mars ,,	14 Mars ,,	3 Mars ,,	21 Février ,,	9 Février ,,
,, Chaâban	23 Avril ,,	13 Avril ,,	2 Avril ,,	22 Mars ,,	11 Mars ,,
,, Ramadan	22 Mai ,,	12 Mai ,,	1 Mai ,,	20 Avril ,,	9 Avril ,,
,, Chaoual	21 Juin ,,	11 Juin ,,	31 ,, ,,	20 Mai ,,	9 Mai ,,
,, Doul Kaâda	20 Juillet ,,	10 Juillet ,,	29 Juin ,,	18 Juin ,,	7 Juin ,,
,, Doul Hedja	19 Août ,,	9 Août ,,	29 Juillet ,,	18 Juillet ,,	7 Juillet ,,

	Année 771. (e) 1369 - 1370.	*Année 772.* 1370 - 1371.	*Année 773.* 1371 - 1372. (b)	*Année 774. (e)* 1372 - 1373.	*Année 775.* 1373 - 1374.
1.er Moharrem	5 Août 1369	26 Juillet 1370	15 Juillet 1371	8 Juillet 1372	23 Juin 1373
,, Safar	4 Septembre ,,	25 Août ,,	14 Aout ,,	2 Aout ,,	23 Juillet ,,
,, Rebi' 1.er	3 Octobre ,,	23 Septembre ,,	12 Septembre ,,	31 ,, ,,	21 Août ,,
,, Rebi' 2.e	2 Novembre ,,	23 Octobre ,,	12 Octobre ,,	30 Septembre ,,	20 Septembre ,,
,, Djoumada 1.er	1 Décembre ,,	21 Novembre ,,	10 Novembre ,,	29 Octobre ,,	19 Octobre ,,
,, Djoumada 2.e	31 ,, ,,	21 Décembre ,,	10 Décembre ,,	28 Novembre ,,	18 Novembre ,,
,, Redjeb	29 Janvier 1370	19 Janvier 1371	8 Janvier 1372	27 Décembre ,,	17 Décembre ,,
,, Chaâban	28 Février ,,	18 Février ,,	7 Février ,,	26 Janvier 1373	16 Janvier 1374
,, Ramadan	29 Mars ,,	19 Mars ,,	7 Mars ,,	24 Février ,,	14 Février ,,
,, Chaoual	28 Avril ,,	18 Avril ,,	6 Avril ,,	26 Mars ,,	16 Mars ,,
,, Doul Kaâda	27 Mai ,,	17 Mai ,,	5 Mai ,,	24 Avril ,,	14 Avril ,,
,, Doul Hedja	26 Juin ,,	16 Juin ,,	4 Juin ,,	24 Mai ,,	14 Mai ,,

	Année 776. (e) 1374 - 1875.	*Année 777.* 1375 - 1376. (b)	*Année 778.* 1376 - 1377.	*Année 779. (e)* 1377 - 1378.	*Année 780.* 1378 - 1379.
1.er Moharrem	12 Juin 1374	2 Juin 1375	21 Mai 1376	10 Mai 1377	30 Avril 1378
,, Safar	12 Juillet ,,	2 Juillet ,,	20 Juin ,,	9 Juin ,,	30 Mai ,,
,, Rebi' 1.er	10 Août ,,	31 ,, ,,	19 Juillet ,,	8 Juillet ,,	28 Juin ,,
,, Rebi' 2.e	9 Septembre ,,	30 Août ,,	18 Août ,,	7 Aout ,,	28 Juillet ,,
,, Djoumada 1.er	8 Octobre ,,	28 Septembre ,,	16 Septembre ,,	5 Septembre ,,	26 Août ,,
,, Djoumada 2.e	7 Novembre ,,	28 Octobre ,,	16 Octobre ,,	5 Octobre ,,	25 Septembre ,,
,, Redjeb	6 Décembre ,,	26 Novembre ,,	14 Novembre ,,	3 Novembre ,,	24 Octobre ,,
,, Chaâban	5 Janvier 1375	26 Décembre ,,	14 Décembre ,,	3 Décembre ,,	23 Novembre ,,
,, Ramadan	3 Février ,,	24 Janvier 1376	12 Janvier 1377	1 Janvier 1378	22 Décembre ,,
,, Chaoual	5 Mars ,,	23 Février ,,	11 Février ,,	31 ,, ,,	21 Janvier 1379
,, Doul Kaâda	3 Avril ,,	23 Mars ,,	12 Mars ,,	1 Mars ,,	19 Février ,,
,, Doul Hedja	3 Mai ,,	22 Avril ,,	11 Avril ,,	31 ,, ,,	21 Mars ,,

	Année 781. 1379 - 1380. (b)	Année 782. (e) 1380 - 1381.	Année 783. 1381 - 1382.	Année 784. 1382 - 1383.	Année 785. (e) 1383 - 1384.
1er Moharrem	19 Avril 1379	7 Avril 1380	28 Mars 1381	17 Mars 1382	6 Mars 1383
,, Safar	19 Mai ,,	7 Mai ,,	27 Avril ,,	16 Avril ,,	5 Avril ,,
,, Rebi' I.er	17 Juin ,,	5 Juin ,,	26 Mai ,,	15 Mai ,,	4 Mai ,,
,, Rebi' 2.e	17 Juillet ,,	5 Juillet ,,	25 Juin ,,	14 Juin ,,	3 Juin ,,
,, Djoumada 1er	15 Août ,,	3 Août ,,	24 Juillet ,,	13 Juillet ,,	2 Juillet ,,
,, Djoumada 2.e	14 Septembre ,,	2 Septembre ,,	23 Août ,,	12 Août ,,	1 Aout ,,
,, Redjeb	13 Octobre ,,	1 Octobre ,,	21 Septembre ,,	10 Septembre ,,	30 ,, ,,
,, Chaâban	12 Novembre ,,	31 ,, ,,	21 Octobre ,,	10 Octobre ,,	29 Septembre ,,
,, Ramadan	11 Décembre ,,	29 Novembre ,,	19 Novembre ,,	8 Novembre ,,	28 Octobre ,,
,, Chaoual	10 Janvier 1380	29 Décembre ,,	19 Décembre ,,	8 Décembre ,,	27 Novembre ,,
,, Doul Kaâda	8 Février ,,	27 Janvier 1381	17 Janvier 1382	6 Janvier 1383	26 Décembre ,,
,, Doul Hedja	9 Mars ,,	26 Février ,,	16 Février ,,	5 Février ,,	25 Janvier 1384

	Année 786. 1384 (b) - 1385.	Année 787. (e) 1385 - 1386.	Année 788. 1386 - 1387.	Année 789. 1387 - 1388.	Année 790. (e) 1388. (b)
1.er Moharrem	24 Février 1384	12 Février 1385	2 Février 1386	22 Janvier 1387	11 Janvier 1388
,, Safar	25 Mars ,,	14 Mars ,,	4 Mars ,,	21 Février ,,	10 Février ,,
,, Rebi' I.er	23 Avril ,,	12 Avril ,,	2 Avril ,,	22 Mars ,,	10 Mars ,,
,, Rebi' 2.e	23 Mai ,,	12 Mai ,,	2 Mai ,,	21 Avril ,,	9 Avril ,,
,, Djoumada I.er	21 Juin ,,	10 Juin ,,	31 ,, ,,	20 Mai ,,	8 Mai ,,
,, Djoumada 2.e	21 Juillet ,,	10 Juillet ,,	30 Juin ,,	19 Juin ,,	7 Juin ,,
,, Redjeb	19 Août ,,	8 Août ,,	29 Juillet ,,	18 Juillet ,,	6 Juillet ,,
,, Chaâban	18 Septembre ,,	7 Septembre ,,	28 Aout ,,	17 Août ,,	5 Aout ,,
,, Ramadan	17 Octobre ,,	6 Octobre ,,	26 Septembre ,,	15 Septembre ,,	3 Septembre ,,
,, Chaoual	16 Novembre ,,	5 Novembre ,,	26 Octobre ,,	15 Octobre ,,	3 Octobre ,,
,, Doul Kaâda	15 Décembre ,,	4 Décembre ,,	24 Novembre ,,	13 Novembre ,,	1 Novembre ,,
,, Doul Hedja	14 Janvier 1385	3 Janvier 1386	24 Décembre ,,	13 Décembre ,,	1 Décembre ,,

	Année 791. 1388 - 1389.	Année 792. 1389 - 1390.	Année 793. (e) 1390 - 1391.	Année 794. 1391 - 1392. (b)	Année 795. 1392 - 1393.
I.er Moharrem	31 Décembre 1388	20 Décembre 1389	9 Décembre 1390	29 Novembre 1391	17 Novembre 1392
,, Safar	30 Janvier 1389	19 Janvier 1390	8 Janvier 1391	29 Décembre ,,	17 Décembre ,,
,, Rebi' 1.er	28 Février ,,	17 Février ,,	6 Février ,,	27 Janvier 1392	15 Janvier 1393
,, Rebi' 2.e	30 Mars ,,	19 Mars ,,	8 Mars ,,	26 Février ,,	14 Février ,,
,, Djoumada 1er	28 Avril ,,	17 Avril ,,	6 Avril ,,	26 Mars ,,	15 Mars ,,
,, Djoumada 2.e	28 Mai ,,	17 Mai ,,	6 Mai ,,	25 Avril ,,	14 Avril ,,
,, Redjeb	26 Juin ,,	15 Juin ,,	4 Juin ,,	24 Mai ,,	13 Mai ,,
,, Chaâban	26 Juillet ,,	15 Juillet ,,	4 Juillet ,,	23 Juin ,,	12 Juin ,,
,, Ramadan	24 Aout ,,	13 Aout ,,	2 Aout ,,	22 Juillet ,,	11 Juillet ,,
,, Chaoual	23 Septembre ,,	12 Septembre ,,	1 Septembre ,,	21 Aout ,,	10 Aout ,,
,, Doul Kaâda	22 Octobre ,,	11 Octobre ,,	30 ,, ,,	19 Septembre ,,	8 Septembre, ,,
,, Doul Hedja	21 Novembre ,,	10 Novembre ,,	30 Octobre ,,	19 Octobre ,,	8 Octobre ,,

	Année 796. (e) 1393 - 1394.	Année 797. 1394 - 1395.	Année 798. (e) 1395 - 1396. (b)	Année 799. 1396 - 1397.	Année 800. 1397 - 1398.
1er. Moharrem	6 Novembre 1393	27 Octobre 1394	16 Octobre 1395	5 Octobre 1396	24 Septembre 1397
,, Safar	6 Décembre ,,	26 Novembre ,,	15 Novembre ,,	4 Novembre ,,	24 Octobre ,,
,, Rebi' 1.er	4 Janvier 1394	25 Décembre ,,	14 Décembre ,,	3 Décembre ,,	22 Novembre ,,
,, Rebi' 2.e	3 Février ,,	24 Janvier 1395	13 Janvier 1396	2 Janvier 1397	22 Décembre ,,
,, Djoumada 1.er	4 Mars ,,	22 Février ,,	11 Février ,,	31 ,, ,,	20 Janvier 1398
,, Djoumada 2.e	3 Avril ,,	24 Mars ,,	12 Mars ,,	2 Mars ,,	19 Février ,,
,, Redjeb	2 Mai ,,	22 Avril ,,	10 Avril ,,	31 ,, ,,	20 Mars ,,
,, Chaâban	1 Juin ,,	22 Mai ,,	10 Mai ,,	30 Avril ,,	19 Avril ,,
,, Ramadan	30 ,, ,,	20 Juin ,,	8 Juin ,,	29 Mai ,,	18 Mai ,,
,, Chaoual	30 Juillet ,,	20 Juillet ,,	8 Juillet ,,	28 Juin ,,	17 Juin ,,
,, Doul Kaâda	28 Aout ,,	18 Aout ,,	6 Août ,,	27 Juillet ,,	16 Juillet ,,
,, Doul Hedja	27 Septembre ,,	17 Septembre ,,	5 Septembre ,,	26 Aout ,,	15 Aout ,,

	Année 801. (e) 1398 - 1399.	Année 802. 1399 - 1400. (b)	Année 803. 1400 - 1401.	Année 804. (e) 1401 - 1402.	Année 805. 1402 - 1403.
1.er Moharrem	13 Septembre 1398	3 Septembre 1399	22 Aout 1400	11 Aout 1401	1 Aout 1402
,, Safar	13 Octobre ,,	3 Octobre ,,	21 Septembre ,,	10 Septembre ,,	31 ,, ,,
,, Rebi' 1.er	11 Novembre ,,	1 Novembre ,,	20 Octobre ,,	9 Octobre ,,	29 Septembre ,,
,, Rebi' 2.e	11 Décembre ,,	1 Décembre ,,	19 Novembre ,,	8 Novembre ,,	29 Octobre ,,
,, Djoumada 1.er	9 Janvier 1399	30 ,, ,,	18 Décembre ,,	7 Décembre ,,	27 Novembre ,,
,, Djoumada 2.e	8 Février ,,	29 Janvier 1400	17 Janvier 1401	6 Janvier 1402	27 Décembre ,,
,, Redjeb	9 Mars ,,	27 Février ,,	15 Février ,,	4 Février ,,	25 Janvier 1403
,, Chaâban	8 Avril ,,	28 Mars ,,	17 Mars ,,	6 Mars ,,	24 Février ,,
,, Ramadan	7 Mai ,,	26 Avril ,,	15 Avril ,,	4 Avril ,,	25 Mars ,,
,, Chaoual	6 Juin ,,	26 Mai ,,	15 Mai ,,	4 Mai ,,	24 Avril ,,
,, Doul Kaâda	5 Juillet ,,	24 Juin ,,	13 Juin ,,	2 Juin ,,	23 Mai ,,
,, Doul Hedja	4 Aout ,,	24 Juillet ,,	13 Juillet ,,	2 Juillet ,,	22 Juin ,,

	Année 806. (e) 1403 - 1404. (b)	Année 807. 1404 - 1405.	Année 808. 1405 - 1406.	Année 809. (e) 1406 - 1407.	Année 810. 1407 - 1408. (b)
1.er Moharrem	21 Juillet 1403	10 Juillet 1404	29 Juin 1405	18 Juin 1406	8 Juin 1407
,, Safar	20 Aout ,,	9 Aout ,,	29 Juillet ,,	18 Juillet ,,	8 Juillet ,,
,, Rebi' 1.er	18 Septembre ,,	7 Septembre ,,	27 Aout ,,	16 Aout ,,	6 Aout ,,
,, Rebi' 2.e	18 Octobre ,,	7 Octobre ,,	26 Septembre ,,	15 Septembre ,,	5 Septembre ,,
,, Djoumada 1.er	16 Novembre ,,	5 Novembre ,,	25 Octobre ,,	14 Octobre ,,	4 Octobre ,,
,, Djoumada 2.e	16 Decembre ,,	5 Décembre ,,	24 Novembre ,,	13 Novembre ,,	3 Novembre ,,
,, Redjeb	14 Janvier 1404	3 Janvier 1405	23 Décembre ,,	12 Décembre ,,	2 Décembre ,,
,, Chaâban	13 Février ,,	2 Février ,,	22 Janvier 1406	11 Janvier 1407	1 Janvier 1408
,, Ramadan	18 Mars ,,	3 Mars ,,	20 Février ,,	9 Février ,,	30 ,, ,,
,, Chaoual	12 Avril ,,	2 Avril ,,	22 Mars ,,	11 Mars ,,	29 Février ,,
,, Doul Kaâda	11 Mai ,,	1 Mai ,,	20 Avril ,,	9 Avril ,,	29 Mars ,,
,, Doul Hedja	10 Juin ,,	31 ,, ,,	20 Mai ,,	9 Mai ,,	28 Avril ,,

	Année 811. 1408 - 1409.	*Année 812.* (e) 1409 - 1410.	*Année 813.* 1410 - 1411.	*Année 814.* 1411 - 1412. (b)	*Année 815.* (e) 1412 - 1413.
1er. Moharrem	27 Mai 1408	16 Mai 1409	6 Mai 1410	25 Avril 1411	18 Avril 1412
„ Safar	26 Juin „	15 Juin „	5 Juin „	25 Mai „	13 Mai „
„ Rebi' 1.er	25 Juillet „	14 Juillet „	4 Juillet „	23 Juin „	11 Juin „
„ Rebi' 2.e	24 Aout „	13 Août „	3 Août „	23 Juillet „	11 Juillet „
„ Djoumada 1.er	22 Septembre „	11 Septembre „	1 Septembre „	21 Aout „	9 Août „
„ Djoumada 2.e	22 Octobre „	11 Octobre „	1 Octobre „	20 Septembre „	8 Septembre „
„ Redjeb	20 Novembre „	9 Novembre „	30 „ „	19 Octobre „	7 Octobre „
„ Chaâban	20 Décembre „	9 Décembre „	29 Novembre „	18 Novembre „	6 Novembre „
„ Ramadan	18 Janvier 1409	7 Janvier 1410	28 Décembre „	17 Décembre „	5 Décembre „
„ Chaoual	17 Février „	6 Février „	27 Janvier 1411	16 Janvier 1412	4 Janvier 1413
„ Doul Kaâda	18 Mars „	7 Mars „	25 Février „	14 Février „	2 Février „
„ Doul Hedja	17 Avril „	6 Avril „	27 Mars „	15 Mars „	4 Mars „

	Année 816. 1413 - 1414.	*Année 817.* (e) 1414 - 1415.	*Année 818.* 1415 - 1416. (b)	*Année 819.* 1416 - 1417.	*Année 820.* (e) 1417 - 1418.
1.er Moharrem	3 Avril 1413	23 Mars 1414	13 Mars 1415	1 Mars 1416	18 Février 1417
„ Safar	3 Mai „	22 Avril „	12 Avril „	31 „ „	20 Mars „
„ Rebi' 1.er	1 Juin „	21 Mai „	11 Mai „	29 Avril „	18 Avril „
„ Rebi' 2.e	1 Juillet „	20 Juin „	10 Juin „	29 Mai „	18 Mai „
„ Djoumada 1.er	30 „ „	19 Juillet „	9 Juillet „	27 Juin „	16 Juin „
„ Djoumada 2.e	29 Août „	18 Août „	8 Août „	27 Juillet „	16 Juillet „
„ Redjeb	27 Septembre „	16 Septembre „	6 Septembre „	25 Août „	14 Août „
„ Chaâban	27 Octobre „	16 Octobre „	6 Octobre „	24 Septembre „	13 Septembre „
„ Ramadan	25 Novembre „	14 Novembre „	4 Novembre „	23 Octobre „	12 Octobre „
„ Chaoual	25 Décembre „	14 Décembre „	4 Décembre „	22 Novembre „	11 Novembre „
„ Doul Kaâda	23 Janvier 1414	12 Janvier 1415	2 Janvier 1416	21 Décembre „	10 Décembre „
„ Doul Hedja	22 Février „	11 Février „	1 Février „	20 Janvier 1417	9 Janvier 1418

	Année 821. 1418 - 1419.	*Année 822.* 1419 - 1420.	*Année 823.* (e) 1420 (b) - 1421.	*Année 824.* 1421.	*Année 825.* 1421 - 1422.
1.er Moharrem	8 Février 1418	28 Janvier 1419	17 Janvier 1420	6 Janvier 1421	26 Décembre 1421
„ Safar	10 Mars „	27 Février „	16 Février „	5 Février „	25 Janvier 1422
„ Rebi' 1.er	8 Avril „	28 Mars „	16 Mars „	6 Mars „	23 Février „
„ Rebi' 2.e	8 Mai „	27 Avril „	15 Avril „	5 Avril „	25 Mars „
„ Djoumada 1.er	6 Juin „	26 Mai „	14 Mai „	4 Mai „	23 Avril „
„ Djoumada 2.e	6 Juillet „	25 Juin „	13 Juin „	3 Juin „	23 Mai „
„ Redjeb	4 Aout „	24 Juillet „	12 Juillet „	2 Juillet „	21 Juin „
„ Chaâban	3 Septembre „	23 Août „	11 Août „	1 Aout „	21 Juillet „
„ Ramadan	2 Octobre „	21 Septembre „	9 Septembre „	30 „ „	19 Aout „
„ Chaoual	1 Novembre „	21 Octobre „	9 Octobre „	29 Septembre „	18 Septembre „
„ Doul Kaâda	30 „ „	19 Novembre „	7 Novembre „	28 Octobre „	17 Octobre „
„ Doul Hedja	30 Décembre „	19 Décembre „	7 Décembre „	27 Novembre „	16 Novembre „

	Année 826. (e) 1422 - 1423.	Année 827. 1423 - 1424. (b)	Année 828. (e) 1424 - 1425.	Année 829. 1425 - 1426.	Année 830. 1426 - 1427.
1.er Moharrem	15 Décembre 1422	5 Décembre 1423	23 Novembre 1424	13 Novembre 1425	2 Novembre 1426
,, Safar	14 Janvier 1423	4 Janvier 1424	23 Décembre ,,	13 Décembre ,,	2 Décembre ,,
,, Rebi' 1.er	12 Février ,,	2 Février ,,	21 Janvier 1425	11 Janvier 1426	31 ,, ,,
,, Rebi' 2.e	14 Mars ,,	3 Mars ,,	20 Février ,,	10 Février ,,	30 Janvier 1427
,, Djoumada 1.er	12 Avril ,,	1 Avril ,,	21 Mars ,,	11 Mars ,,	28 Février ,,
,, Djoumada 2.e	12 Mai ,,	1 Mai ,,	20 Avril ,,	10 Avril ,,	30 Mars ,,
,, Redjeb	10 Juin ,,	30 ,, ,,	19 Mai ,,	9 Mai ,,	28 Avril ,,
,, Chaâban	10 Juillet ,,	29 Juin ,,	18 Juin ,,	8 Juin ,,	28 Mai ,,
,, Ramadan	8 Août ,,	28 Juillet ,,	17 Juillet ,,	7 Juillet ,,	26 Juin ,,
,, Chaoual	7 Septembre ,,	27 Aout ,,	16 Aout ,,	6 Aout ,,	26 Juillet ,,
,, Doul Kaâda	6 Octobre ,,	25 Septembre ,,	14 Septembre ,,	4 Septembre ,,	24 Aout ,,
,, Doul Hedja	5 Novembre ,,	25 Octobre ,,	14 Octobre ,,	4 Octobre ,,	28 Septembre ,,

	Année 831. (e) 1427 - 1428. (b)	Année 832. 1428 - 1429.	Année 833. 1429 - 1430.	Année 834. (e) 1430 - 1431.	Année 835. 1431 - 1432. (b)
I.er Moharrem	22 Octobre 1427	11 Octobre 1428	30 Septembre 1429	19 Septembre 1430	9 Septembre 1431
,, Safar	21 Novembre ,,	10 Novembre ,,	30 Octobre ,,	19 Octobre ,,	9 Octobre ,,
,, Rebi' I.er	20 Décembre ,,	9 Décembre ,,	28 Novembre ,,	17 Novembre ,,	7 Novembre ,,
,, Rebi' 2.e	19 Janvier 1428	8 Janvier 1429	28 Décembre ,,	17 Décembre ,,	7 Décembre ,,
,, Djoumada 1er	17 Février ,,	6 Février ,,	26 Janvier 1430	15 Janvier 1431	5 Janvier 1432
,, Djoumada 2.e	18 Mars ,,	8 Mars ,,	25 Février ,,	14 Février ,,	4 Février ,,
,, Redjeb	16 Avril ,,	6 Avril ,,	26 Mars ,,	15 Mars ,,	4 Mars ,,
,, Chaâban	16 Mai ,,	6 Mai ,,	25 Avril ,,	14 Avril ,,	3 Avril ,,
,, Ramadan	14 Juin ,,	4 Juin ,,	24 Mai ,,	13 Mai ,,	2 Mai ,,
,, Chaoual	14 Juillet ,,	4 Juillet ,,	23 Juin ,,	12 Juin ,,	1 Juin ,,
,, Doul Kaâda	12 Août ,,	2 Août ,,	22 Juillet ,,	11 Juillet ,,	30 ,, ,,
,, Doul Hedja	11 Septembre ,,	1 Septembre ,,	21 Août ,,	10 Aout ,,	30 Juillet ,,

	Année 836. (e) 1432 - 1433.	Année 837. 1433 - 1434.	Année 838. 1434 - 1435.	Année 839. (e) 1435 - 1436. (b)	Année 840. 1436 - 1437.
I.er Moharrem	28 Aout 1432	18 Août 1433	7 Aout 1434	27 Juillet 1435	16 Juillet 1436
,, Safar	27 Septembre ,,	17 Septembre ,,	6 Septembre ,,	26 Août ,,	15 Aout ,,
,, Rebi' I.er	26 Octobre ,,	16 Octobre ,,	5 Octobre ,,	24 Septembre ,,	13 Septembre ,,
,, Rebi' 2.e	25 Novembre ,,	15 Novembre ,,	4 Novembre ,,	24 Octobre ,,	13 Octobre ,,
,, Djoumada I.er	24 Décembre ,,	14 Décembre ,,	3 Décembre ,,	22 Novembre ,,	11 Novembre ,,
,, Djoumada 2.e	23 Janvier 1433	13 Janvier 1434	2 Janvier 1435	22 Décembre ,,	11 Décembre ,,
,, Redjeb	21 Février ,,	11 Février ,,	31 ,, ,,	20 Janvier 1436	9 Janvier 1437
,, Chaâban	28 Mars ,,	13 Mars ,,	2 Mars ,,	19 Février ,,	8 Février ,,
,, Ramadan	21 Avril ,,	11 Avril ,,	31 ,, ,,	19 Mars ,,	9 Mars ,,
,, Chaoual	21 Mai ,,	11 Mai ,,	30 Avril ,,	18 Avril ,,	8 Avril ,,
,, Doul Kaâda	19 Juin ,,	9 Juin ,,	29 Mai ,,	17 Mai ,,	7 Mai ,,
,, Doul Hedja	19 Juillet ,,	9 Juillet ,,	28 Juin ,,	16 Juin ,,	6 Juin ,,

	Année 841. 1437 - 1438.	Année 842. (e) 1438 - 1439.	Année 843. 1439 - 1440. (b)	Année 844. 1440 - 1441.	Année 845. (e) 1441 - 1442.
1er. Moharrem	5 Juillet 1437	24 Juin 1438	14 Juin 1439	2 Juin 1440	22 Mai 1441
,, Safar	4 Aout ,,	24 Juillet ,,	14 Juillet ,,	2 Juillet ,,	21 Juin ,,
,, Rebi' 1.er	2 Septembre ,,	22 Aout ,,	12 Août ,,	31 ,, ,,	20 Juillet ,,
,, Rebi' 2.e	2 Octobre ,,	21 Septembre ,,	11 Septembre ,,	30 Aout ,,	19 Aout ,,
,, Djoumada 1.er	31 ,, ,,	20 Octobre ,,	10 Octobre ,,	28 Septembre ,,	17 Septembre ,,
,, Djoumada 2.e	30 Novembre ,,	19 Novembre ,,	9 Novembre ,,	28 Octobre ,,	17 Octobre ,,
,, Redjeb	29 Décembre ,,	18 Décembre ,,	8 Décembre ,,	26 Novembre ,,	15 Novembre ,,
,, Chaâban	28 Janvier 1438	17 Janvier 1439	7 Janvier 1440	26 Décembre ,,	15 Décembre ,,
,, Ramadan	26 Février ,,	15 Février ,,	5 Février ,,	24 Janvier 1441	13 Janvier 1442
,, Chaoual	28 Mars ,,	17 Mars ,,	6 Mars ,,	28 Février ,,	12 Février ,,
,, Doul Kaâda	26 Avril ,,	15 Avril ,,	4 Avril ,,	24 Mars ,,	13 Mars ,,
,, Doul Hedja	26 Mai ,,	15 Mai ,,	4 Mai ,,	23 Avril ,,	12 Avril ,,

	Année 846. 1442 - 1443.	Année 847. (e) 1443 - 1444. (b)	Année 848. 1444 - 1445.	Année 849. 1445 - 1446.	Année 850. (e) 1446 - 1447.
1.er Moharrem	12 Mai 1442	1 Mai 1443	20 Avril 1444	9 Avril 1445	29 Mars 1446
,, Safar	11 Juin ,,	31 ,, ,,	20 Mai ,,	9 Mai ,,	28 Avril ,,
,, Rebi' 1.er	10 Juillet ,,	29 Juin ,,	18 Juin ,,	7 Juin ,,	27 Mai ,,
,, Rebi' 2.e	9 Aout ,,	29 Juillet ,,	18 Juillet ,,	7 Juillet ,,	26 Juin ,,
,, Djoumada 1.er	7 Septembre ,,	27 Août ,,	16 Aout ,,	5 Aout ,,	25 Juillet ,,
,, Djoumada 2.e	7 Octobre ,,	26 Septembre ,,	15 Septembre ,,	4 Septembre ,,	24 Aout ,,
,, Redjeb	5 Novembre ,,	25 Octobre ,,	14 Octobre ,,	3 Octobre ,,	22 Septembre ,,
,, Chaâban	5 Décembre ,,	24 Novembre ,,	13 Novembre ,,	2 Novembre ,,	22 Octobre ,,
,, Ramadan	3 Janvier 1443	28 Décembre ,,	12 Décembre ,,	1 Décembre ,,	20 Novembre ,,
,, Chaoual	2 Février ,,	22 Janvier 1444	11 Janvier 1445	31 ,, ,,	20 Décembre ,,
,, Doul Kaâda	3 Mars ,,	20 Février ,,	9 Février ,,	29 Janvier 1446	18 Janvier 1447
,, Doul Hedja	2 Avril ,,	21 Mars ,,	11 Mars ,,	28 Février ,,	17 Février ,,

	Année 851. 1447 - 1448. (b)	Année 852. 1448 - 1449.	Année 853. (e) 1449 - 1450.	Année 854. 1450 - 1451.	Année 855. 1451 - 1452.
1.er Moharrem	19 Mars 1447	7 Mars 1448	24 Février 1449	14 Février 1450	3 Février 1451
,, Safar	18 Avril ,,	6 Avril ,,	26 Mars ,,	16 Mars ,,	5 Mars ,,
,, Rebi' 1.er	17 Mai ,,	5 Mai ,,	24 Avril ,,	14 Avril ,,	3 Avril ,,
,, Rebi' 2.e	16 Juin ,,	4 Juin ,,	24 Mai ,,	14 Mai ,,	3 Mai ,,
,, Djoumada 1.er	15 Juillet ,,	3 Juillet ,,	22 Juin ,,	12 Juin ,,	1 Juin ,,
,, Djoumada 2.e	14 Aout ,,	2 Aout ,,	22 Juillet ,,	12 Juillet ,,	1 Juillet ,,
,, Redjeb	12 Septembre ,,	31 ,, ,,	20 Aout ,,	10 Aout ,,	30 ,, ,,
,, Chaâban	12 Octobre ,,	30 Septembre ,,	19 Septembre ,,	9 Septembre ,,	29 Aout ,,
,, Ramadan	10 Novembre ,,	29 Octobre ,,	18 Octobre ,,	8 Octobre ,,	27 Septembre ,,
,, Chaoual	10 Decembre ,,	28 Novembre ,,	17 Novembre ,,	7 Novembre ,,	27 Octobre ,,
,, Doul Kaâda	8 Janvier 1448	27 Décembre ,,	16 Décembre ,,	6 Décembre ,,	25 Novembre ,,
,, Doul Hedja	7 Février ,,	26 Janvier 1449	15 Janvier 1450	5 Janvier 1451	25 Décembre ,,

	Année 856. (e) 1452 (b) - 1453.	*Année 857.* 1453.	*Année 858.* (e) 1454.	*Année 859.* 1454 - 1455.	*Année 860.* 1455 - 1456. (b)
1.er Moharrem	23 Janvier 1452	12 Janvier 1453	1 Janvier 1454	22 Décembre 1454	11 Décembre 1455
,, Safar	22 Février ,,	11 Février ,,	31 ,, ,,	21 Janvier 1455	10 Janvier 1456
,, Rebi' 1.er	22 Mars ,,	12 Mars ,,	1 Mars ,,	19 Février ,,	8 Février ,,
,, Rebi' 2.e	21 Avril ,,	11 Avril ,,	31 ,, ,,	21 Mars ,,	9 Mars ,,
,, Djoumada 1.er	20 Mai ,,	10 Mai ,,	29 Avril ,,	19 Avril ,,	7 Avril ,,
,, Djoumada 2.e	19 Juin ,,	9 Juin ,,	29 Mai ,,	19 Mai ,,	7 Mai ,,
,, Redjeb	18 Juillet ,,	8 Juillet ,,	27 Juin ,,	17 Juin ,,	5 Juin ,,
,, Chaâban	17 Août ,,	7 Août ,,	27 Juillet ,,	17 Juillet ,,	5 Juillet ,,
,, Ramadan	15 Septembre ,,	5 Septembre ,,	25 Août ,,	15 Août ,,	3 Août ,,
,, Chaoual	15 Octobre ,,	5 Octobre ,,	24 Septembre ,,	14 Septembre ,,	2 Septembre ,,
,, Doul Kaâda	13 Novembre ,,	3 Novembre ,,	23 Octobre ,,	13 Octobre ,,	1 Octobre ,,
,, Doul Hedja	13 Décembre ,,	3 Décembre ,,	22 Novembre ,,	12 Novembre ,,	31 ,, ,,

	Année 861. (e) 1456 - 1457.	*Année 862.* 1457 - 1458.	*Année 863.* 1458 - 1459.	*Année 864.* (e) 1459 - 1460. (b)	*Année 865.* 1460 - 1461.
1er. Moharrem	29 Novembre 1456	19 Novembre 1457	8 Novembre 1458	28 Octobre 1459	17 Octobre 1460
,, Safar	29 Décembre ,,	19 Décembre ,,	8 Décembre ,,	27 Novembre ,,	16 Novembre ,,
,, Rebi' 1.er	27 Janvier 1457	17 Janvier 1458	6 Janvier 1459	26 Décembre ,,	15 Décembre ,,
,, Rebi' 2.e	26 Février ,,	16 Février ,,	5 Février ,,	25 Janvier 1460	14 Janvier 1461
,, Djoumada 1.er	27 Mars ,,	17 Mars ,,	6 Mars ,,	23 Février ,,	12 Février ,,
,, Djoumada 2.e	26 Avril ,,	16 Avril ,,	5 Avril ,,	24 Mars ,,	14 Mars ,,
,, Redjeb	25 Mai ,,	15 Mai ,,	4 Mai ,,	22 Avril ,,	12 Avril ,,
,, Chaâban	24 Juin ,,	14 Juin ,,	3 Juin ,,	22 Mai ,,	12 Mai ,,
,, Ramadan	23 Juillet ,,	13 Juillet ,,	2 Juillet ,,	20 Juin ,,	10 Juin ,,
,, Chaoual	22 Août ,,	12 Août ,,	1 Août ,,	20 Juillet ,,	10 Juillet ,,
,, Doul Kaâda	20 Septembre ,,	10 Septembre ,,	30 ,, ,,	18 Août ,,	8 Août ,,
,, Doul Hedja	20 Octobre ,,	10 Octobre ,,	29 Septembre ,,	17 Septembre ,,	7 Septembre ,,

	Année 866. (e) 1461 - 1462.	*Année 867.* 1462 - 1463.	*Année 868.* 1463 - 1464. (b)	*Année 869.* (e) 1464 - 1465.	*Année 870.* 1465 - 1466.
1.er Moharrem	6 Octobre 1461	26 Septembre 1462	15 Septembre 1463	3 Septembre 1464	24 Août 1465
,, Safar	5 Novembre ,,	26 Octobre ,,	15 Octobre ,,	3 Octobre ,,	23 Septembre ,,
,, Rebi' 1.er	4 Décembre ,,	24 Novembre ,,	13 Novembre ,,	1 Novembre ,,	22 Octobre ,,
,, Rebi' 2.e	3 Janvier 1462	24 Décembre ,,	13 Décembre ,,	1 Décembre ,,	21 Novembre ,,
,, Djoumada 1.er	1 Février ,,	22 Janvier 1463	11 Janvier 1464	30 ,, ,,	20 Décembre ,,
,, Djoumada 2.e	3 Mars ,,	21 Février ,,	10 Février ,,	29 Janvier 1465	19 Janvier 1466
,, Redjeb	1 Avril ,,	22 Mars ,,	10 Mars ,,	27 Février ,,	17 Février ,,
,, Chaâban	1 Mai ,,	21 Avril ,,	9 Avril ,,	29 Mars ,,	19 Mars ,,
,, Ramadan	30 ,, ,,	20 Mai ,,	8 Mai ,,	27 Avril ,,	17 Avril ,,
,, Chaoual	29 Juin ,,	19 Juin ,,	7 Juin ,,	27 Mai ,,	17 Mai ,,
,, Doul Kaâda	28 Juillet ,,	18 Juillet ,,	6 Juillet ,,	25 Juin ,,	15 Juin ,,
,, Doul Hedja	27 Août ,,	17 Août ,,	5 Août ,,	25 Juillet ,,	15 Juillet ,,

	Année 871. 1466 - 1467.		*Année 872.* (e) 1467 - 1468. (b)		*Année 873.* 1468 - 1469.		*Année 874.* 1469 - 1470.		*Année 875.* (e) 1470 - 1471.	
1.er Moharrem	13 Août	1466	2 Août	1467	22 Juillet	1468	11 Juillet	1469	30 Juin	1470
,, Safar	12 Septembre	,,	1 Septembre	,,	21 Aout	,,	10 Août	,,	30 Juillet	,,
,, Rebi' 1.er	11 Octobre	,,	30 ,,	,,	19 Septembre	,,	8 Septembre	,,	28 Aout	,,
,, Rebi' 2.e	10 Novembre	,,	30 Octobre	,,	19 Octobre	,,	8 Octobre	,,	27 Septembre	,,
,, Djoumada 1.er	9 Décembre	,,	28 Novembre	,,	17 Novembre	,,	6 Novembre	,,	26 Octobre	,,
,, Djoumada 2.e	8 Janvier	1467	28 Décembre	,,	17 Décembre	,,	6 Décembre	,,	25 Novembre	,,
,, Redjeb	6 Février	,,	26 Janvier	1468	15 Janvier	1469	4 Janvier	1470	24 Décembre	,,
,, Chaâban	8 Mars	,,	25 Février	,,	14 Février	,,	3 Février	,,	23 Janvier	1471
,, Ramadan	6 Avril	,,	25 Mars	,,	15 Mars	,,	4 Mars	,,	21 Février	,,
,, Chaoual	6 Mai	,,	24 Avril	,,	14 Avril	,,	3 Avril	,,	23 Mars	,,
,, Doul Kaâda	4 Juin	,,	23 Mai	,,	13 Mai	,,	2 Mai	,,	21 Avril	,,
,, Doul Hedja	4 Juillet	,,	22 Juin	,,	12 Juin	,,	1 Juin	,,	21 Mai	,,

	Année 876. 1471 - 1472. (b)		*Année 877.* (e) 1472 - 1473.		*Année 878.* 1473 - 1474.		*Année 879.* 1474 - 1475.		*Année 880.* (e) 1475 - 1476. (b)	
1er. Moharrem	20 Juin	1471	8 Juin	1472	29 Mai	1473	18 Mai	1474	7 Mai	1475
,, Safar	20 Juillet	,,	8 Juillet	,,	28 Juin	,,	17 Juin	,,	6 Juin	,,
,, Rebi' 1.er	18 Août	,,	6 Août	,,	27 Juillet	,,	16 Juillet	,,	5 Juillet	,,
,, Rebi' 2.e	17 Septembre	,,	5 Septembre	,,	26 Août	,,	15 Août	,,	4 Août	,,
,, Djoumada 1.er	16 Octobre	,,	4 Octobre	,,	24 Septembre	,,	13 Septembre	,,	2 Septembre	,,
,, Djoumada 2.e	15 Novembre	,,	3 Novembre	,,	24 Octobre	,,	13 Octobre	,,	2 Octobre	,,
,, Redjeb	14 Décembre	,,	2 Décembre	,,	22 Novembre	,,	11 Novembre	,,	31 ,,	,,
,, Chaâban	13 Janvier	1472	1 Janvier	1473	22 Décembre	,,	11 Décembre	,,	30 Novembre	,,
,, Ramadan	11 Février	,,	30 ,,	,,	20 Janvier	1474	9 Janvier	1475	29 Décembre	,,
,, Chaoual	12 Mars	,,	1 Mars	,,	19 Février	,,	8 Février	,,	28 Janvier	1476
,, Doul Kaâda	10 Avril	,,	30 ,,	,,	20 Mars	,,	9 Mars	,,	26 Février	,,
,, Doul Hedja	10 Mai	,,	29 Avril	,,	19 Avril	,,	8 Avril	,,	27 Mars	,,

	Année 881. 1476 - 1477.		*Année 882.* 1477 - 1478.		*Année 883.* (e) 1478 - 1479.		*Année 884.* 1479 - 1480. (b)		*Année 885.* 1480 - 1481.	
1.er Moharrem	26 Avril	1476	15 Avril	1477	4 Avril	1478	25 Mars	1479	13 Mars	1480
,, Safar	26 Mai	,,	15 Mai	,,	4 Mai	,,	24 Avril	,,	12 Avril	,,
,, Rebi' 1.er	24 Juin	,,	13 Juin	,,	2 Juin	,,	23 Mai	,,	11 Mai	,,
,, Rebi' 2.e	24 Juillet	,,	13 Juillet	,,	2 Juillet	,,	22 Juin	,,	10 Juin	,,
,, Djoumada 1.er	22 Août	,,	11 Août	,,	31 ,,	,,	21 Juillet	,,	9 Juillet	,,
,, Djoumada 2.e	21 Septembre	,,	10 Septembre	,,	30 Août	,,	20 Août	,,	8 Août	,,
,, Redjeb	20 Octobre	,,	9 Octobre	,,	28 Septembre	,,	18 Septembre	,,	6 Septembre	,,
,, Chaâban	19 Novembre	,,	8 Novembre	,,	28 Octobre	,,	18 Octobre	,,	6 Octobre	,,
,, Ramadan	18 Décembre	,,	7 Décembre	,,	26 Novembre	,,	16 Novembre	,,	4 Novembre	,,
,, Chaoual	17 Janvier	1477	6 Janvier	1478	26 Décembre	,,	16 Décembre	,,	4 Décembre	,,
,, Doul Kaâda	15 Février	,,	4 Février	,,	24 Janvier	1479	14 Janvier	1480	2 Janvier	1481
,, Doul Hedja	17 Mars	,,	6 Mars	,,	23 Février	,,	13 Février	,,	1 Février	,,

	Année 886. (e) 1481 - 1482.	Année 887. 1482 - 1483.	Année 888. (e) 1483 - 1484.	Année 889. 1484 (b) - 1485.	Année 890. 1485 - 1486.
1.er Moharrem	2 Mars 1481	20 Février 1482	9 Février 1483	30 Janvier 1484	18 Janvier 1485
,, Safar	1 Avril ,,	22 Mars ,,	11 Mars ,,	29 Février ,,	17 Février ,,
,, Rebi' 1.er	30 ,, ,,	20 Avril ,,	9 Avril ,,	29 Mars ,,	18 Mars ,,
,, Rebi' 2.e	30 Mai ,,	20 Mai ,,	9 Mai ,,	28 Avril ,,	17 Avril ,,
,, Djoumada 1.er	28 Juin ,,	18 Juin ,,	7 Juin ,,	27 Mai ,,	16 Mai ,,
,, Djoumada 2.e	28 Juillet ,,	18 Juillet ,,	7 Juillet ,,	26 Juin ,,	15 Juin ,,
,, Redjeb	26 Aout ,,	16 Août ,,	5 Août ,,	25 Juillet ,,	14 Juillet ,,
,, Chaâban	25 Septembre ,,	15 Septembre ,,	4 Septembre ,,	24 Août ,,	13 Aout ,,
,, Ramadan	24 Octobre ,,	14 Octobre ,,	3 Octobre ,,	22 Septembre ,,	11 Septembre ,,
,, Chaoual	23 Novembre ,,	13 Novembre ,,	2 Novembre ,,	22 Octobre ,,	11 Octobre ,,
,, Doul Kaâda	22 Décembre ,,	12 Décembre ,,	1 Décembre ,,	20 Novembre ,,	9 Novembre ,,
,, Doul Hedja	21 Janvier 1482	11 Janvier 1483	31 ,, ,,	20 Décembre ,,	9 Décembre ,,

	Année 891. (e) 1486.	Année 892. 1486 - 1487.	Année 893. 1487 - 1488. (b)	Année 894. (e) 1488 - 1489.	Année 895. 1489 - 1490.
1er. Moharrem	7 Janvier 1486	28 Décembre 1486	17 Décembre 1487	5 Décembre 1488	25 Novembre 1489
,, Safar	6 Février ,,	27 Janvier 1487	16 Janvier 1488	4 Janvier 1489	25 Décembre ,,
,, Rebi' 1.er	7 Mars ,,	25 Février ,,	14 Février ,,	2 Février ,,	23 Janvier 1490
,, Rebi' 2.e	6 Avril ,,	27 Mars ,,	15 Mars ,,	4 Mars ,,	22 Février ,,
,, Djoumada 1.er	5 Mai ,,	25 Avril ,,	13 Avril ,,	2 Avril ,,	23 Mars ,,
,, Djoumada 2.e	4 Juin ,,	25 Mai ,,	13 Mai ,,	2 Mai ,,	22 Avril ,,
,, Redjeb	3 Juillet ,,	23 Juin ,,	11 Juin ,,	31 ,, ,,	21 Mai ,,
,, Chaâban	2 Août ,,	23 Juillet ,,	11 Juillet ,,	30 Juin ,,	20 Juin ,,
,, Ramadan	31 ,, ,,	21 Aout ,,	9 Aout ,,	29 Juillet ,,	19 Juillet ,,
,, Chaoual	30 Septembre ,,	20 Septembre ,,	8 Septembre ,,	28 Août ,,	18 Aout ,,
,, Doul Kaâda	29 Octobre ,,	19 Octobre ,,	7 Octobre ,,	26 Septembre ,,	15 Septembre ,,
,, Doul Hedja	28 Novembre ,,	18 Novembre ,,	6 Novembre ,,	26 Octobre ,,	16 Octobre ,,

	Année 396. (e) 1490 - 1491.	Année 897. 1491 - 1492. (b)	Année 898. 1492 - 1493.	Année 899. (e) 1493 - 1494.	Année 900. 1494 - 1495.
I.er Moharrem	14 Novembre 1490	4 Novembre 1491	23 Octobre 1492	12 Octobre 1493	2 Octobre 1494
,, Safar	14 Décembre ,,	4 Décembre ,,	22 Novembre ,,	11 Novembre ,,	1 Novembre ,,
,, Rebi' 1.er	12 Janvier 1491	2 Janvier 1492	21 Décembre ,,	10 Décembre ,,	30 ,, ,,
,, Rebi' 2.e	11 Février ,,	1 Février ,,	20 Janvier 1493	9 Janvier 1494	30 Décembre ,,
,, Djoumada 1.er	12 Mars ,,	1 Mars ,,	18 Février ,,	7 Février ,,	28 Janvier 1495
,, Djoumada 2.e	11 Avril ,,	31 ,, ,,	20 Mars ,,	9 Mars ,,	27 Février ,,
,, Redjeb	10 Mai ,,	29 Avril ,,	18 Avril ,,	7 Avril ,,	28 Mars ,,
,, Chaâban	9 Juin ,,	29 Mai ,,	18 Mai ,,	7 Mai ,,	27 Avril ,,
,, Ramadan	8 Juillet ,,	27 Juin ,,	16 Juin ,,	5 Juin ,,	26 Mai ,,
,, Chaoual	7 Aout ,,	27 Juillet ,,	16 Juillet ,,	5 Juillet ,,	25 Juin ,,
,, Doul Kaâda	5 Septembre ,,	25 Aout ,,	14 Aout ,,	3 Aout ,,	24 Juillet ,,
,, Doul Hedja	5 Octobre ,,	24 Septembre ,,	13 Septembre ,,	2 Septembre ,,	23 Aout ,,

	Année 901. 1495 - 1496. (b)	Année 902. (e) 1496 - 1497.	Année 903. 1497 - 1498.	Année 904. 1498 - 1499.	Année 905. (e) 1499 - 1500. (b)
1.er Moharrem	21 Septembre 1495	9 Septembre 1496	30 Août 1497	19 Août 1498	8 Août 1499
,, Safar	21 Octobre ,,	9 Octobre ,,	29 Septembre ,,	18 Septembre ,,	7 Septembre ,,
,, Rebi' 1.er	19 Novembre ,,	7 Novembre ,,	28 Octobre ,,	17 Octobre ,,	6 Octobre ,,
,, Rebi' 2.e	19 Décembre ,,	7 Décembre ,,	27 Novembre ,,	16 Novembre ,,	5 Novembre ,,
,, Djoumada 1.er	17 Janvier 1496	5 Janvier 1497	26 Décembre ,,	15 Décembre ,,	4 Décembre ,,
,, Djoumada 2.e	16 Février ,,	4 Février ,,	25 Janvier 1498	12 Janvier 1499	3 Janvier 1500
,, Redjeb	16 Mars ,,	5 Mars ,,	23 Février ,,	12 Février ,,	1 Février ,,
,, Chaâban	15 Avril ,,	4 Avril ,,	25 Mars ,,	14 Mars ,,	2 Mars ,,
,, Ramadan	14 Mai ,,	3 Mai ,,	23 Avril ,,	12 Avril ,,	31 ,, ,,
,, Chaoual	13 Juin ,,	2 Juin ,,	23 Mai ,,	12 Mai ,,	30 Avril ,,
,, Doul Kaâda	12 Juillet ,,	1 Juillet ,,	21 Juin ,,	10 Juin ,,	29 Mai ,,
,, Doul Hedja	11 Août ,,	31 ,, ,,	21 Juillet ,,	10 Juillet ,,	28 Juin ,,

	Année 906. 1500 - 1501.	Année 907. (e) 1501 - 1502.	Année 908. 1502 - 1503.	Année 909. 1503 - 1504. (b)	Année 910. (e) 1504 - 1505.
1er. Moharrem	28 Juillet 1500	17 Juillet 1501	7 Juillet 1502	26 Juin 1503	14 Juin 1504
,, Safar	27 Août ,,	16 Août ,,	6 Août ,,	26 Juillet ,,	14 Juillet ,,
,, Rebi' 1.er	25 Septembre ,,	14 Septembre ,,	4 Septembre ,,	24 Août ,,	12 Août ,,
,, Rebi' 2.e	25 Octobre ,,	14 Octobre ,,	4 Octobre ,,	23 Septembre ,,	11 Septembre ,,
,, Djoumada 1.er	23 Novembre ,,	12 Novembre ,,	2 Novembre ,,	22 Octobre ,,	10 Octobre ,,
,, Djoumada 2.e	23 Décembre ,,	12 Décembre ,,	2 Décembre ,,	21 Novembre ,,	9 Novembre ,,
,, Redjeb	21 Janvier 1501	10 Janvier 1502	31 ,, ,,	20 Décembre ,,	8 Décembre ,,
,, Chaâban	20 Février ,,	9 Février ,,	30 Janvier 1503	19 Janvier 1504	7 Janvier 1505
,, Ramadan	21 Mars ,,	10 Mars ,,	28 Février ,,	17 Février ,,	5 Février ,,
,, Chaoual	20 Avril ,,	9 Avril ,,	30 Mars ,,	18 Mars ,,	7 Mars ,,
,, Doul Kaâda	19 Mai ,,	8 Mai ,,	28 Avril ,,	16 Avril ,,	5 Avril ,,
,, Doul Hedja	18 Juin ,,	7 Juin ,,	28 Mai ,,	16 Mai ,,	5 Mai ,,

	Année 911. 1505 - 1506.	Année 912. 1506 - 1507.	Année 913. (e) 1507 - 1508. (b)	Année 914. 1508 - 1509.	Année 915. 1509 - 1510.
1.er Moharrem	4 Juin 1505	24 Mai 1506	13 Mai 1507	2 Mai 1508	21 Avril 1509
,, Safar	4 Juillet ,,	23 Juin ,,	12 Juin ,,	1 Juin ,,	21 Mai ,,
,, Rebi' 1.er	2 Août ,,	22 Juillet ,,	11 Juillet ,,	30 ,, ,,	19 Juin ,,
,, Rebi' 2.e	1 Septembre ,,	21 Août ,,	10 Août ,,	30 Juillet ,,	19 Juillet ,,
,, Djoumada 1.er	30 ,, ,,	19 Septembre ,,	8 Septembre ,,	28 Aout ,,	17 Août ,,
,, Djoumada 2.e	30 Octobre ,,	19 Octobre ,,	8 Octobre ,,	27 Septembre ,,	16 Septembre ,,
,, Redjeb	28 Novembre ,,	17 Novembre ,,	6 Novembre ,,	26 Octobre ,,	15 Octobre ,,
,, Chaâban	28 Décembre ,,	17 Décembre ,,	6 Décembre ,,	25 Novembre ,,	14 Novembre ,,
,, Ramadan	26 Janvier 1506	15 Janvier 1507	4 Janvier 1508	24 Décembre ,,	13 Décembre ,,
,, Chaoual	25 Février ,,	14 Février ,,	3 Février ,,	23 Janvier 1509	12 Janvier 1510
,, Doul Kaâda	26 Mars ,,	15 Mars ,,	3 Mars ,,	21 Février ,,	10 Février ,,
,, Doul Hedja	25 Avril ,,	14 Avril ,,	2 Avril ,,	23 Mars ,,	12 Mars ,,

	Année 916. (e) 1510 - 1511.		Année 917. 1511 - 1512. (b)		Année 918. (e) 1512 - 1513.		Année 919. 1513 - 1514.		Année 920. 1514 - 1515.	
1er. Moharrem	10 Avril	1510	31 Mars	1511	19 Mars	1512	9 Mars	1513	26 Février	1514
,, Safar	10 Mai	,,	30 Avril	,,	18 Avril	,,	8 Avril	,,	28 Mars	,,
,, Rebi' 1.er	8 Juin	,,	29 Mai	,,	17 Mai	,,	7 Mai	,,	26 Avril	,,
,, Rebi' 2.e	8 Juillet	,,	28 Juin	,,	16 Juin	,,	6 Juin	,,	26 Mai	,,
,, Djoumada 1.er	6 Aout	,,	27 Juillet	,,	15 Juillet	,,	5 Juillet	,,	24 Juin	,,
,, Djoumada 2.e	5 Septembre	,,	26 Aout	,,	14 Août	,,	4 Aout	,,	24 Juillet	,,
,, Redjeb	4 Octobre	,,	24 Septembre	,,	12 Septembre	,,	2 Septembre	,,	22 Aout	,,
,, Chaâban	3 Novembre	,,	24 Octobre	,,	12 Octobre	,,	2 Octobre	,,	21 Septembre	,,
,, Ramadan	2 Décembre	,,	22 Novembre	,,	10 Novembre	,,	31 ,,	,,	20 Octobre	,,
,, Chaoual	1 Janvier	1511	22 Décembre	,,	10 Décembre	,,	30 Novembre	,,	19 Novembre	,,
,, Doul Kaâda	30 ,,	,,	20 Janvier	1512	8 Janvier	1513	29 Décembre	,,	18 Décembre	,,
,, Doul Hedja	1 Mars	,,	19 Février	,,	7 Février	,,	28 Janvier	1514	17 Janvier	1515

	Année 921. (e) 1515 - 1516.		Année 922. 1516 (b) - 1517.		Année 923. 1517 - 1518.		Année 924. (e) 1518 - 1519.		Année 925. 1519.	
1.er Moharrem	15 Février	1515	5 Février	1516	24 Janvier	1517	13 Janvier	1518	3 Janvier	1519
,, Safar	17 Mars	,,	6 Mars	,,	23 Février	,,	12 Février	,,	2 Février	,,
,, Rebi' 1.er	15 Avril	,,	4 Avril	,,	24 Mars	,,	13 Mars	,,	3 Mars	,,
,, Rebi' 2.e	15 Mai	,,	4 Mai	,,	23 Avril	,,	12 Avril	,,	2 Avril	,,
,, Djoumada 1.er	13 Juin	,,	2 Juin	,,	22 Mai	,,	11 Mai	,,	1 Mai	,,
,, Djoumada 2.e	13 Juillet	,,	2 Juillet	,,	21 Juin	,,	10 Juin	,,	31 ,,	,,
,, Redjeb	11 Aout	,,	31 ,,	,,	20 Juillet	,,	9 Juillet	,,	29 Juin	,,
,, Chaâban	10 Septembre	,,	30 Août	,,	19 Aout	,,	8 Aout	,,	29 Juillet	,,
,, Ramadan	9 Octobre	,,	28 Septembre	,,	17 Septembre	,,	6 Septembre	,,	27 Aout	,,
,, Chaoual	8 Novembre	,,	28 Octobre	,,	17 Octobre	,,	6 Octobre	,,	26 Septembre	,,
,, Doul Kaâda	7 Décembre	,,	26 Novembre	,,	15 Novembre	,,	4 Novembre	,,	25 Octobre	,,
,, Doul Hedja	6 Janvier	1516	26 Décembre	,,	15 Décembre	,,	4 Décembre	,,	24 Novembre	,,

	Année 926. (e) 1519 - 1520. (b)		Année 927. 1520 - 1521.		Année 928. 1521 - 1522.		Année 929. (e) 1522 - 1523.		Année 930. 1523 - 1524. (b)	
1.er Moharrem	23 Décembre	1519	12 Décembre	1520	1 Décembre	1521	20 Novembre	1522	10 Novembre	1523
,, Safar	22 Janvier	1520	11 Janvier	1521	31 ,,	,,	20 Décembre	,,	10 Décembre	,,
,, Rebi' 1.er	20 Février	,,	9 Février	,,	29 Janvier	1522	18 Janvier	1523	8 Janvier	1524
,, Rebi' 2.e	21 Mars	,,	11 Mars	,,	28 Février	,,	17 Février	,,	7 Février	,,
,, Djoumada 1.er	19 Avril	,,	9 Avril	,,	29 Mars	,,	18 Mars	,,	7 Mars	,,
,, Djoumada 2.e	19 Mai	,,	9 Mai	,,	28 Avril	,,	17 Avril	,,	6 Avril	,,
,, Redjeb	17 Juin	,,	7 Juin	,,	27 Mai	,,	16 Mai	,,	5 Mai	,,
,, Chaâban	17 Juillet	,,	7 Juillet	,,	26 Juin	,,	15 Juin	,,	4 Juin	,,
,, Ramadan	15 Aout	,,	5 Aout	,,	25 Juillet	,,	14 Juillet	,,	3 Juillet	,,
,, Chaoual	14 Septembre	,,	4 Septembre	,,	24 Aout	,,	13 Aout	,,	2 Aout	,,
,, Doul Kaâda	13 Octobre	,,	3 Octobre	,,	22 Septembre	,,	11 Septembre	,,	31 ,,	,,
,, Doul Hedja	12 Novembre	,,	2 Novembre	,,	22 Octobre	,,	11 Octobre	,,	30 Septembre	,,

	Année 931. 1524 - 1525.	Année 932. (e) 1525 - 1526.	Année 933. 1526 - 1527.	Année 934. 1527 - 1528. (b)	Année 935. (e) 1528 - 1529.
1.er Moharrem	29 Octobre 1524	18 Octobre 1525	8 Octobre 1526	27 Septembre 1527	15 Septembre 1528
„ Safar	28 Novembre ,,	17 Novembre ,,	7 Novembre ,,	27 Octobre ,,	15 Octobre ,,
„ Rebi' 1.er	27 Décembre ,,	16 Décembre ,,	6 Décembre ,,	25 Novembre ,,	13 Novembre ,,
„ Rebi' 2.e	26 Janvier 1525	15 Janvier 1526	5 Janvier 1527	25 Décembre ,,	13 Décembre ,,
„ Djoumada 1er	24 Février ,,	13 Février ,,	3 Février ,,	23 Janvier 1528	11 Janvier 1529
„ Djoumada 2.e	26 Mars ,,	15 Mars ,,	5 Mars ,,	22 Février ,,	10 Février ,,
„ Redjeb	24 Avril ,,	13 Avril ,,	3 Avril ,,	22 Mars ,,	11 Mars ,,
„ Chaâban	24 Mai ,,	18 Mai ,,	3 Mai ,,	21 Avril ,,	10 Avril ,,
„ Ramadan	22 Juin ,,	11 Juin ,,	1 Juin ,,	20 Mai ,,	9 Mai ,,
„ Chaoual	22 Juillet ,,	11 Juillet ,,	1 Juillet ,,	19 Juin ,,	8 Juin ,,
„ Doul Kaâda	20 Août ,,	9 Août ,,	30 ,, ,,	18 Juillet ,,	7 Juillet ,,
„ Doul Hedja	19 Septembre ,,	8 Septembre ,,	29 Août ,,	17 Août ,,	6 Aout ,,

	Année 936. 1529 - 1530.	Année 937. (e) 1530 - 1531.	Année 938. 1531 - 1532. (b)	Année 939. 1532 - 1533.	Année 940. (e) 1533 - 1534.
1.er Moharrem	5 Septembre 1529	25 Août 1530	15 Aout 1531	3 Août 1532	23 Juillet 1533
„ Safar	5 Octobre ,,	24 Septembre ,,	14 Septembre ,,	2 Septembre ,,	22 Août ,,
„ Rebi' 1.er	3 Novembre ,,	23 Octobre ,,	13 Octobre ,,	1 Octobre ,,	20 Septembre ,,
„ Rebi' 2.e	3 Décembre ,,	22 Novembre ,,	12 Novembre ,,	31 ,, ,,	20 Octobre ,,
„ Djoumada 1.er	1 Janvier 1530	21 Décembre ,,	11 Décembre ,,	29 Novembre ,,	18 Novembre ,,
„ Djoumada 2.e	31 ,, ,,	20 Janvier 1531	10 Janvier 1532	29 Décembre ,,	18 Décembre ,,
„ Redjeb	1 Mars ,,	18 Février ,,	8 Février ,,	27 Janvier 1533	16 Janvier 1534
„ Chaâban	31 ,, ,,	20 Mars ,,	9 Mars ,,	26 Février ,,	15 Février ,,
„ Ramadan	29 Avril ,,	18 Avril ,,	7 Avril ,,	27 Mars ,,	16 Mars ,,
„ Chaoual	29 Mai ,,	18 Mai ,,	7 Mai ,,	26 Avril ,,	15 Avril ,,
„ Doul Kaâda	27 Juin ,,	16 Juin ,,	5 Juin ,,	25 Mai ,,	14 Mai ,,
„ Doul Hedja	27 Juillet ,,	16 Juillet ,,	5 Juillet ,,	24 Juin ,,	13 Juin ,,

	Année 941. 1534 - 1535.	Année 942. 1535 - 1536. (b)	Année 943. (e) 1536 - 1537.	Année 944. 1537 - 1538.	Année 945. 1538 - 1539.
1.er Moharrem	13 Juillet 1534	2 Juillet 1535	20 Juin 1536	10 Juin 1537	30 Mai 1538
„ Safar	12 Aout ,,	1 Aout ,,	20 Juillet ,,	10 Juillet ,,	29 Juin ,,
„ Rebi' 1.er	10 Septembre ,,	30 ,, ,,	18 Aout ,,	8 Aout ,,	28 Juillet ,,
„ Rebi' 2.e	10 Octobre ,,	29 Septembre ,,	17 Septembre ,,	7 Septembre ,,	27 Aout ,,
„ Djoumada 1er	8 Novembre ,,	28 Octobre ,,	16 Octobre ,,	6 Octobre ,,	25 Septembre ,,
„ Djoumada 2.e	8 Décembre ,,	27 Novembre ,,	15 Novembre ,,	5 Novembre ,,	25 Octobre ,,
„ Redjeb	6 Janvier 1535	26 Décembre ,,	14 Décembre ,,	4 Décembre ,,	23 Novembre ,,
„ Chaâban	5 Février ,,	25 Janvier 1536	13 Janvier 1537	3 Janvier 1538	23 Décembre ,,
„ Ramadan	6 Mars ,,	23 Février ,,	11 Février ,,	1 Février ,,	21 Janvier 1539
„ Chaoual	5 Avril ,,	24 Mars ,,	13 Mars ,,	3 Mars ,,	20 Février ,,
„ Doul Kaâda	4 Mai ,,	22 Avril ,,	11 Avril ,,	1 Avril ,,	21 Mars ,,
„ Doul Hedja	3 Juin ,,	22 Mai ,,	11 Mai ,,	1 Mai ,,	20 Avril ,,

	Année 946. (e) 1539 - 1540 (b).	Année 947. 1540 - 1541.	Année 948. (e) 1541 - 1542.	Année 949. 1542 - 1543.	Année 950. 1543 - 1544. (b)
1er. Moharrem	19 Mai 1539	8 Mai 1540	27 Avril 1541	17 Avril 1542	6 Avril 1543
,, Safar	18 Juin ,,	7 Juin ,,	27 Mai ,,	17 Mai ,,	6 Mai ,,
,, Rebi' 1.er	17 Juillet ,,	6 Juillet ,,	25 Juin ,,	15 Juin ,,	4 Juin ,,
,, Rebi' 2.e	16 Août ,,	5 Août ,,	25 Juillet ,,	15 Juillet ,,	4 Juillet ,,
,, Djoumada 1.er	14 Septembre ,,	3 Septembre ,,	23 Août ,,	13 Aout ,,	2 Aout ,,
,, Djoumada 2.e	14 Octobre ,,	3 Octobre ,,	22 Septembre ,,	12 Septembre ,,	1 Septembre ,,
,, Redjeb	12 Novembre ,,	1 Novembre ,,	21 Octobre ,,	11 Octobre ,,	30 ,, ,,
,, Chaâban	12 Décembre ,,	1 Décembre ,,	20 Novembre ,,	10 Novembre ,,	30 Octobre ,,
,, Ramadan	10 Janvier 1540	30 ,, ,,	19 Décembre ,,	9 Décembre ,,	28 Novembre ,,
,, Chaoual	9 Février ,,	29 Janvier 1541	18 Janvier 1542	8 Janvier 1543	28 Décembre ,,
,, Doul Kaâda	9 Mars ,,	27 Février ,,	16 Février ,,	6 Février ,,	26 Janvier 1544
,, Doul Hedja	8 Avril ,,	29 Mars ,,	18 Mars ,,	8 Mars ,,	25 Février ,,

	Année 951. (e) 1544 - 1545.	Année 952. 1545 - 1546.	Année 953. 1546 - 1547.	Année 954. (e) 1547 - 1548.	Année 955. 1548 (b) - 1549.
1.er Moharrem	25 Mars 1544	15 Mars 1545	4 Mars 1546	21 Février 1547	11 Février 1548
,, Safar	24 Avril ,,	14 Avril ,,	3 Avril ,,	28 Mars ,,	12 Mars ,,
,, Rebi' 1.er	23 Mai ,,	13 Mai ,,	2 Mai ,,	21 Avril ,,	10 Avril. ,,
,, Rebi' 2.e	22 Juin ,,	12 Juin ,,	1 Juin ,,	21 Mai ,,	10 Mai ,,
,, Djoumada 1.er	21 Juillet ,,	11 Juillet ,,	30 ,, ,,	19 Juin ,,	8 Juin ,,
,, Djoumada 2.e	20 Août ,,	10 Août ,,	30 Juillet ,,	19 Juillet ,,	8 Juillet ,,
,, Redjeb	18 Septembre ,,	8 Septembre ,,	28 Août ,,	17 Août ,,	6 Août ,,
,, Chaâban	18 Octobre ,,	8 Octobre ,,	27 Septembre ,,	16 Septembre ,,	5 Septembre ,,
,, Ramadan	16 Novembre ,,	6 Novembre ,,	26 Octobre ,,	15 Octobre ,,	4 Octobre ,,
,, Chaoual	16 Décembre ,,	6 Décembre ,,	25 Novembre ,,	14 Novembre ,,	3 Novembre ,,
,, Doul Kaâda	14 Janvier 1545	4 Janvier 1546	24 Décembre ,,	13 Décembre ,,	2 Décembre ,,
,, Doul Hedja	13 Février ,,	3 Février ,,	23 Janvier 1547	12 Janvier 1548	1 Janvier 1549

	Année 956. (e) 1549 - 1550.	Année 957. 1550 - 1551.	Année 958. 1551.	Année 959. (e) 1551 - 1552. (b)	Année 960. 1552 - 1553.
1.er Moharrem	30 Janvier 1549	20 Janvier 1550	9 Janvier 1551	29 Décembre 1551	18 Décembre 1552
,, Safar	1 Mars ,,	19 Février ,,	8 Février ,,	28 Janvier 1552	17 Janvier 1553
,, Rebi' 1.er	30 ,, ,,	20 Mars ,,	9 Mars ,,	26 Février ,,	15 Février ,,
,, Rebi' 2.e	29 Avril ,,	19 Avril ,,	8 Avril ,,	27 Mars ,,	17 Mars ,,
,, Djoumada 1.er	28 Mai ,,	18 Mai ,,	7 Mai ,,	25 Avril ,,	15 Avril ,,
,, Djoumada 2.e	27 Juin ,,	17 Juin ,,	6 Juin ,,	25 Mai ,,	15 Mai ,,
,, Redjeb	26 Juillet ,,	16 Juillet ,,	5 Juillet ,,	23 Juin ,,	13 Juin ,,
,, Chaâban	25 Août ,,	15 Août ,,	4 Août ,,	23 Juillet ,,	13 Juillet ,,
,, Ramadan	23 Septembre ,,	13 Septembre ,,	2 Septembre ,,	21 Août ,,	11 Août ,,
,, Chaoual	23 Octobre ,,	13 Octobre ,,	2 Octobre ,,	20 Septembre ,,	10 Septembre ,,
,, Doul Kaâda	21 Novembre ,,	11 Novembre ,,	31 ,, ,,	19 Octobre ,,	9 Octobre ,,
,, Doul Hedja	21 Décembre ,,	11 Décembre ,,	30 Novembre ,,	18 Novembre ,,	8 Novembre ,,

	Année 961. 1553 - 1554.	*Année 962. (e)* 1554 - 1555.	*Année 963.* 1555 - 1556 (b).	*Année 964.* 1556 - 1557.	*Année 965. (e)* 1557 - 1558.
1er. Moharrem	7 Décembre 1553	26 Novembre 1554	16 Novembre 1555	4 Novembre 1556	24 Octobre 1557
,, Safar	6 Janvier 1554	26 Décembre ,,	16 Décembre ,,	4 Décembre ,,	23 Novembre ,,
,, Rebi' 1.er	4 Février ,,	24 Janvier 1555	14 Janvier 1556	2 Janvier 1557	22 Décembre ,,
,, Rebi' 2.e	6 Mars ,,	23 Février ,,	13 Février ,,	1 Février ,,	21 Janvier 1558
,, Djoumada 1.er	4 Avril ,,	24 Mars ,,	13 Mars ,,	2 Mars ,,	19 Février ,,
,, Djoumada 2.e	4 Mai ,,	23 Avril ,,	12 Avril ,,	1 Avril ,,	21 Mars ,,
,, Redjeb	2 Juin ,,	22 Mai ,,	11 Mai ,,	30 ,, ,,	19 Avril ,,
,, Chaâban	2 Juillet ,,	21 Juin ,,	10 Juin ,,	30 Mai ,,	19 Mai ,,
,, Ramadan	31 ,, ,,	20 Juillet ,,	9 Juillet ,,	28 Juin ,,	17 Juin ,,
,, Chaoual	30 Août ,,	19 Août ,,	8 Août ,,	28 Juillet ,,	17 Juillet ,,
,, Doul Kaâda	28 Septembre ,,	17 Septembre ,,	6 Septembre ,,	26 Aout ,,	15 Aout ,,
,, Doul Hedja	28 Octobre ,,	17 Octobre ,,	6 Octobre ,,	25 Septembre ,,	14 Septembre ,,

	Année 966. 1558 - 1559.	*Année 967. (e)* 1559 - 1560. (b)	*Année 968.* 1560 - 1561.	*Année 969.* 1561 - 1562.	*Année 970. (e)* 1562 - 1563.
1.er Moharrem	14 Octobre 1558	3 Octobre 1559	22 Septembre 1560	11 Septembre 1561	31 Août 1562
,, Safar	13 Novembre ,,	2 Novembre ,,	22 Octobre ,,	11 Octobre ,,	30 Septembre ,,
,, Rebi' 1.er	12 Décembre ,,	1 Décembre ,,	20 Novembre ,,	9 Novembre ,,	29 Octobre ,,
,, Rebi' 2.e	11 Janvier 1559	31 ,, ,,	20 Décembre ,,	9 Décembre ,,	28 Novembre ,,
,, Djoumada 1.er	9 Février ,,	29 Janvier 1560	18 Janvier 1561	7 Janvier 1562	27 Décembre ,,
,, Djoumada 2.e	11 Mars ,,	28 Février ,,	17 Février ,,	6 Février ,,	26 Janvier 1563
,, Redjeb	9 Avril ,,	28 Mars ,,	18 Mars ,,	7 Mars ,,	24 Février ,,
,, Chaâban	9 Mai ,,	27 Avril ,,	17 Avril ,,	6 Avril ,,	26 Mars ,,
,, Ramadan	7 Juin ,,	26 Mai ,,	16 Mai ,,	5 Mai ,,	24 Avril ,,
,, Chaoual	7 Juillet ,,	25 Juin ,,	15 Juin ,,	4 Juin ,,	24 Mai ,,
,, Doul Kaâda	5 Août ,,	24 Juillet ,,	14 Juillet ,,	3 Juillet ,,	22 Juin ,,
,, Doul Hedja	4 Septembre ,,	23 Août ,,	13 Août ,,	2 Août ,,	22 Juillet ,,

	Année 971. 1563 - 1564. (b)	*Année 972.* 1564 - 1565.	*Année 973. (e)* 1565 - 1566.	*Année 974.* 1566 - 1567.	*Année 975.* 1567 - 1568 (b)
1.er Moharrem	21 Août 1563	9 Août 1564	29 Juillet 1565	19 Juillet 1566	8 Juillet 1567
,, Safar	20 Septembre ,,	8 Septembre ,,	28 Août ,,	18 Août ,,	7 Août ,,
,, Rebi' 1.er	19 Octobre ,,	7 Octobre ,,	26 Septembre ,,	16 Septembre ,,	5 Septembre ,,
,, Rebi' 2.e	18 Novembre ,,	6 Novembre ,,	26 Octobre ,,	16 Octobre ,,	5 Octobre ,,
,, Djoumada 1.er	17 Décembre ,,	5 Décembre ,,	24 Novembre ,,	14 Novembre ,,	3 Novembre ,,
,, Djoumada 2.e	16 Janvier 1564	4 Janvier 1565	24 Décembre ,,	14 Décembre ,,	3 Décembre ,,
,, Redjeb	14 Février ,,	2 Février ,,	22 Janvier 1566	12 Janvier 1567	1 Janvier 1568
,, Chaâban	15 Mars ,,	4 Mars ,,	21 Février ,,	11 Février ,,	31 ,, ,,
,, Ramadan	13 Avril ,,	2 Avril ,,	22 Mars ,,	12 Mars ,,	29 Février ,,
,, Chaoual	13 Mai ,,	2 Mai ,,	21 Avril ,,	11 Avril ,,	30 Mars ,,
,, Doul Kaâda	11 Juin ,,	31 ,, ,,	20 Mai ,,	10 Mai ,,	28 Avril ,,
,, Doul Hedja	11 Juillet ,,	30 Juin ,,	19 Juin ,,	9 Juin ,,	28 Mai ,,

13

	Année 976. (e) 1568 - 1569.	Année 977. 1569 - 1570.	Année 978. (e) 1570 - 1571.	Année 979. 1571 - 1572. (b)	Année 980. 1572 - 1573.
1er. Moharrem	26 Juin 1568	16 Juin 1569	5 Juin 1570	26 Mai 1571	14 Mai 1572
,, Safar	26 Juillet ,,	16 Juillet ,,	5 Juillet ,,	25 Juin ,,	13 Juin ,,
,, Rebi' 1.er	24 Aout ,,	14 Aout ,,	3 Aout ,,	24 Juillet ,,	12 Juillet ,,
,, Rebi' 2.e	23 Septembre ,,	13 Septembre ,,	2 Septembre ,,	23 Août ,,	11 Aout ,,
,, Djoumada 1.er	22 Octobre ,,	12 Octobre ,,	1 Octobre ,,	21 Septembre ,,	9 Septembre ,,
,, Djoumada 2.e	21 Novembre ,,	11 Novembre ,,	31 ,, ,,	21 Octobre ,,	9 Octobre ,,
,, Redjeb	20 Décembre ,,	10 Décembre ,,	29 Novembre ,,	19 Novembre ,,	7 Novembre ,,
,, Chaâban	19 Janvier 1569	9 Janvier 1570	29 Décembre ,,	19 Décembre ,,	7 Décembre ,,
,, Ramadan	17 Février ,,	7 Février ,,	27 Janvier 1571	17 Janvier 1572	5 Janvier 1573
,, Chaoual	19 Mars ,,	9 Mars ,,	26 Février ,,	16 Février ,,	4 Février ,,
,, Doul Kaâda	17 Avril ,,	7 Avril ,,	27 Mars ,,	16 Mars ,,	5 Mars ,,
,, Doul Hedja	17 Mai ,,	7 Mai ,,	26 Avril ,,	15 Avril ,,	4 Avril ,,

	Année 981. (e) 1573 - 1574.	Année 982. 1574 - 1575.	Année 983. 1575 - 1576. (b)	Année 984. (e) 1576 - 1577.	Année 985. 1577 - 1578.
1.er Moharrem	3 Mai 1573	23 Avril 1574	12 Avril 1575	31 Mars 1576	21 Mars 1477
,, Safar	2 Juin ,,	23 Mai ,,	12 Mai ,,	30 Avril ,,	20 Avril ,,
,, Rebi' 1.er	1 Juillet ,,	21 Juin ,,	10 Juin ,,	29 Mai ,,	19 Mai ,,
,, Rebi' 2.e	31 ,, ,,	21 Juillet ,,	10 Juillet ,,	28 Juin ,,	18 Juin ,,
,, Djoumada 1.er	29 Aout ,,	19 Août ,,	8 Aout ,,	27 Juillet ,,	17 Juillet ,,
,, Djoumada 2.e	28 Septembre ,,	18 Septembre ,,	7 Septembre ,,	26 Aout ,,	16 Aout ,,
,, Redjeb	27 Octobre ,,	17 Octobre ,,	6 Octobre ,,	24 Septembre ,,	14 Septembre ,,
,, Chaâban	26 Novembre ,,	16 Novembre ,,	5 Novembre ,,	24 Octobre ,,	14 Octobre ,,
,, Ramadan	25 Décembre ,,	15 Décembre ,,	4 Décembre ,,	22 Novembre ,,	12 Novembre ,,
,, Chaoual	24 Janvier 1574	14 Janvier 1575	3 Janvier 1576	22 Décembre ,,	12 Décembre ,,
,, Doul Kaâda	22 Février ,,	12 Février ,,	1 Février ,,	20 Janvier 1577	10 Janvier 1578
,, Doul Hedja	24 Mars ,,	14 Mars ,,	2 Mars ,,	19 Février ,,	9 Février ,,

	Année 986. (e) 1578 - 1579.	Année 987. 1579 - 1580.	Année 988. 1580 (b) - 1581.	Année 989. (e) 1581 - 1582.	Année 990. 1582 - 1583.
1.er Moharrem	10 Mars 1578	28 Février 1579	17 Février 1580	5 Février 1581	26 Janvier 1582
,, Safar	9 Avril ,,	30 Mars ,,	18 Mars ,,	7 Mars ,,	25 Février ,,
,, Rebi' 1.er	8 Mai ,,	28 Avril ,,	16 Avril ,,	5 Avril ,,	26 Mars ,,
,, Rebi' 2.e	7 Juin ,,	28 Mai ,,	16 Mai ,,	5 Mai ,,	25 Avril ,,
,, Djoumada 1.er	6 Juillet ,,	26 Juin ,,	14 Juin ,,	3 Juin ,,	24 Mai ,,
,, Djoumada 2.e	5 Aout ,,	26 Juillet ,,	14 Juillet ,,	3 Juillet ,,	23 Juin ,,
,, Redjeb	3 Septembre ,,	24 Aout ,,	12 Aout ,,	1 Aout ,,	22 Juillet ,,
,, Chaâban	3 Octobre ,,	23 Septembre ,,	11 Septembre ,,	31 ,, ,,	21 Aout ,,
,, Ramadan	1 Novembre ,,	22 Octobre ,,	10 Octobre ,,	29 Septembre ,,	19 Septembre ,,
17 ,,					5-15 Octobre ,,
1.er Chaoual	1 Décembre ,,	21 Novembre ,,	9 Novembre ,,	29 Octobre ,,	29 ,, ,,
,, Doul Kaâda	30 ,, ,,	20 Decembre ,,	8 Décembre ,,	27 Novembre ,,	27 Novembre ,,
,, Doul Hedja	29 Janvier 1579	19 Janvier 1580	7 Janvier 1581	27 Décembre ,,	27 Décembre ,,

	Année 991. 1583 - 1584.		Année 992. (e) 1584 (b) - 1585.		Année 993. 1585.		Année 994. 1585 - 1586.		Année 995. (e) 1586 - 1587.	
1.er Moharrem	25 Janvier	1583	14 Janvier	1584	3 Janvier	1585	28 Décembre	1585	12 Décembre	1586
,, Safar	24 Février	,,	18 Février	,,	2 Février	,,	22 Janvier	1586	11 Janvier	1587
,, Rebi' 1.er	25 Mars	,,	18 Mars	,,	3 Mars	,,	20 Février	,,	9 Février	,,
,, Rebi' 2.e	24 Avril	,,	12 Avril	,,	2 Avril	,,	22 Mars	,,	11 Mars	,,
,, Djoumada 1.er	23 Mai	,,	11 Mai	,,	1 Mai	,,	20 Avril	,,	9 Avril	,,
,, Djoumada 2.e	22 Juin	,,	10 Juin	,,	31 ,,	,,	20 Mai	,,	9 Mai	,,
,, Redjeb	21 Juillet	,,	9 Juillet	,,	29 Juin	,,	18 Juin	,,	7 Juin	,,
,, Chaâban	20 Août	,,	8 Août	,,	29 Juillet	,,	18 Juillet	,,	7 Juillet	,,
,, Ramadan	18 Septembre	,,	6 Septembre	,,	27 Août	,,	16 Août	,,	5 Août	,,
,, Chaoual	18 Octobre	,,	6 Octobre	,,	26 Septembre	,,	15 Septembre	,,	4 Septembre	,,
,, Doul Kaâda	16 Novembre	,,	4 Novembre	,,	25 Octobre	,,	14 Octobre	,,	3 Octobre	,,
,, Doul Hedja	16 Décembre	,,	4 Décembre	,,	24 Novembre	,,	18 Novembre	,,	2 Novembre	,,

	Année 996. 1587 - 1588. (b)		Année 997. (e) 1588 - 1589.		Année 998. 1589 - 1590.		Année 999. 1590 - 1591.		Année 1000 (e) 1591 - 1592. (b)	
1er. Moharrem	2 Décembre	1587	20 Novembre	1588	10 Novembre	1589	30 Octobre	1590	19 Octobre	1591
,, Safar	1 Janvier	1588	20 Décembre	,,	10 Décembre	,,	29 Novembre	,,	18 Novembre	,,
,, Rebi' 1.er	30 ,,	,,	18 Janvier	1589	8 Janvier	1590	28 Décembre	,,	17 Décembre	,,
,, Rebi' 2.e	29 Février	,,	17 Février	,,	7 Février	,,	27 Janvier	1591	16 Janvier	1592
,, Djoumada 1.er	29 Mars	,,	18 Mars	,,	8 Mars	,,	25 Février	,,	14 Février	,,
,, Djoumada 2.e	28 Avril	,,	17 Avril	,,	7 Avril	,,	27 Mars	,,	15 Mars	,,
,, Redjeb	27 Mai	,,	16 Mai	,,	6 Mai	,,	25 Avril	,,	13 Avril	,,
,, Chaâban	26 Juin	,,	15 Juin	,,	5 Juin	,,	25 Mai	,,	13 Mai	,,
,, Ramadan	25 Juillet	,,	14 Juillet	,,	4 Juillet	,,	23 Juin	,,	11 Juin	,,
,, Chaoual	24 Août	,,	13 Août	,,	3 Août	,,	23 Juillet	,,	11 Juillet	,,
,, Doul Kaâda	22 Septembre	,,	11 Septembre	,,	1 Septembre	,,	21 Août	,,	9 Août	,,
,, Doul Hedja	22 Octobre	,,	11 Octobre	,,	1 Octobre	,,	20 Septembre	,,	8 Septembre	,,

	Année 1001. 1592 - 1593.		Année 1002. 1593 - 1594.		Année 1003 (e) 1594 - 1595.		Année 1004. 1595 - 1596. (b)		Année 1005. 1596 - 1597.	
1.er Moharrem	8 Octobre	1592	27 Septembre	1593	16 Septembre	1594	6 Septembre	1595	25 Aout	1596
,, Safar	7 Novembre	,,	27 Octobre	,,	16 Octobre	,,	6 Octobre	,,	24 Septembre	,,
,, Rebi' 1.er	6 Décembre	,,	25 Novembre	,,	14 Novembre	,,	4 Novembre	,,	23 Octobre	,,
,, Rebi' 2.e	5 Janvier	1593	25 Décembre	,,	14 Décembre	,,	4 Décembre	,,	22 Novembre	,,
,, Djoumada 1.er	3 Février	,,	23 Janvier	1594	12 Janvier	1595	2 Janvier	1596	21 Décembre	,,
,, Djoumada 2.e	5 Mars	,,	22 Février	,,	11 Février	,,	1 Février	,,	20 Janvier	1597
,, Redjeb	3 Avril	,,	23 Mars	,,	12 Mars	,,	1 Mars	,,	18 Février	,,
,, Chaâban	3 Mai	,,	22 Avril	,,	11 Avril	,,	31 ,,	,,	20 Mars	,,
,, Ramadan	1 Juin	,,	21 Mai	,,	10 Mai	,,	29 Avril	,,	18 Avril	,,
,, Chaoual	1 Juillet	,,	20 Juin	,,	9 Juin	,,	29 Mai	,,	18 Mai	,,
,, Doul Kaâda	30 ,,	,,	19 Juillet	,,	8 Juillet	,,	27 Juin	,,	16 Juin	,,
,, Doul Hedja	29 Août	,,	18 Août	,,	7 Août	,,	27 Juillet	,,	16 Juillet	,,

	Année 1006 (e) 1597 - 1598.		Année 1007. 1598 - 1599.		Année 1008 (e) 1599 - 1600. (b)		Année 1009. 1600 - 1601.		Année 1010. 1601 - 1602.	
I.er Moharrem	14 Août	1597	4 Août	1598	24 Juillet	1599	13 Juillet	1600	2 Juillet	1601
,, Safar	13 Septembre	,,	3 Septembre	,,	23 Août	,,	12 Août	,,	1 Aout	,,
,, Rebi' I.er	12 Octobre	,,	2 Octobre	,,	21 Septembre	,,	10 Septembre	,,	30 ,,	,,
,, Rebi' 2.e	11 Novembre	,,	1 Novembre	,,	21 Octobre	,,	10 Octobre	,,	29 Septembre	,,
,, Djoumada I.er	10 Décembre	,,	30 ,,	,,	19 Novembre	,,	8 Novembre	,,	28 Octobre	,,
,, Djoumada 2.e	9 Janvier	1598	30 Décembre	,,	19 Décembre	,,	8 Décembre	,,	27 Novembre	,,
,, Redjeb	7 Février	,,	28 Janvier	1599	17 Janvier	1600	6 Janvier	1601	26 Décembre	,,
,, Chaâban	9 Mars	,,	27 Février	,,	16 Février	,,	5 Février	,,	25 Janvier	1602
,, Ramadan	7 Avril	,,	28 Mars	,,	16 Mars	,,	6 Mars	,,	23 Février	,,
,, Chaoual	7 Mai	,,	27 Avril	,,	15 Avril	,,	5 Avril	,,	25 Mars	,,
,, Doul Kaâda	5 Juin	,,	26 Mai	,,	14 Mai	,,	4 Mai	,,	23 Avril	,,
,, Doul Hedja	5 Juillet	,,	25 Juin	,,	13 Juin	,,	3 Juin	,,	23 Mai	,,

	Année 1011 (e) 1602 - 1603.		Année 1012. 1603 - 1604. (b)		Année 1013. 1604 - 1605.		Année 1014 (e) 1605 - 1606.		Année 1015. 1606 - 1607.	
I.er Moharrem	21 Juin	1602	11 Juin	1603	30 Mai	1604	19 Mai	1605	9 Mai	1606
,, Safar	21 Juillet	,,	11 Juillet	,,	29 Juin	,,	18 Juin	,,	8 Juin	,,
,, Rebi' I.er	19 Août	,,	9 Août	,,	28 Juillet	,,	17 Juillet	,,	7 Juillet	,,
,, Rebi' 2.e	18 Septembre	,,	8 Septembre	,,	27 Aout	,,	16 Août	,,	6 Août	,,
,, Djoumada I.er	17 Octobre	,,	7 Octobre	,,	25 Septembre	,,	14 Septembre	,,	4 Septembre	,,
,, Djoumada 2.e	16 Novembre	,,	6 Novembre	,,	25 Octobre	,,	14 Octobre	,,	4 Octobre	,,
,, Redjeb	15 Décembre	,,	5 Décembre	,,	23 Novembre	,,	12 Novembre	,,	2 Novembre	,,
,, Chaâban	14 Janvier	1603	4 Janvier	1604	23 Décembre	,,	12 Décembre	,,	2 Décembre	,,
,, Ramadan	12 Février	,,	2 Février	,,	21 Janvier	1605	10 Janvier	1606	31 ,,	,,
,, Chaoual	14 Mars	,,	3 Mars	,,	20 Février	,,	9 Février	,,	30 Janvier	1607
,, Doul Kaâda	12 Avril	,,	1 Avril	,,	21 Mars	,,	10 Mars	,,	28 Février	,,
,, Doul Hedja	12 Mai	,,	1 Mai	,,	20 Avril	,,	9 Avril	,,	30 Mars	,,

	Année 1016 (e) 1607 - 1608. (b)		Année 1017. 1608 - 1609.		Année 1018. 1609 - 1610.		Année 1019 (e) 1610 - 1611.		Année 1020. 1611 - 1612 (b).	
I.er Moharrem	28 Avril	1607	17 Avril	1608	6 Avril	1609	26 Mars	1610	16 Mars	1611
,, Safar	28 Mai	,,	17 Mai	,,	6 Mai	,,	25 Avril	,,	15 Avril	,,
,, Rebi' 1.er	26 Juin	,,	15 Juin	,,	4 Juin	,,	24 Mai	,,	14 Mai	,,
,, Rebi' 2.e	26 Juillet	,,	15 Juillet	,,	4 Juillet	,,	23 Juin	,,	13 Juin	,,
,, Djoumada 1.er	24 Aout	,,	13 Aout	,,	2 Aout	,,	22 Juillet	,,	12 Juillet	,,
,, Djoumada 2.e	23 Septembre	,,	12 Septembre	,,	1 Septembre	,,	21 Aout	,,	11 Aout	,,
,, Redjeb	22 Octobre	,,	11 Octobre	,,	30 ,,	,,	19 Septembre	,,	9 Septembre	,,
,, Chaâban	21 Novembre	,,	10 Novembre	,,	30 Octobre	,,	19 Octobre	,,	9 Octobre	,,
,, Ramadan	20 Décembre	,,	9 Décembre	,,	28 Novembre	,,	17 Novembre	,,	7 Novembre	,,
,, Chaoual	19 Janvier	1608	8 Janvier	1609	28 Décembre	,,	17 Décembre	,,	7 Décembre	,,
,, Doul Kaâda	17 Février	,,	6 Février	,,	26 Janvier	1610	15 Janvier	1611	5 Janvier	1612
,, Doul Hedja	18 Mars	,,	8 Mars	,,	25 Février	,,	14 Février	,,	4 Février	,,

	Année 1021. 1612 - 1613.	Année 1022(e) 1613 - 1614.	Année 1023. 1614 - 1615.	Année 1024. 1615 - 1616.	Année 1025(e) 1616 (b) - 1617.
1er. Moharrem	4 Mars 1612	21 Février 1613	11 Février 1614	31 Janvier 1615	20 Janvier 1616
,, Safar	8 Avril ,,	23 Mars ,,	13 Mars ,,	2 Mars ,,	19 Février ,,
,, Rebi' 1.er	2 Mai ,,	21 Avril ,,	11 Avril ,,	31 ,, ,,	19 Mars ,,
,, Rebi' 2.e	1 Juin ,,	21 Mai ,,	11 Mai ,,	30 Avril ,,	18 Avril ,,
,, Djoumada 1.er	30 ,, ,,	19 Juin ,,	9 Juin ,,	29 Mai ,,	17 Mai ,,
,, Djoumada 2.e	30 Juillet ,,	19 Juillet ,,	9 Juillet ,,	28 Juin ,,	16 Juin ,,
,, Redjeb	28 Août ,,	17 Août ,,	7 Août ,,	27 Juillet ,,	15 Juillet ,,
,, Chaâban	27 Septembre ,,	16 Septembre ,,	6 Septembre ,,	26 Aout ,,	14 Aout ,,
,, Ramadan	26 Octobre ,,	15 Octobre ,,	5 Octobre ,,	24 Septembre ,,	12 Septembre ,,
,, Chaoual	25 Novembre ,,	14 Novembre ,,	4 Novembre ,,	24 Octobre ,,	12 Octobre ,,
,, Doul Kaâda	24 Décembre ,,	13 Décembre ,,	3 Décembre ,,	22 Novembre ,,	10 Novembre ,,
,, Doul Hedja	23 Janvier 1613	12 Janvier 1614	2 Janvier 1615	22 Décembre ,,	10 Décembre ,,

	Année 1026. 1617.	Année 1027(e) 1617 - 1618.	Année 1028. 1618 - 1619.	Année 1029. 1619 - 1620. (b)	Année 1030(e) 1620 - 1621.
1.er Moharrem	9 Janvier 1617	29 Décembre 1617	19 Décembre 1618	8 Décembre 1619	26 Novembre 1620
,, Safar	8 Février ,,	28 Janvier 1618	18 Janvier 1619	7 Janvier 1620	26 Décembre ,,
,, Rebi' 1.er	9 Mars ,,	26 Février ,,	16 Février ,,	5 Février ,,	24 Janvier 1621
,, Rebi' 2.e	8 Avril ,,	28 Mars ,,	18 Mars ,,	6 Mars ,,	23 Février ,,
,, Djoumada 1.er	7 Mai ,,	26 Avril ,,	16 Avril ,,	4 Avril ,,	24 Mars ,,
,, Djoumada 2.e	6 Juin ,,	26 Mai ,,	16 Mai ,,	4 Mai ,,	23 Avril ,,
,, Redjeb	5 Juillet ,,	24 Juin ,,	14 Juin ,,	2 Juin ,,	22 Mai ,,
,, Chaâban	4 Août ,,	24 Juillet ,,	14 Juillet ,,	2 Juillet ,,	21 Juin ,,
,, Ramadan	2 Septembre ,,	22 Août ,,	12 Août ,,	31 ,, ,,	20 Juillet ,,
,, Chaoual	2 Octobre ,,	21 Septembre ,,	11 Septembre ,,	30 Août ,,	19 Août ,,
,, Doul Kaâda	31 ,, ,,	20 Octobre ,,	10 Octobre ,,	28 Septembre ,,	17 Septembre ,,
,, Doul Hedja	30 Novembre ,,	19 Novembre ,,	9 Novembre ,,	28 Octobre ,,	17 Octobre ,,

	Année 1031. 1621 - 1622.	Année 1032. 1622 - 1623.	Année 1033(e) 1623 - 1624. (b)	Année 1034. 1624 - 1625.	Année 1035. 1625 - 1626.
1.er Moharrem	16 Novembre 1621	5 Novembre 1622	25 Octobre 1623	14 Octobre 1624	3 Octobre 1625
,, Safar	16 Décembre ,,	5 Décembre ,,	24 Novembre ,,	13 Novembre ,,	2 Novembre ,,
,, Rebi' 1.er	14 Janvier 1622	3 Janvier 1623	23 Décembre ,,	12 Décembre ,,	1 Décembre ,,
,, Rebi' 2.e	13 Février ,,	2 Février ,,	22 Janvier 1624	11 Janvier 1625	31 ,, ,,
,, Djoumada 1.er	14 Mars ,,	3 Mars ,,	20 Février ,,	9 Février ,,	29 Janvier 1626
,, Djoumada 2.e	13 Avril ,,	2 Avril ,,	21 Mars ,,	11 Mars ,,	28 Février ,,
,, Redjeb	12 Mai ,,	1 Mai ,,	19 Avril ,,	9 Avril ,,	29 Mars ,,
,, Chaâban	11 Juin ,,	31 ,, ,,	19 Mai ,,	9 Mai ,,	28 Avril ,,
,, Ramadan	10 Juillet ,,	29 Juin ,,	17 Juin ,,	7 Juin ,,	27 Mai ,,
,, Chaoual	9 Août ,,	29 Juillet ,,	17 Juillet ,,	7 Juillet ,,	26 Juin ,,
,, Doul Kaâda	7 Septembre ,,	27 Août ,,	15 Août ,,	5 Août ,,	25 Juillet ,,
,, Doul Hedja	7 Octobre ,,	26 Septembre ,,	14 Septembre ,,	4 Septembre ,,	24 Août ,,

	Année 1036 (e) 1626 - 1627.	Année 1037. 1627 - 1628. (b)	Année 1038 (e) 1628 - 1629.	Année 1039. 1629 - 1630.	Année 1040. 1630 - 1631.
I.er Moharrem	22 Septembre 1626	12 Septembre 1627	31 Août 1628	21 Août 1629	10 Aout 1630
,, Safar	22 Octobre ,,	12 Octobre ,,	30 Septembre ,,	20 Septembre ,,	9 Septembre ,,
,, Rebi' I.er	20 Novembre ,,	10 Novembre ,,	29 Octobre ,,	19 Octobre ,,	8 Octobre ,,
,, Rebi' 2.e	20 Décembre ,,	10 Décembre ,,	28 Novembre ,,	18 Novembre ,,	7 Novembre ,,
,, Djoumada 1er	18 Janvier 1627	8 Janvier 1628	27 Décembre ,,	17 Décembre ,,	6 Décembre ,,
,, Djoumada 2.e	17 Février ,,	7 Février ,,	26 Janvier 1629	16 Janvier 1630	5 Janvier 1631
,, Redjeb	18 Mars ,,	7 Mars ,,	24 Février ,,	14 Février ,,	3 Février ,,
,, Chaâban	17 Avril ,,	6 Avril ,,	26 Mars ,,	16 Mars ,,	5 Mars ,,
,, Ramadan	16 Mai ,,	5 Mai ,,	24 Avril ,,	14 Avril ,,	3 Avril ,,
,, Chaoual	15 Juin ,,	4 Juin ,,	24 Mai ,,	14 Mai ,,	3 Mai ,,
,, Doul Kaâda	14 Juillet ,,	3 Juillet ,,	22 Juin ,,	12 Juin ,,	1 Juin ,,
,, Doul Hedja	13 Août ,,	2 Août ,,	22 Juillet ,,	12 Juillet ,,	1 Juillet ,,

	Année 1041 (e) 1631 - 1632. (b)	Année 1042. 1632 - 1633.	Année 1043. 1633 - 1634.	Année 1044 (e) 1634 - 1635.	Année 1045. 1635 - 1636. (b)
I.er Moharrem	30 Juillet 1631	19 Juillet 1632	8 Juillet 1633	27 Juin 1634	17 Juin 1635
,, Safar	29 Août ,,	18 Aout ,,	7 Août ,,	27 Juillet ,,	17 Juillet ,,
,, Rebi' I.er	27 Septembre ,,	16 Septembre ,,	5 Septembre ,,	25 Août ,,	15 Août ,,
,, Rebi' 2.e	27 Octobre ,,	16 Octobre ,,	5 Octobre ,,	24 Septembre ,,	14 Septembre ,,
,, Djoumada I.er	25 Novembre ,,	14 Novembre ,,	3 Novembre ,,	23 Octobre ,,	13 Octobre ,,
,, Djoumada 2.e	25 Décembre ,,	14 Décembre ,,	3 Décembre ,,	22 Novembre ,,	12 Novembre ,,
,, Redjeb	23 Janvier 1632	12 Janvier 1633	1 Janvier 1634	21 Décembre ,,	11 Décembre ,,
,, Chaâban	22 Février ,,	11 Février ,,	31 ,, ,,	20 Janvier 1635	10 Janvier 1636
,, Ramadan	22 Mars ,,	12 Mars ,,	1 Mars ,,	18 Février ,,	8 Février ,,
,, Chaoual	21 Avril ,,	11 Avril ,,	31 ,, ,,	20 Mars ,,	9 Mars ,,
,, Doul Kaâda	20 Mai ,,	10 Mai ,,	29 Avril ,,	18 Avril ,,	7 Avril ,,
,, Doul Hedja	19 Juin ,,	9 Juin ,,	29 Mai ,,	18 Mai ,,	7 Mai ,,

	Année 1046 (e) 1636 - 1637.	Année 1047. 1637 - 1638.	Année 1048. 1638 - 1639.	Année 1049 (e) 1639 - 1640. (b)	Année 1050. 1640 - 1641.
I.er Moharrem	5 Juin 1636	26 Mai 1637	15 Mai 1638	4 Mai 1639	23 Avril 1640
,, Safar	5 Juillet ,,	25 Juin ,,	14 Juin ,,	3 Juin ,,	23 Mai ,,
,, Rebi' 1.er	3 Aout ,,	24 Juillet ,,	13 Juillet ,,	2 Juillet ,,	21 Juin ,,
,, Rebi' 2.e	2 Septembre ,,	23 Aout ,,	12 Aout ,,	1 Aout ,,	21 Juillet ,,
,, Djoumada 1er	1 Octobre ,,	21 Septembre ,,	10 Septembre ,,	30 ,, ,,	19 Aout ,,
,, Djoumada 2.e	31 ,, ,,	21 Octobre ,,	10 Octobre ,,	29 Septembre ,,	18 Septembre ,,
,, Redjeb	29 Novembre ,,	19 Novembre ,,	8 Novembre ,,	28 Octobre ,,	17 Octobre ,,
,, Chaâban	29 Décembre ,,	19 Décembre ,,	8 Décembre ,,	27 Novembre ,,	16 Novembre ,,
,, Ramadan	27 Janvier 1637	17 Janvier 1638	6 Janvier 1639	26 Décembre ,,	15 Décembre ,,
,, Chaoual	26 Février ,,	16 Février ,,	5 Février ,,	25 Janvier 1640	14 Janvier 1641
,, Doul Kaâda	27 Mars ,,	17 Mars ,,	6 Mars ,,	23 Février ,,	12 Février ,,
,, Doul Hedja	26 Avril ,,	16 Avril ,,	5 Avril ,,	24 Mars ,,	14 Mars ,,

	Année 1051. 1641 - 1642.	Année 1052 (e) 1642 - 1643.	Année 1053. 1643 - 1644. (b)	Année 1054. 1644 - 1645.	Année 1055 (e) 1645 - 1646.
1er. Moharrem	12 Avril 1641	1 Avril 1642	22 Mars 1643	10 Mars 1644	27 Février 1645
,, Safar	12 Mai ,,	1 Mai ,,	21 Avril ,,	9 Avril ,,	29 Mars ,,
,, Rebi' 1.er	10 Juin ,,	30 ,, ,,	20 Mai ,,	8 Mai ,,	27 Avril ,,
,, Rebi' 2.e	10 Juillet ,,	29 Juin ,,	19 Juin ,,	7 Juin ,,	27 Mai ,,
,, Djoumada 1.er	8 Aout ,,	28 Juillet ,,	18 Juillet ,,	6 Juillet ,,	25 Juin ,,
,, Djoumada 2.e	7 Septembre ,,	27 Aout ,,	17 Aout ,,	5 Août ,,	25 Juillet ,,
,, Redjeb	6 Octobre ,,	25 Septembre ,,	15 Septembre ,,	3 Septembre ,,	23 Aout ,,
,, Chaâban	5 Novembre ,.	25 Octobre ,,	15 Octobre ,,	3 Octobre ,,	22 Septembre ,,
,, Ramadan	4 Décembre ,,	23 Novembre ,,	13 Novembre ,,	1 Novembre ,,	21 Octobre ,,
,, Chaoual	3 Janvier 1642	23 Décembre ,,	13 Décembre ,,	1 Décembre ,,	20 Novembre ,,
,, Doul Kaâda	1 Février ,,	21 Janvier 1643	11 Janvier 1644	30 ,, ,,	19 Décembre ,,
,, Doul Hedja	3 Mars ,,	20 Février ,,	10 Février ,,	29 Janvier 1645	18 Janvier 1646

	Année 1056. 1646 - 1647.	Année 1057 (e) 1647 - 1648.	Année 1058. 1648 (b) - 1649.	Année 1059. 1649 - 1650.	Année 1060 (e) 1650.
1.er Moharrem	17 Février 1646	6 Février 1647	27 Janvier 1648	15 Janvier 1649	4 Janvier 1650
,, Safar	19 Mars ,,	8 Mars ,,	26 Février ,,	14 Février ,,	3 Février ,,
,, Rebi' 1.er	17 Avril ,,	6 Avril ,,	26 Mars ,,	15 Mars ,,	4 Mars ,,
,, Rebi' 2.e	17 Mai ,,	6 Mai ,,	25 Avril ,,	14 Avril ,,	3 Avril ,,
,, Djoumada 1.er	15 Juin ,,	4 Juin ,,	24 Mai ,,	13 Mai ,,	2 Mai ,,
,, Djoumada 2.e	15 Juillet ,,	4 Juillet ,,	23 Juin ,,	12 Juin ,,	1 Juin ,,
,, Redjeb	13 Aout ,,	2 Aout ,,	22 Juillet ,,	11 Juillet ,,	30 ,, ,,
,, Chaâban	12 Septembre ,,	1 Septembre ,,	21 Aout ,,	10 Août ,,	30 Juillet ,,
,, Ramadan	11 Octobre ,,	30 ,, ,,	19 Septembre ,,	8 Septembre ,,	28 Aout ,,
,, Chaoual	10 Novembre ,,	30 Octobre ,,	19 Octobre ,,	8 Octobre ,,	27 Septembre ,,
,, Doul Kaâda	9 Décembre ,,	28 Novembre ,,	17 Novembre ,,	6 Novembre ,,	26 Octobre ,,
,, Doul Hedja	8 Janvier 1647	28 Décembre ,,	17 Décembre ,,	6 Décembre ,,	25 Novembre ,,

	Année 1061. 1650 - 1651.	Année 1062. 1651 - 1652. (b)	Année 1063 (e) 1652 - 1653.	Année 1064. 1653 - 1654.	Année 1065. 1654 - 1655.
1.er Moharrem	25 Décembre 1650	14 Décembre 1651	2 Decembre 1652	22 Novembre 1653	11 Novembre 1654
,, Safar	24 Janvier 1651	13 Janvier 1652	1 Janvier 1653	22 Décembre ,,	11 Décembre ,,
,, Rebi' 1.er	22 Février ,,	11 Février ,,	30 ,, ,,	20 Janvier 1654	9 Janvier 1655
,, Rebi' 2.e	24 Mars ,,	12 Mars ,,	1 Mars ,,	19 Février ,,	8 Février ,,
,, Djoumada 1.er	22 Avril ,,	10 Avril ,,	30 ,, ,,	20 Mars ,,	9 Mars ,,
,, Djoumada 2.e	22 Mai ,,	10 Mai ,,	29 Avril ,,	19 Avril ,,	8 Avril ,,
,, Redjeb	20 Juin ,,	8 Juin ,,	28 Mai ,,	18 Mai ,,	7 Mai ,,
,, Chaâban	20 Juillet ,,	8 Juillet ,,	27 Juin ,,	17 Juin ,,	6 Juin ,,
,, Ramadan	18 Aout ,,	6 Aout ,,	26 Juillet ,,	16 Juillet ,,	5 Juillet ,,
,, Chaoual	17 Septembre ,,	5 Septembre ,,	25 Aout ,,	15 Aout ,,	4 Aout ,,
,, Doul Kaâda	16 Octobre ,,	4 Octobre ,,	23 Septembre ,,	13 Septembre ,,	2 Septembre ,,
,, Doul Hedja	15 Novembre ,,	3 Novembre ,,	23 Octobre ,,	13 Octobre ,,	2 Octobre ,,

	Année 1066 (e) 1655 - 1656. (b)		*Année 1067.* 1656 - 1657.		*Année 1068 (e)* 1657 - 1658.		*Année 1069.* 1658 - 1659.		*Année 1070.* 1659 - 1660. (b)	
1.er Moharrem	31 Octobre	1655	20 Octobre	1656	9 Octobre	1657	29 Septembre	1658	18 Septembre	1659
,, Safar	30 Novembre	,,	19 Novembre	,,	8 Novembre	,,	29 Octobre	,,	18 Octobre	,,
,, Rebi' 1.er	29 Décembre	,,	18 Décembre	,,	7 Décembre	,,	27 Novembre	,,	16 Novembre	,,
,, Rebi' 2.e	28 Janvier	1656	17 Janvier	1657	6 Janvier	1658	27 Décembre	,,	16 Décembre	,,
,, Djoumada 1.er	26 Février	,,	15 Février	,,	4 Février	,,	25 Janvier	1659	14 Janvier	1660
,, Djoumada 2.e	27 Mars	,,	17 Mars	,,	6 Mars	,,	24 Février	,,	13 Février	,,
,, Redjeb	25 Avril	,,	15 Avril	,,	4 Avril	,,	25 Mars	,,	13 Mars	,,
,, Chaâban	25 Mai	,,	15 Mai	,,	4 Mai	,,	24 Avril	,,	12 Avril	,,
,, Ramadan	23 Juin	,,	13 Juin	,,	2 Juin	,,	23 Mai	,,	11 Mai	,,
,, Chaoual	23 Juillet	,,	13 Juillet	,,	2 Juillet	,,	22 Juin	,,	10 Juin	,,
,, Doul Kaâda	21 Août	,,	11 Août	,,	31 ,,	,,	21 Juillet	,,	9 Juillet	,,
,, Doul Hedja	20 Septembre	,,	10 Septembre	,,	30 Août	,,	20 Août	,,	8 Août	,,

	Année 1071. (e) 1660 - 1661.		*Année 1072.* 1661 - 1662.		*Année 1073.* 1662 - 1663.		*Année 1074 (e)* 1663 - 1664. (b)		*Année 1075.* 1664 - 1665.	
1er. Moharrem	6 Septembre	1660	27 Août	1661	16 Août	1662	5 Août	1663	25 Juillet	1664
,, Safar	6 Octobre	,,	26 Septembre	,,	15 Septembre	,,	4 Septembre	,,	24 Août	,,
,, Rebi' 1.er	4 Novembre	,,	25 Octobre	,,	14 Octobre	,,	3 Octobre	,,	22 Septembre	,,
,, Rebi' 2.e	4 Décembre	,,	24 Novembre	,,	13 Novembre	,,	2 Novembre	,,	22 Octobre	,,
,, Djoumada 1.er	2 Janvier	1661	23 Décembre	,,	12 Décembre	,,	1 Décembre	,,	20 Novembre	,,
,, Djoumada 2.e	1 Février	,,	22 Janvier	1662	11 Janvier	1668	31 ,,	,,	20 Décembre	,,
,, Redjeb	2 Mars	,,	21 Février	,,	9 Février	,,	29 Janvier	1664	18 Janvier	1665
,, Chaâban	1 Avril	,,	22 Mars	,,	11 Mars	,,	28 Février	,,	17 Février	,,
,, Ramadan	30 ,,	,,	20 Avril	,,	9 Avril	,,	28 Mars	,,	18 Mars	,,
,, Chaoual	30 Mai	,,	20 Mai	,,	9 Mai	,,	27 Avril	,,	17 Avril	,,
,, Doul Kaâda	28 Juin	,,	18 Juin	,,	7 Juin	,,	26 Mai	,,	16 Mai	,,
,, Doul Hedja	28 Juillet	,,	18 Juillet	,,	7 Juillet	,,	25 Juin	,,	15 Juin	,,

	Année 1076 (e) 1665 - 1666.		*Année 1077.* 1666 - 1667.		*Année 1078.* 1667 - 1668. (b)		*Année 1079 (e)* 1668 - 1669.		*Année 1080.* 1669 - 1670.	
1.er Moharrem	14 Juillet	1665	4 Juillet	1666	23 Juin	1667	11 Juin	1668	1 Juin	1669
,, Safar	13 Août	,,	3 Août	,,	23 Juillet	,,	11 Juillet	,,	1 Juillet	,,
,, Rebi' 1.er	11 Septembre	,,	1 Septembre	,,	21 Août	,,	9 Août	,,	30 ,,	,,
,, Rebi' 2.e	11 Octobre	,,	1 Octobre	,,	20 Septembre	,,	8 Septembre	,,	29 Août	,,
,, Djoumada 1.er	9 Novembre	,,	30 ,,	,,	19 Octobre	,,	7 Octobre	,,	27 Septembre	,,
,, Djoumada 2.e	9 Décembre	,,	29 Novembre	,,	18 Novembre	,,	6 Novembre	,,	27 Octobre	,,
,, Redjeb	7 Janvier	1666	28 Décembre	,,	17 Décembre	,,	5 Décembre	,,	25 Novembre	,,
,, Chaâban	6 Février	,,	27 Janvier	1667	16 Janvier	1668	4 Janvier	1669	25 Décembre	,,
,, Ramadan	7 Mars	,,	25 Février	,,	14 Février	,,	2 Février	,,	23 Janvier	1670
,, Chaoual	6 Avril	,,	27 Mars	,,	15 Mars	,,	4 Mars	,,	22 Février	,,
,, Doul Kaâda	5 Mai	,,	25 Avril	,,	13 Avril	,,	2 Avril	,,	23 Mars	,,
,, Doul Hedja	4 Juin	,,	25 Mai	,,	13 Mai	,,	2 Mai	,,	22 Avril	,,

	Année 1081. 1670 - 1671.		Année 1082 (e) 1671 - 1672. (b)		Année 1083. 1672 - 1673.		Année 1084. 1673 - 1674.		Année 1085 (e) 1674 - 1675.	
1er. Moharrem	21 Mai	1670	10 Mai	1671	29 Avril	1672	18 Avril	1673	7 Avril	1674
,, Safar	20 Juin	,,	9 Juin	,,	29 Mai	,,	18 Mai	,,	7 Mai	,,
,, Rebi' 1.er	19 Juillet	,,	8 Juillet	,,	27 Juin	,,	16 Juin	,,	5 Juin	,,
,, Rebi' 2.e	18 Août	,,	7 Août	,,	27 Juillet	,,	16 Juillet	,,	5 Juillet	,,
,, Djoumada 1.er	16 Septembre	,,	5 Septembre	,,	25 Août	,,	14 Aout	,,	3 Aout	,,
,, Djoumada 2.e	16 Octobre	,,	5 Octobre	,,	24 Septembre	,,	13 Septembre	,,	2 Septembre	,,
,, Redjeb	14 Novembre	,,	3 Novembre	,,	23 Octobre	,,	12 Octobre	,,	1 Octobre	,,
,, Chaâban	14 Décembre	,,	3 Décembre	,,	22 Novembre	,,	11 Novembre	,,	31 ,,	,,
,, Ramadan	12 Janvier	1671	1 Janvier	1672	21 Décembre	,,	10 Décembre	,,	29 Novembre	,,
,, Chaoual	11 Février	,,	31 ,,	,,	20 Janvier	1673	9 Janvier	1674	29 Décembre	,,
,, Doul Kaâda	12 Mars	,,	29 Février	,,	18 Février	,,	7 Février	,,	27 Janvier	1675
,, Doul Hedja	11 Avril	,,	30 Mars	,,	20 Mars	,,	9 Mars	,,	26 Février	,,

	Année 1086. 1675 - 1676. (b)		Année 1087 (e) 1676 - 1677.		Année 1088. 1677 - 1678.		Année 1089. 1678 - 1679.		Année 1090 (e) 1679 - 1680.	
1.er Moharrem	28 Mars	1675	16 Mars	1676	6 Mars	1677	28 Février	1678	12 Février	1679
,, Safar	27 Avril	,,	15 Avril	,,	5 Avril	,,	25 Mars	,,	14 Mars	,,
,, Rebi' 1.er	26 Mai	,,	14 Mai	,,	4 Mai	,,	23 Avril	,,	12 Avril	,,
,, Rebi' 2.e	25 Juin	,,	13 Juin	,,	3 Juin	,,	23 Mai	,,	12 Mai	,,
,, Djoumada 1.er	24 Juillet	,,	12 Juillet	,,	2 Juillet	,,	21 Juin	,,	10 Juin	,,
,, Djoumada 2.e	23 Août	,,	11 Août	,,	1 Août	,,	21 Juillet	,,	10 Juillet	,,
,, Redjeb	21 Septembre	,,	9 Septembre	,,	30 ,,	,,	19 Août	,,	8 Août	,,
,, Chaâban	21 Octobre	,,	9 Octobre	,,	29 Septembre	,,	18 Septembre	,,	7 Septembre	,,
,, Ramadan	19 Novembre	,,	7 Novembre	,,	28 Octobre	,,	17 Octobre	,,	6 Octobre	,,
,, Chaoual	19 Décembre	,,	7 Décembre	,,	27 Novembre	,,	16 Novembre	,,	5 Novembre	,,
,, Doul Kaâda	17 Janvier	1676	5 Janvier	1677	26 Décembre	,,	15 Décembre	,,	4 Décembre	,,
,, Doul Hedja	16 Février	,,	4 Février	,,	25 Janvier	1678	14 Janvier	1679	3 Janvier	1680

	Année 1091. 1680 (b) - 1681.		Année 1092. 1681 - 1682.		Année 1093 (e) 1682.		Année 1094. 1682 - 1683.		Année 1095. 1683 - 1684. (b)	
1.er Moharrem	2 Février	1680	21 Janvier	1681	10 Janvier	1682	31 Décembre	1682	20 Décembre	1683
,, Safar	3 Mars	,,	20 Février	,,	9 Février	,,	30 Janvier	1683	19 Janvier	1684
,, Rebi' 1.er	1 Avril	,,	21 Mars	,,	10 Mars	,,	28 Février	,,	17 Février	,,
,, Rebi' 2.e	1 Mai	,,	20 Avril	,,	9 Avril	,,	30 Mars	,,	18 Mars	,,
,, Djoumada 1.er	30 ,,	,,	19 Mai	,,	8 Mai	,,	28 Avril	,,	16 Avril	,,
,, Djoumada 2.e	29 Juin	,,	18 Juin	,,	7 Juin	,,	28 Mai	,,	16 Mai	,,
,, Redjeb	28 Juillet	,,	17 Juillet	,,	6 Juillet	,,	26 Juin	,,	14 Juin	,,
,, Chaâban	27 Août	,,	16 Août	,,	5 Août	,,	26 Juillet	,,	14 Juillet	,,
,, Ramadan	25 Septembre	,,	14 Septembre	,,	3 Septembre	,,	24 Août	,,	12 Août	,,
,, Chaoual	25 Octobre	,,	14 Octobre	,,	3 Octobre	,,	23 Septembre	,,	11 Septembre	,,
,, Doul Kaâda	23 Novembre	,,	12 Novembre	,,	1 Novembre	,,	22 Octobre	,,	10 Octobre	,,
,, Doul Hedja	23 Décembre	,,	12 Décembre	,,	1 Décembre	,,	21 Novembre	,,	9 Novembre	,,

	Année 1096 (e) 1684 - 1685.	Année 1097. 1685 - 1686.	Année 1098 (e) 1686 - 1687.	Année 1099. 1687 - 1688. (b)	Année 1100. 1688 - 1689.
1.er Moharrem	8 Décembre 1684	28 Novembre 1685	17 Novembre 1686	7 Novembre 1687	26 Octobre 1688
,, Safar	7 Janvier 1685	28 Décembre ,,	17 Décembre ,,	7 Décembre ,,	25 Novembre ,,
,, Rebi' 1.er	5 Février ,,	26 Janvier 1686	15 Janvier 1687	5 Janvier 1688	24 Décembre ,,
,, Rebi' 2.e	7 Mars ,,	25 Février ,,	14 Février ,,	4 Février ,,	23 Janvier 1689
,, Djoumada 1.er	5 Avril ,,	26 Mars ,,	15 Mars ,,	4 Mars ,,	21 Février ,,
,, Djoumada 2.e	5 Mai ,,	25 Avril ,,	14 Avril ,,	3 Avril ,,	23 Mars ,,
,, Redjeb	8 Juin ,,	24 Mai ,,	13 Mai ,,	2 Mai ,,	21 Avril ,,
,, Chaâban	3 Juillet ,,	23 Juin ,,	12 Juin ,,	1 Juin ,,	21 Mai ,,
,, Ramadan	1 Août ,,	22 Juillet ,,	11 Juillet ,,	30 ,, ,,	19 Juin ,,
,, Chaoual	31 ,, ,,	21 Août ,,	10 Août ,,	30 Juillet ,,	19 Juillet ,,
,, Doul Kaâda	29 Septembre ,,	19 Septembre ,,	8 Septembre ,,	28 Août ,,	17 Août ,,
,, Doul Hedja	29 Octobre ,,	19 Octobre ,,	8 Octobre ,,	27 Septembre ,,	16 Septembre ,,

	Année 1101 (e) 1689 - 1690.	Année 1102. 1690 - 1691.	Année 1103. 1691 - 1692. (b)	Année 1104 (e) 1692 - 1693.	Année 1105. 1693 - 1694.
1er. Moharrem	15 Octobre 1689	5 Octobre 1690	24 Septembre 1691	12 Septembre 1692	2 Septembre 1693
,, Safar	14 Novembre ,,	4 Novembre ,,	24 Octobre ,,	12 Octobre ,,	2 Octobre ,,
,, Rebi' 1.er	13 Décembre ,,	3 Décembre ,,	22 Novembre ,,	10 Novembre ,,	31 ,, ,,
,, Rebi' 2.e	12 Janvier 1690	2 Janvier 1691	22 Décembre ,,	10 Décembre ,,	30 Novembre ,,
,, Djoumada 1.er	10 Février ,,	31 ,, ,,	20 Janvier 1692	8 Janvier 1693	29 Décembre ,,
,, Djoumada 2.e	12 Mars ,,	2 Mars ,,	19 Février ,,	7 Février ,,	28 Janvier 1694
,, Redjeb	10 Avril ,,	31 ,, ,,	19 Mars ,,	8 Mars ,,	26 Février ,,
,, Chaâban	10 Mai ,,	30 Avril ,,	18 Avril ,,	7 Avril ,,	28 Mars ,,
,, Ramadan	8 Juin ,,	29 Mai ,,	17 Mai ,,	6 Mai ,,	26 Avril ,,
,, Chaoual	8 Juillet ,,	28 Juin ,,	16 Juin ,,	5 Juin ,,	26 Mai ,,
,, Doul Kaâda	6 Aout ,,	27 Juillet ,,	15 Juillet ,,	4 Juillet ,,	24 Juin ,,
,, Doul Hedja	5 Septembre ,,	26 Août ,,	14 Août ,,	3 Août ,,	24 Juillet ,,

	Année 1106 (e) 1694 - 1695.	Année 1107. 1695 - 1696. (b)	Année 1108. 1696 - 1697.	Année 1109 (e) 1697 - 1698.	Année 1110. 1698 - 1699.
1.er Moharrem	22 Août 1694	12 Août 1695	31 Juillet 1696	20 Juillet 1697	10 Juillet 1698
,, Safar	21 Septembre ,,	11 Septembre ,,	30 Août ,,	19 Août ,,	9 Août ,,
,, Rebi' 1.er	20 Octobre ,,	10 Octobre ,,	28 Septembre ,,	17 Septembre ,,	7 Septembre ,,
,, Rebi' 2.e	19 Novembre ,,	9 Novembre ,,	28 Octobre ,,	17 Octobre ,,	7 Octobre ,,
,, Djoumada 1.er	18 Décembre ,,	8 Décembre ,,	26 Novembre ,,	15 Novembre ,,	5 Novembre ,,
,, Djoumada 2.e	17 Janvier 1695	7 Janvier 1696	26 Décembre ,,	15 Décembre ,,	5 Décembre ,,
,, Redjeb	15 Février ,,	5 Février ,,	24 Janvier 1697	13 Janvier 1698	3 Janvier 1699
,, Chaâban	17 Mars ,,	6 Mars ,,	23 Février ,,	12 Février ,,	2 Février ,,
,, Ramadan	15 Avril ,,	4 Avril ,,	24 Mars ,,	13 Mars ,,	3 Mars ,,
,, Chaoual	15 Mai ,,	4 Mai ,,	23 Avril ,,	12 Avril ,,	2 Avril ,,
,, Doul Kaâda	13 Juin ,,	2 Juin ,,	22 Mai ,,	11 Mai ,,	1 Mai ,,
,, Doul Hedja	13 Juillet ,,	2 Juillet ,,	21 Juin ,,	10 Juin ,,	31 ,, ,,

	Année 1111. 1699 - 1700.		Année 1112 (e) 1700 - 1701.		Année 1113. 1701 - 1702.		Année 1114. 1702 - 1703.		Année 1115 (e) 1703 - 1704. (b)	
I.er Moharrem	29 Juin	1699	18 Juin	1700	8 Juin	1701	28 Mai	1702	17 Mai	1703
,, Safar	29 Juillet	,,	18 Juillet	,,	8 Juillet	,,	27 Juin	,,	16 Juin	,,
,, Rebi' I.er	27 Août	,,	16 Août	,,	6 Aout	,,	26 Juillet	,,	15 Juillet	,,
,, Rebi' 2.e	26 Septembre	,,	15 Septembre	,,	5 Septembre	,,	25 Août	,,	14 Août	,,
,, Djoumada 1er	25 Octobre	,,	14 Octobre	,,	4 Octobre	,,	23 Septembre	,,	12 Septembre	,,
,, Djoumada 2.e	24 Novembre	,,	13 Novembre	,,	3 Novembre	,,	23 Octobre	,,	12 Octobre	,,
,, Redjeb	23 Décembre	,,	12 Décembre	,,	2 Décembre	,,	21 Novembre	,,	10 Novembre	,,
,, Chaâban	22 Janvier	1700	11 Janvier	1701	1 Janvier	1702	21 Décembre	,,	10 Décembre	,,
,, Ramadan	20 Février	,,	9 Février	,,	30 ,,	,,	19 Janvier	1703	8 Janvier	1704
,, Chaoual	22 Mars	,,	11 Mars	,,	1 Mars	,,	18 Février	,,	7 Février	,,
,, Doul Kaâda	20 Avril	,,	9 Avril	,,	30 ,,	,,	19 Mars	,,	7 Mars	,,
,, Doul Hedja	20 Mai	,,	9 Mai	,,	29 Avril	,,	18 Avril	,,	6 Avril	,,

	Année 1116. 1704 - 1705.		Année 1117 (e) 1705 - 1706.		Année 1118. 1706 - 1707.		Année 1119. 1707 - 1708. (b)		Année 1120 (e) 1708 - 1709.	
I.er Moharrem	6 Mai	1704	25 Avril	1705	15 Avril	1706	4 Avril	1707	23 Mars	1708
,, Safar	5 Juin	,,	25 Mai	,,	15 Mai	,,	4 Mai	,,	22 Avril	,,
,, Rebi' I.er	4 Juillet	,,	23 Juin	,,	13 Juin	,,	2 Juin	,,	21 Mai	,,
,, Rebi' 2.e	3 Aout	,,	23 Juillet	,,	13 Juillet	,,	2 Juillet	,,	20 Juin	,,
,, Djoumada I.er	1 Septembre	,,	21 Août	,,	11 Août	,,	31 ,,	,,	19 Juillet	,,
,, Djoumada 2.e	1 Octobre	,,	20 Septembre	,,	10 Septembre	,,	30 Août	,,	18 Août	,,
,, Redjeb	30 ,,	,,	19 Octobre	,,	9 Octobre	,,	28 Septembre	,,	16 Septembre	,,
,, Chaâban	29 Novembre	,,	18 Novembre	,,	8 Novembre	,,	28 Octobre	,,	16 Octobre	,,
,, Ramadan	28 Décembre	,,	17 Décembre	,,	7 Décembre	,,	26 Novembre	,,	14 Novembre	,,
,, Chaoual	27 Janvier	1705	16 Janvier	1706	6 Janvier	1707	26 Décembre	,,	14 Décembre	,,
,, Doul Kaâda	25 Février	,,	14 Février	,,	4 Février	,,	24 Janvier	1708	12 Janvier	1709
,, Doul Hedja	27 Mars	,,	16 Mars	,,	6 Mars	,,	23 Février	,,	11 Février	,,

	Année 1121. 1709 - 1710.		Année 1122. 1710 - 1711.		Année 1123 (e) 1711 - 1712.		Année 1124. 1712 (b) - 1713.		Année 1125. 1713 - 1714.	
I.er Moharrem	13 Mars	1709	2 Mars	1710	19 Février	1711	9 Février	1712	28 Janvier	1713
,, Safar	12 Avril	,,	1 Avril	,,	21 Mars	,,	10 Mars	,,	27 Février	,,
,, Rebi' 1.er	11 Mai	,,	30 ,,	,,	19 Avril	,,	8 Avril	,,	28 Mars	,,
,, Rebi' 2.e	10 Juin	,,	30 Mai	,,	19 Mai	,,	8 Mai	,,	27 Avril	,,
,, Djoumada 1er	9 Juillet	,,	28 Juin	,,	17 Juin	,,	6 Juin	,,	26 Mai	,,
,, Djoumada 2.e	8 Aout	,,	28 Juillet	,,	17 Juillet	,,	6 Juillet	,,	25 Juin	,,
,, Redjeb	6 Septembre	,,	26 Aout	,,	15 Aout	,,	4 Aout	,,	24 Juillet	,,
,, Chaâban	6 Octobre	,,	25 Septembre	,,	14 Septembre	,,	3 Septembre	,,	23 Aout	,,
,, Ramadan	4 Novembre	,,	24 Octobre	,,	13 Octobre	,,	2 Octobre	,,	21 Septembre	,,
,, Chaoual	4 Décembre	,,	23 Novembre	,,	12 Novembre	,,	1 Novembre	,,	21 Octobre	,,
,, Doul Kaâda	2 Janvier	1710	22 Décembre	,,	11 Décembre	,,	30 ,,	,,	19 Novembre	,,
,, Doul Hedja	1 Février	,,	21 Janvier	1711	10 Janvier	1712	30 Décembre	,,	19 Décembre	,,

	Année 1126 (e) 1714 - 1715.	Année 1127. 1715.	Année 1128 (e) 1715 - 1716. (b)	Année 1129. 1716 - 1717.	Année 1130. 1717 - 1718.
1er. Moharrem	17 Janvier 1714	7 Janvier 1715	27 Décembre 1715	16 Décembre 1716	5 Décembre 1717
„ Safar	16 Février „	6 Février „	26 Janvier 1716	15 Janvier 1717	4 Janvier 1718
„ Rebi' 1.er	17 Mars „	7 Mars „	24 Février „	13 Février „	2 Février „
„ Rebi' 2.e	16 Avril „	6 Avril „	25 Mars „	15 Mars „	4 Mars „
„ Djoumada 1.er	15 Mai „	5 Mai „	23 Avril „	13 Avril „	2 Avril „
„ Djoumada 2.e	14 Juin „	4 Juin „	23 Mai „	13 Mai „	2 Mai „
„ Redjeb	13 Juillet „	3 Juillet „	21 Juin „	11 Juin „	31 „ „
„ Chaâban	12 Aout „	2 Aout „	21 Juillet „	11 Juillet „	30 Juin „
„ Ramadan	10 Septembre „	31 „ „	19 Aout „	9 Août „	29 Juillet „
„ Chaoual	10 Octobre „	30 Septembre „	18 Septembre „	8 Septembre „	28 Aout „
„ Doul Kaâda	8 Novembre „	29 Octobre „	17 Octobre „	7 Octobre „	26 Septembre „
„ Doul Hedja	8 Décembre „	28 Novembre „	16 Novembre „	6 Novembre „	26 Octobre „

	Année 1131 (e) 1718 - 1719.	Année 1132. 1719 - 1720. (b)	Année 1133. 1720 - 1721.	Année 1134 (e) 1721 - 1722.	Année 1135. 1722 - 1723.
1.er Moharrem	24 Novembre 1718	14 Novembre 1719	2 Novembre 1720	22 Octobre 1721	12 Octobre 1722
„ Safar	24 Décembre „	14 Décembre „	2 Décembre „	21 Novembre „	11 Novembre „
„ Rebi' 1.er	22 Janvier 1719	12 Janvier 1720	31 „ „	20 Décembre „	10 Décembre „
„ Rebi' 2.e	21 Février „	11 Février „	30 Janvier 1721	19 Janvier 1722	9 Janvier 1723
„ Djoumada 1.er	22 Mars „	11 Mars „	28 Février „	17 Février „	7 Février „
„ Djoumada 2.e	21 Avril „	10 Avril „	30 Mars „	19 Mars „	9 Mars „
„ Redjeb	20 Mai „	9 Mai „	28 Avril „	17 Avril „	7 Avril „
„ Chaâban	19 Juin „	8 Juin „	28 Mai „	17 Mai „	7 Mai „
„ Ramadan	18 Juillet „	7 Juillet „	26 Juin „	15 Juin „	5 Juin „
„ Chaoual	17 Aout „	6 Aout „	26 Juillet „	15 Juillet „	5 Juillet „
„ Doul Kaâda	15 Septembre „	4 Septembre „	24 Aout „	13 Août „	3 Aout „
„ Doul Hedja	15 Octobre „	4 Octobre „	23 Septembre „	12 Septembre „	2 Septembre „

	Année 1136 (e) 1723 - 1724. (b)	Année 1137. 1724 - 1725.	Année 1138. 1725 - 1726.	Année 1139 (e) 1726 - 1727.	Année 1140. 1727 - 1728. (b)
1.er Moharrem	1 Octobre 1723	20 Septembre 1724	9 Septembre 1725	29 Aout 1726	19 Aout 1727
„ Safar	31 „ „	20 Octobre „	9 Octobre „	28 Septembre „	18 Septembre „
„ Rebi' 1.er	29 Novembre „	18 Novembre „	7 Novembre „	27 Octobre „	17 Octobre „
„ Rebi' 2.e	29 Décembre „	18 Decembre „	7 Décembre „	26 Novembre „	16 Novembre „
„ Djoumada 1.er	27 Janvier 1724	16 Janvier 1725	5 Janvier 1726	25 Décembre „	15 Décembre „
„ Djoumada 2.e	26 Février „	15 Février „	4 Février „	24 Janvier 1727	14 Janvier 1728
„ Redjeb	26 Mars „	16 Mars „	5 Mars „	22 Février „	12 Février „
„ Chaâban	25 Avril „	15 Avril „	4 Avril „	24 Mars „	13 Mars „
„ Ramadan	24 Mai „	14 Mai „	3 Mai „	22 Avril „	11 Avril „
„ Chaoual	23 Juin „	13 Juin „	2 Juin „	22 Mai „	11 Mai „
„ Doul Kaâda	22 Juillet „	12 Juillet „	1 Juillet „	20 Juin „	9 Juin „
„ Doul Hedja	21 Aout „	11 Aout „	31 „ „	20 Juillet „	9 Juillet „

	Année 1141. 1728 - 1729.	Année 1142 (e) 1729 - 1730.	Année 1143. 1730 - 1731.	Année 1144. 1731 - 1732. (b)	Année 1145 (e) 1732 - 1733.
1er. Moharrem	7 Août 1728	27 Juillet 1729	17 Juillet 1730	6 Juillet 1731	24 Juin 1732
,, Safar	6 Septembre ,,	26 Aout ,,	16 Aout ,,	5 Août ,,	24 Juillet ,,
,, Rebi' 1.er	5 Octobre ,,	24 Septembre ,,	14 Septembre ,,	3 Septembre ,,	22 Août ,,
,, Rebi' 2.e	4 Novembre ,,	24 Octobre ,,	14 Octobre ,,	3 Octobre ,,	21 Septembre ,,
,, Djoumada 1.er	3 Décembre ,,	22 Novembre ,,	12 Novembre ,,	1 Novembre ,,	20 Octobre ,,
,, Djoumada 2.e	2 Janvier 1729	22 Décembre ,,	12 Décembre ,,	1 Décembre ,,	19 Novembre ,,
,, Redjeb	31 ,, ,,	20 Janvier 1730	10 Janvier 1731	30 ,, ,,	18 Décembre ,,
,, Chaâban	2 Mars ,,	19 Février ,,	9 Février ,,	29 Janvier 1732	17 Janvier 1733
,, Ramadan	31 ,, ,,	20 Mars ,,	10 Mars ,,	27 Février ,,	15 Février ,,
,, Chaoual	30 Avril ,,	19 Avril ,,	9 Avril ,,	28 Mars ,,	17 Mars ,,
,, Doul Kaâda	29 Mai ,,	18 Mai ,,	8 Mai ,,	26 Avril ,,	15 Avril ,,
,, Doul Hedja	28 Juin ,,	17 Juin ,,	7 Juin ,,	26 Mai ,,	15 Mai ,,

	Année 1146. 1733 - 1734.	Année 1147 (e) 1734 - 1735.	Année 1148. 1735 - 1736. (b)	Année 1149. 1736 - 1737.	Année 1150 (e) 1737 - 1738.
1.er Moharrem	14 Juin 1733	3 Juin 1734	24 Mai 1735	12 Mai 1736	1 Mai 1737
,, Safar	14 Juillet ,,	3 Juillet ,,	23 Juin ,,	11 Juin ,,	31 ,, ,,
,, Rebi' 1.er	12 Août ,,	1 Août ,,	22 Juillet ,,	10 Juillet ,,	29 Juin ,,
,, Rebi' 2.e	11 Septembre ,,	31 ,, ,,	21 Août ,,	9 Août ,,	29 Juillet ,,
,, Djoumada 1.er	10 Octobre ,,	29 Septembre ,,	19 Septembre ,,	7 Septembre ,,	27 Août ,,
,, Djoumada 2.e	9 Novembre ,,	29 Octobre ,,	19 Octobre ,,	7 Octobre ,,	26 Septembre ,,
,, Redjeb	8 Décembre ,,	27 Novembre ,,	17 Novembre ,,	5 Novembre ,,	25 Octobre ,,
,, Chaâban	7 Janvier 1734	27 Décembre ,,	17 Décembre ,,	5 Décembre ,,	24 Novembre ,,
,, Ramadan	5 Février ,,	25 Janvier 1735	15 Janvier 1736	3 Janvier 1737	23 Décembre ,,
,, Chaoual	7 Mars ,,	24 Février ,,	14 Février ,,	2 Février ,,	22 Janvier 1738
,, Doul Kaâda	5 Avril ,,	25 Mars ,,	14 Mars ,,	3 Mars ,,	20 Février ,,
,, Doul Hedja	5 Mai ,,	24 Avril ,,	13 Avril ,,	2 Avril ,,	22 Mars ,,

	Année 1151. 1738 - 1739.	Année 1152. 1739 - 1740. (b)	Année 1153 (e) 1740 - 1741.	Année 1154. 1741 - 1742.	Année 1155. 1742 - 1743.
1.er Moharrem	21 Avril 1738	10 Avril 1739	29 Mars 1740	19 Mars 1741	8 Mars 1742
,, Safar	21 Mai ,,	10 Mai ,,	28 Avril ,,	18 Avril ,,	7 Avril ,,
,, Rebi' 1.er	19 Juin ,,	8 Juin ,,	27 Mai ,,	17 Mai ,,	6 Mai ,,
,, Rebi' 2.e	19 Juillet ,,	8 Juillet ,,	26 Juin ,,	16 Juin ,,	5 Juin ,,
,, Djoumada 1.er	17 Août ,,	6 Août ,,	25 Juillet ,,	15 Juillet ,,	4 Juillet ,,
,, Djoumada 2.e	16 Septembre ,,	5 Septembre ,,	24 Août ,,	14 Août ,,	3 Août ,,
,, Redjeb	15 Octobre ,,	4 Octobre ,,	22 Septembre ,,	12 Septembre ,,	1 Septembre ,,
,, Chaâban	14 Novembre ,,	3 Novembre ,,	22 Octobre ,,	12 Octobre ,,	1 Octobre ,,
,, Ramadan	13 Décembre ,,	2 Décembre ,,	20 Novembre ,,	10 Novembre ,,	30 ,, ,,
,, Chaoual	12 Janvier 1739	1 Janvier 1740	20 Décembre ,,	10 Décembre ,,	29 Novembre ,,
,, Doul Kaâda	10 Février ,,	30 ,, ,,	18 Janvier 1741	8 Janvier 1742	28 Décembre ,,
,, Doul Hedja	12 Mars ,,	29 Février ,,	17 Février ,,	7 Février ,,	27 Janvier 1743

	Année 1156 (e) 1743 - 1744.	Année 1157. 1744 (b) - 1745.	Année 1158 (e) 1745 - 1746.	Année 1159. 1746 - 1747.	Année 1160. 1747 - 1748.
1er. Moharrem	25 Février 1743	15 Février 1744	3 Février 1745	24 Janvier 1746	13 Janvier 1747
,, Safar	27 Mars ,,	16 Mars ,,	5 Mars ,,	23 Février ,,	12 Février ,,
,, Rebi' 1.er	25 Avril ,,	14 Avril ,,	3 Avril ,,	24 Mars ,,	13 Mars ,,
,, Rebi' 2.e	25 Mai ,,	14 Mai ,,	3 Mai ,,	23 Avril ,,	12 Avril ,,
,, Djoumada 1.er	23 Juin ,,	12 Juin ,,	1 Juin ,,	22 Mai ,,	11 Mai ,,
,, Djoumada 2.e	23 Juillet ,,	12 Juillet ,,	1 Juillet ,,	21 Juin ,,	10 Juin ,,
,, Redjeb	21 Aout ,,	10 Aout ,,	30 ,, ,,	20 Juillet ,,	9 Juillet ,,
,, Chaâban	20 Septembre ,,	9 Septembre ,,	29 Aout ,,	19 Aout ,,	8 Aout ,,
,, Ramadan	19 Octobre ,,	8 Octobre ,,	27 Septembre ,,	17 Septembre ,,	6 Septembre ,,
,, Chaoual	18 Novembre ,,	7 Novembre ,,	27 Octobre ,,	17 Octobre ,,	6 Octobre ,,
,, Doul Kaâda	17 Décembre ,,	6 Décembre ,,	25 Novembre ,,	15 Novembre ,,	4 Novembre ,,
,, Doul Hedja	16 Janvier 1744	5 Janvier 1745	25 Décembre ,,	15 Décembre ,,	4 Décembre ,,

	Année 1161 (e) 1748. (b)	Année 1162. 1748 - 1749.	Année 1163. 1749 - 1750.	Année 1164 (e) 1750 - 1751.	Année 1165. 1751 - 1752. (b)
1.er Moharrem	2 Janvier 1748	21 Décembre 1748	11 Décembre 1749	30 Novembre 1750	20 Novembre 1751
,, Safar	1 Février ,,	21 Janvier 1749	10 Janvier 1750	30 Décembre ,,	20 Décembre ,,
,, Rebi' 1.er	1 Mars ,,	19 Février ,,	8 Février ,,	28 Janvier 1751	18 Janvier 1752
,, Rebi' 2.e	31 ,, ,,	21 Mars ,,	10 Mars ,,	27 Février ,,	17 Février ,,
,, Djoumada 1.er	29 Avril ,,	19 Avril ,,	8 Avril ,,	28 Mars ,,	17 Mars ,,
,, Djoumada 2.e	29 Mai ,,	19 Mai ,,	8 Mai ,,	27 Avril ,,	16 Avril ,,
,, Redjeb	27 Juin ,,	17 Juin ,,	6 Juin ,,	26 Mai ,,	15 Mai ,,
,, Chaâban	27 Juillet ,,	17 Juillet ,,	6 Juillet ,,	25 Juin ,,	14 Juin ,,
,, Ramadan	25 Aout ,,	15 Aout ,,	4 Aout ,,	24 Juillet ,,	13 Juillet ,,
,, Chaoual	24 Septembre ,,	14 Septembre ,,	3 Septembre ,,	23 Aout ,,	12 Aout ,,
,, Doul Kaâda	23 Octobre ,,	13 Octobre ,,	2 Octobre ,,	21 Septembre ,,	10 Septembre ,,
,, Doul Hedja	22 Novembre ,,	12 Novembre ,,	1 Novembre ,,	21 Octobre ,,	10 Octobre ,,

	Année 1166 (e) 1752 - 1753.	Année 1167. 1753 - 1754.	Année 1168. 1754 - 1755.	Année 1169 (e) 1755 - 1756. (b)	Année 1170. 1756 - 1757.
1.er Moharrem	8 Novembre 1752	29 Octobre 1753	18 Octobre 1754	7 Octobre 1755	26 Septembre 1756
,, Safar	8 Décembre ,,	28 Novembre ,,	17 Novembre ,,	6 Novembre ,,	26 Octobre ,,
,, Rebi' 1.er	6 Janvier 1753	27 Décembre ,,	16 Décembre ,,	5 Décembre ,,	24 Novembre ,,
,, Rebi' 2.e	5 Février ,,	26 Janvier 1754	15 Janvier 1755	4 Janvier 1756	24 Décembre ,,
,, Djoumada 1.er	6 Mars ,,	25 Février ,,	13 Février ,,	2 Février ,,	22 Janvier 1757
,, Djoumada 2.e	5 Avril ,,	26 Mars ,,	15 Mars ,,	3 Mars ,,	21 Février ,,
,, Redjeb	4 Mai ,,	24 Avril ,,	13 Avril ,,	1 Avril ,,	22 Mars ,,
,, Chaâban	3 Juin ,,	24 Mai ,,	13 Mai ,,	1 Mai ,,	21 Avril ,,
,, Ramadan	2 Juillet ,,	22 Juin ,,	11 Juin ,,	30 ,, ,,	20 Mai ,,
,, Chaoual	1 Aout ,,	22 Juillet ,,	11 Juillet ,,	29 Juin ,,	19 Juin ,,
,, Doul Kaâda	30 ,, ,,	20 Aout ,,	9 Aout ,,	28 Juillet ,,	18 Juillet ,,
,, Doul Hedja	29 Septembre ,,	19 Septembre ,,	8 Septembre ,,	27 Aout ,,	17 Aout ,,

	Année 1171. 1757 - 1758.	*Année 1172* (e) 1758 - 1759.	*Année 1173.* 1759 - 1760. (b)	*Année 1174.* 1760 - 1761.	*Année 1175* (e) 1761 - 1762.
1.ᵉʳ Moharrem	15 Septembre 1757	4 Septembre 1758	25 Août 1759	13 Août 1760	2 Août 1761
,, Safar	15 Octobre ,,	4 Octobre ,,	24 Septembre ,,	12 Septembre ,,	1 Septembre ,,
,, Rebi' 1.ᵉʳ	13 Novembre ,,	2 Novembre ,,	23 Octobre ,,	11 Octobre ,,	30 ,, ,,
,, Rebi' 2.ᵉ	13 Décembre ,,	2 Décembre ,,	22 Novembre ,,	10 Novembre 1687	30 Octobre ,,
,, Djoumada 1.ᵉʳ	11 Janvier 1758	31 ,, ,,	21 Décembre ,,	9 Décembre ,,	28 Novembre ,,
,, Djoumada 2.ᵉ	10 Février ,,	30 Janvier 1759	20 Janvier 1760	8 Janvier 1761	28 Décembre ,,
,, Redjeb	11 Mars ,,	28 Février ,,	18 Février ,,	6 Février ,,	26 Janvier 1762
,, Chaâban	10 Avril ,,	30 Mars ,,	19 Mars ,,	8 Mars ,,	25 Février ,,
,, Ramadan	9 Mai ,,	28 Avril ,,	17 Avril ,,	6 Avril ,,	26 Mars ,,
,, Chaoual	8 Juin ,,	28 Mai ,,	17 Mai ,,	6 Mai ,,	25 Avril ,,
,, Doul Kaâda	7 Juillet ,,	26 Juin ,,	15 Juin ,,	4 Juin ,,	24 Mai ,,
,, Doul Hedja	6 Août ,,	26 Juillet ,,	15 Juillet ,,	4 Juillet ,,	23 Juin ,,

	Année 1176. 1762 - 1763.	*Année 1177* (e) 1763 - 1764. (b)	*Année 1178.* 1764 - 1765.	*Année 1179.* 1765 - 1766.	*Année 1180* (e) 1766 - 1767.
1ᵉʳ. Moharrem	23 Juillet 1762	12 Juillet 1763	1 Juillet 1764	20 Juin 1765	9 Juin 1766
,, Safar	22 Aout ,,	11 Août ,,	31 ,, ,,	20 Juillet ,,	9 Juillet ,,
,, Rebi' 1.ᵉʳ	20 Septembre ,,	9 Septembre ,,	29 Août ,,	18 Août ,,	7 Août ,,
,, Rebi' 2.ᵉ	20 Octobre ,,	9 Octobre ,,	28 Septembre ,,	17 Septembre ,,	6 Septembre ,,
,, Djoumada 1.ᵉʳ	18 Novembre ,,	7 Novembre ,,	27 Octobre ,,	16 Octobre ,,	5 Octobre ,,
,, Djoumada 2.ᵉ	18 Décembre ,,	7 Décembre ,,	26 Novembre ,,	15 Novembre ,,	4 Novembre ,,
,, Redjeb	16 Janvier 1763	5 Janvier 1764	25 Décembre ,,	14 Décembre ,,	3 Décembre ,,
,, Chaâban	15 Février ,,	4 Février ,,	24 Janvier 1765	13 Janvier 1766	2 Janvier 1767
,, Ramadan	16 Mars ,,	4 Mars ,,	22 Février ,,	11 Février ,,	31 ,, ,,
,, Chaoual	15 Avril ,,	3 Avril ,,	24 Mars ,,	13 Mars ,,	2 Mars ,,
,, Doul Kaâda	14 Mai ,,	2 Mai ,,	22 Avril ,,	11 Avril ,,	31 ,, ,,
,, Doul Hedja	13 Juin ,,	1 Juin ,,	22 Mai ,,	11 Mai ,,	30 Avril ,,

	Année 1181. 1767 - 1768. (b)	*Année 1182* (e) 1768 - 1769.	*Année 1183* (e) 1769 - 1770.	*Année 1184.* 1770 - 1771.	*Année 1185.* 1771 - 1772. (b)
1.ᵉʳ Moharrem	30 Mai 1767	18 Mai 1768	7 Mai 1769	27 Avril 1770	16 Avril 1771
,, Safar	29 Juin ,,	17 Juin ,,	6 Juin ,,	27 Mai ,,	16 Mai ,,
,, Rebi' 1.ᵉʳ	28 Juillet ,,	16 Juillet ,,	5 Juillet ,,	25 Juin ,,	14 Juin ,,
,, Rebi' 2.ᵉ	27 Août ,,	15 Août ,,	4 Août ,,	25 Juillet ,,	14 Juillet ,,
,, Djoumada 1.ᵉʳ	25 Septembre ,,	13 Septembre ,,	2 Septembre ,,	23 Août ,,	12 Août ,,
,, Djoumada 2.ᵉ	25 Octobre ,,	13 Octobre ,,	2 Octobre ,,	22 Septembre ,,	11 Septembre ,,
,, Redjeb	23 Novembre ,,	11 Novembre ,,	31 ,, ,,	21 Octobre ,,	10 Octobre ,,
,, Chaâban	23 Décembre ,,	11 Décembre ,,	30 Novembre ,,	20 Novembre ,,	9 Novembre ,,
,, Ramadan	21 Janvier 1768	9 Janvier 1769	29 Décembre ,,	19 Décembre ,,	8 Décembre ,,
,, Chaoual	20 Février ,,	8 Février ,,	28 Janvier 1770	18 Janvier 1771	7 Janvier 1772
,, Doul Kaâda	20 Mars ,,	9 Mars ,,	26 Février ,,	16 Février ,,	5 Février ,,
,, Doul Hedja	19 Avril ,,	8 Avril ,,	28 Mars ,,	18 Mars ,,	6 Mars ,,

	Année 1186 (e) 1772 - 1773.		Année 1187. 1773 - 1774.		Année 1188 (e) 1774 - 1775.		Année 1189. 1775 - 1776.		Année 1190. 1776 (b) - 1777.	
I.er Moharrem	4 Avril	1772	25 Mars	1773	14 Mars	1774	4 Mars	1775	21 Février	1776
,, Safar	4 Mai	,,	24 Avril	,,	13 Avril	,,	3 Avril	,,	22 Mars	,,
,, Rebi' I.er	2 Juin	,,	23 Mai	,,	12 Mai	,,	2 Mai	,,	20 Avril	,,
,, Rebi' 2.o	2 Juillet	,,	22 Juin	,,	11 Juin	,,	1 Juin	,,	20 Mai	,,
,, Djoumada 1er	31 ,,	,,	21 Juillet	,,	10 Juillet	,,	30 ,,	,,	18 Juin	,,
,, Djoumada 2.o	30 Août	,,	20 Août	,,	9 Aout	,,	30 Juillet	,,	18 Juillet	,,
,, Redjeb	28 Septembre	,,	18 Septembre	,,	7 Septembre	,,	28 Août	,,	16 Août	,,
,, Chaâban	28 Octobre	,,	18 Octobre	,,	7 Octobre	,,	27 Septembre	,,	15 Septembre	,,
,, Ramadan	26 Novembre	,,	16 Novembre	,,	5 Novembre	,,	26 Octobre	,,	14 Octobre	,,
,, Chaoual	26 Décembre	,,	16 Décembre	,,	5 Décembre	,,	25 Novembre	,,	13 Novembre	,,
,, Doul Kaâda	24 Janvier	1773	14 Janvier	1774	3 Janvier	1775	24 Décembre	,,	12 Décembre	,,
,, Doul Hedja	23 Février	,,	13 Février	,,	2 Février	,,	23 Janvier	1776	11 Janvier	1777

	Année 1191 (e) 1777 - 1778.		Année 1192. 1778 - 1779.		Année 1193. 1779 - 1780.		Année 1194 (e) 1780. (b)		Année 1195. 1780 - 1781.	
I.er Moharrem	9 Février	1777	30 Janvier	1778	19 Janvier	1779	8 Janvier	1780	28 Décembre	1780
,, Safar	11 Mars	,,	1 Mars	,,	18 Février	,,	7 Février	,,	27 Janvier	1781
,, Rebi' I.er	9 Avril	,,	30 ,,	,,	19 Mars	,,	7 Mars	,,	25 Février	,,
,, Rebi' 2.e	9 Mai	,,	29 Avril	,,	18 Avril	,,	6 Avril	,,	27 Mars	,,
,, Djoumada I.er	7 Juin	,,	28 Mai	,,	17 Mai	,,	5 Mai	,,	25 Avril	,,
,, Djoumada 2.e	7 Juillet	,,	27 Juin	,,	16 Juin	,,	4 Juin	,,	25 Mai	,,
,, Redjeb	5 Août	,,	26 Juillet	,,	15 Juillet	,,	3 Juillet	,,	23 Juin	,,
,, Chaâban	4 Septembre	,,	25 Aout	,,	14 Août	,,	2 Août	,,	23 Juillet	,,
,, Ramadan	3 Octobre	,,	23 Septembre	,,	12 Septembre	,,	31 ,,	,,	21 Août	,,
,, Chaoual	2 Novembre	,,	23 Octobre	,,	12 Octobre	,,	30 Septembre	,,	20 Septembre	,,
,, Doul Kaâda	1 Décembre	,,	21 Novembre	,,	10 Novembre	,,	29 Octobre	,,	19 Octobre	,,
,, Doul Hedja	31 ,,	,,	21 Décembre	,,	10 Décembre	,,	28 Novembre	,,	18 Novembre	,,

	Année 1196. (e) 1781 - 1782.		Année 1197. 1782 - 1783.		Année 1198. 1783 - 1784. (b)		Année 1199 (e) 1784 - 1785.		Année 1200. 1785 - 1786.	
I.er Moharrem	17 Décembre	1781	7 Décembre	1782	26 Novembre	1783	14 Novembre	1784	4 Novembre	1785
,, Safar	16 Janvier	1782	6 Janvier	1783	26 Décembre	,,	14 Décembre	,,	4 Décembre	,,
,, Rebi' 1.er	14 Février	,,	4 Février	,,	24 Janvier	1784	12 Janvier	1785	2 Janvier	1786
,, Rebi' 2.e	16 Mars	,,	6 Mars	,,	23 Février	,,	11 Février	,,	1 Février	,,
,, Djoumada 1er	14 Avril	,,	4 Avril	,,	23 Mars	,,	12 Mars	,,	2 Mars	,,
,, Djoumada 2.e	14 Mai	,,	4 Mai	,,	22 Avril	,,	11 Avril	,,	1 Avril	,,
,, Redjeb	12 Juin	,,	2 Juin	,,	21 Mai	,,	10 Mai	,,	30 ,,	,,
,, Chaâban	12 Juillet	,,	2 Juillet	,,	20 Juin	,,	9 Juin	,,	30 Mai	,,
,, Ramadan	10 Aout	,,	31 ,,	,,	19 Juillet	,,	8 Juillet	,,	28 Juin	,,
,, Chaoual	9 Septembre	,,	30 Aout	,,	18 Aout	,,	7 Aout	,,	28 Juillet	,,
,, Doul Kaâda	8 Octobre	,,	28 Septembre	,,	16 Septembre	,,	5 Septembre	,,	26 Aout	,,
,, Doul Hedja	7 Novembre	,,	28 Octobre	,,	16 Octobre	,,	5 Octobre	,,	25 Septembre	,,

	Année 1201. 1786 - 1787.		Année 1202 (e) 1787 - 1788. (b)		Année 1203. 1788 - 1789.		Année 1204. 1789 - 1790.		Année 1205 (e) 1790 - 1791.	
1er. Moharrem	24 Octobre	1786	13 Octobre	1787	2 Octobre	1788	21 Septembre	1789	10 Septembre	1790
„ Safar	23 Novembre	„	12 Novembre	„	1 Novembre	„	21 Octobre	„	10 Octobre	„
„ Rebi' 1.er	22 Décembre	„	11 Décembre	„	30 „	„	19 Novembre	„	8 Novembre	„
„ Rebi' 2.e	21 Janvier	1787	10 Janvier	1788	30 Décembre	„	19 Décembre	„	8 Décembre	„
„ Djoumada 1.er	19 Février	„	8 Février	„	28 Janvier	1789	17 Janvier	1790	6 Janvier	1791
„ Djoumada 2.e	21 Mars	„	9 Mars	„	27 Février	„	16 Février	„	5 Février	„
„ Redjeb	19 Avril	„	7 Avril	„	28 Mars	„	17 Mars	„	6 Mars	„
„ Chaâban	19 Mai	„	7 Mai	„	27 Avril	„	16 Avril	„	5 Avril	„
„ Ramadan	17 Juin	„	5 Juin	„	26 Mai	„	15 Mai	„	4 Mai	„
„ Chaoual	17 Juillet	„	5 Juillet	„	25 Juin	„	14 Juin	„	3 Juin	„
„ Doul Kaâda	15 Août	„	3 Aout	„	24 Juillet	„	13 Juillet	„	2 Juillet	„
„ Doul Hedja	14 Septembre	„	2 Septembre	„	23 Aout	„	12 Août	„	1 Août	„

	Année 1206. 1791 - 1792. (b)		Année 1207 (e) 1792 - 1793.		Année 1208. 1793 - 1794.		Année 1209. 1794 - 1795.		Année 1210 (e) 1795 - 1796. (b)	
1er. Moharrem	31 Aout	1791	19 Aout	1792	9 Aout	1793	29 Juillet	1794	18 Juillet	1795
„ Safar	30 Septembre	„	18 Septembre	„	8 Septembre	„	28 Aout	„	17 Aout	„
„ Rebi' 1.er	29 Octobre	„	17 Octobre	„	7 Octobre	„	26 Septembre	„	15 Septembre	„
„ Rebi' 2.e	28 Novembre	„	16 Novembre	„	6 Novembre	„	26 Octobre	„	15 Octobre	„
„ Djoumada 1.er	27 Décembre	„	15 Décembre	„	5 Décembre	„	24 Novembre	„	13 Novembre	„
„ Djoumada 2.e	26 Janvier	1792	14 Janvier	1793	4 Janvier	1794	24 Décembre	„	13 Décembre	„
„ Redjeb	24 Février	„	12 Février	„	2 Février	„	22 Janvier	1795	11 Janvier	1796
„ Chaâban	25 Mars	„	14 Mars	„	4 Mars	„	21 Février	„	10 Février	„
„ Ramadan	23 Avril	„	12 Avril	„	2 Avril	„	22 Mars	„	10 Mars	„
„ Chaoual	23 Mai	„	12 Mai	„	2 Mai	„	21 Avril	„	9 Avril	„
„ Doul Kaâda	21 Juin	„	10 Juin	„	31 „	„	20 Mai	„	8 Mai	„
„ Doul Hedja	21 Juillet	„	10 Juillet	„	30 Juin	„	19 Juin	„	7 Juin	„

	Année 1211. 1796 - 1797.		Année 1212. 1797 - 1798.		Année 1213 (e) 1798 - 1799.		Année 1214. 1799 - 1800.		Année 1215. 1800 - 1801.	
1.er Moharrem	7 Juillet	1796	26 Juin	1797	15 Juin	1798	5 Juin	1799	25 Mai	1800
„ Safar	6 Aout	„	26 Juillet	„	15 Juillet	„	5 Juillet	„	24 Juin	„
„ Rebi' 1.er	4 Septembre	„	24 Aout	„	13 Aout	„	3 Août	„	23 Juillet	„
„ Rebi' 2.e	4 Octobre	„	23 Septembre	„	12 Septembre	„	2 Septembre	„	22 Aout	„
„ Djoumada 1.er	2 Novembre	„	22 Octobre	„	11 Octobre	„	1 Octobre	„	20 Septembre	„
„ Djoumada 2.e	2 Décembre	„	21 Novembre	„	10 Novembre	„	31 „	„	20 Octobre	„
„ Redjeb	31 „	„	20 Décembre	„	9 Décembre	„	29 Novembre	„	18 Novembre	„
„ Chaâban	30 Janvier	1797	19 Janvier	1798	8 Janvier	1799	29 Décembre	„	18 Décembre	„
„ Ramadan	28 Février	„	17 Février	„	6 Février	„	27 Janvier	1800	16 Janvier	1801
„ Chaoual	30 Mars	„	19 Mars	„	8 Mars	„	26 Février	„	15 Février	„
„ Doul Kaâda	28 Avril	„	17 Avril	„	6 Avril	„	27 Mars	„	16 Mars	„
„ Doul Hedja	28 Mai	„	17 Mai	„	6 Mai	„	26 Avril	„	15 Avril	„

	Année 1216 (e) 1801 - 1802.		Année 1217. 1802 - 1803.		Année 1218 (e) 1803 - 1804. (b)		Année 1219. 1804 - 1805.		Année 1220. 1805 - 1806.	
1.er Moharrem	14 Mai	1801	4 Mai	1802	23 Avril	1803	12 Avril	1804	1 Avril	1805
,, Safar	13 Juin	,,	3 Juin	,,	23 Mai	,,	12 Mai	,,	1 Mai	,,
,, Rebi' 1.er	12 Juillet	,,	2 Juillet	,,	21 Juin	,,	10 Juin	,,	30 ,,	,,
,, Rebi' 2.e	11 Aout	,,	1 Août	,,	21 Juillet	,,	10 Juillet	,,	29 Juin	,,
,, Djoumada 1.er	9 Septembre	,,	30 ,,	,,	19 Août	,,	8 Août	,,	28 Juillet	,,
,, Djoumada 2.e	9 Octobre	,,	29 Septembre	,,	18 Septembre	,,	7 Septembre	,,	27 Août	,,
,, Redjeb	7 Novembre	,,	28 Octobre	,,	17 Octobre	,,	6 Octobre	,,	25 Septembre	,,
,, Chaâban	7 Décembre	,,	27 Novembre	,,	16 Novembre	,,	5 Novembre	,,	25 Octobre	,,
,, Ramadan	5 Janvier	1802	26 Décembre	,,	15 Décembre	,,	4 Décembre	,,	23 Novembre	,,
,, Chaoual	4 Février	,,	25 Janvier	1803	14 Janvier	1804	3 Janvier	1805	23 Décembre	,,
,, Doul Kaâda	5 Mars	,,	23 Février	,,	12 Février	,,	1 Février	,,	21 Janvier	1806
,, Doul Hedja	4 Avril	,,	25 Mars	,,	13 Mars	,,	3 Mars	,,	20 Février	,,

	Année 1221 (e) 1806 - 1807.		Année 1222. 1807 - 1808.		Année 1223. 1808 (b) - 1809.		Année 1224 (e) 1809 - 1810.		Année 1225. 1810 - 1811.	
1er. Moharrem	21 Mars	1806	11 Mars	1807	28 Février	1808	16 Février	1809	6 Février	1810
,, Safar	20 Avril	,,	10 Avril	,,	29 Mars	,,	18 Mars	,,	8 Mars	,,
,, Rebi' 1.er	19 Mai	,,	9 Mai	,,	27 Avril	,,	16 Avril	,,	6 Avril	,,
,, Rebi' 2.e	18 Juin	,,	8 Juin	,,	27 Mai	,,	16 Mai	,,	6 Mai	,,
,, Djoumada 1.er	17 Juillet	,,	7 Juillet	,,	25 Juin	,,	14 Juin	,,	4 Juin	,,
,, Djoumada 2.e	16 Aout	,,	6 Août	,,	25 Juillet	,,	14 Juillet	,,	4 Juillet	,,
,, Redjeb	14 Septembre	,,	4 Septembre	,,	23 Août	,,	12 Août	,,	2 Août	,,
,, Chaâban	14 Octobre	,,	4 Octobre	,,	22 Septembre	,,	11 Septembre	,,	1 Septembre	,,
,, Ramadan	12 Novembre	,,	2 Novembre	,,	21 Octobre	,,	10 Octobre	,,	30 ,,	,,
,, Chaoual	12 Décembre	,,	2 Décembre	,,	20 Novembre	,,	9 Novembre	,,	30 Octobre	,,
,, Doul Kaâda	10 Janvier	1807	31 ,,	,,	19 Décembre	,,	8 Décembre	,,	28 Novembre	,,
,, Doul Hedja	9 Février	,,	30 Janvier	1808	18 Janvier	1809	7 Janvier	1810	28 Décembre	,,

	Année 1226 (e) 1811 - 1812.		Année 1227. 1812 (b) - 1813.		Année 1228. 1813.		Année 1229 (e) 1813 - 1814.		Année 1230. 1814 - 1815.	
1.er Moharrem	26 Janvier	1811	16 Janvier	1812	4 Janvier	1813	24 Décembre	1813	14 Décembre	1814
,, Safar	25 Février	,,	15 Février	,,	3 Février	,,	23 Janvier	1814	13 Janvier	1815
,, Rebi' 1.er	26 Mars	,,	15 Mars	,,	4 Mars	,,	21 Février	,,	11 Février	,,
,, Rebi' 2.e	25 Avril	,,	14 Avril	,,	3 Avril	,,	23 Mars	,,	13 Mars	,,
,, Djoumada 1.er	24 Mai	,,	13 Mai	,,	2 Mai	,,	21 Avril	,,	11 Avril	,,
,, Djoumada 2.e	23 Juin	,,	12 Juin	,,	1 Juin	,,	21 Mai	,,	11 Mai	,,
,, Redjeb	22 Juillet	,,	11 Juillet	,,	30 ,,	,,	19 Juin	,,	9 Juin	,,
,, Chaâban	21 Août	,,	10 Août	,,	30 Juillet	,,	19 Juillet	,,	9 Juillet	,,
,, Ramadan	19 Septembre	,,	8 Septembre	,,	28 Août	,,	17 Août	,,	7 Août	,,
,, Chaoual	19 Octobre	,,	8 Octobre	,,	27 Septembre	,,	16 Septembre	,,	6 Septembre	,,
,, Doul Kaâda	17 Novembre	,,	6 Novembre	,,	26 Octobre	,,	15 Octobre	,,	5 Octobre	,,
,, Doul Hedja	17 Décembre	,,	6 Décembre	,,	25 Novembre	,,	14 Novembre	,,	4 Novembre	,,

		Année 1231. 1815 - 1816. (b)	Année 1232 (e) 1816 - 1817.	Année 1233. 1817 - 1818.	Année 1234. 1818 - 1819.	Année 1235 (e) 1819 - 1820. (b)
1.er	Moharrem	3 Décembre 1815	21 Novembre 1816	11 Novembre 1817	31 Octobre 1818	20 Octobre 1819
,,	Safar	2 Janvier 1816	21 Décembre ,,	11 Décembre ,,	30 Novembre ,,	19 Novembre ,,
,,	Rebi' 1.er	31 ,, ,,	19 Janvier 1817	9 Janvier 1818	29 Décembre ,,	18 Décembre ,,
,,	Rebi' 2.e	1 Mars ,,	18 Février ,,	8 Février ,,	28 Janvier 1819	17 Janvier 1820
,,	Djoumada 1.er	30 ,, ,,	19 Mars ,,	9 Mars ,,	26 Février ,,	15 Février ,,
,,	Djoumada 2.e	29 Avril ,,	18 Avril ,,	8 Avril ,,	28 Mars ,,	16 Mars ,,
,,	Redjeb	28 Mai ,,	17 Mai ,,	7 Mai ,,	26 Avril ,,	14 Avril ,,
,,	Chaâban	27 Juin ,,	16 Juin ,,	6 Juin ,,	26 Mai ,,	14 Mai ,,
,,	Ramadan	26 Juillet ,,	15 Juillet ,,	5 Juillet ,,	24 Juin ,,	12 Juin ,,
,,	Chaoual	25 Aout ,,	14 Aout ,,	4 Aout ,,	24 Juillet ,,	12 Juillet ,,
,,	Doul Kaâda	23 Septembre ,,	12 Septembre ,,	3 Septembre ,,	22 Août ,,	10 Aout ,,
,,	Doul Hedja	23 Octobre ,,	12 Octobre ,,	2 Octobre ,,	21 Septembre ,,	9 Septembre. ,,

		Année 1236. 1820 - 1821.	Année 1237 (e) 1821 - 1822.	Année 1238. 1822 - 1823.	Année 1239. 1823 - 1824. (b)	Année 1240 (e) 1824 - 1825.
I.er	Moharrem	9 Octobre 1820	28 Septembre 1821	18 Septembre 1822	7 Septembre 1823	26 Aout 1824
,,	Safar	8 Novembre ,,	28 Octobre ,,	18 Octobre ,,	7 Octobre ,,	25 Septembre ,,
,,	Rebi' I.er	7 Décembre ,,	26 Novembre ,,	16 Novembre ,,	5 Novembre ,,	24 Octobre ,,
,,	Rebi' 2.e	6 Janvier 1821	26 Décembre ,,	16 Décembre ,,	5 Décembre ,,	23 Novembre ,,
,,	Djoumada 1er	4 Février ,,	24 Janvier 1822	14 Janvier 1823	3 Janvier 1824	22 Décembre ,,
,,	Djoumada 2.e	6 Mars ,,	23 Février ,,	13 Février ,,	2 Février ,,	21 Janvier 1825
,,	Redjeb	4 Avril ,,	24 Mars ,,	14 Mars ,,	2 Mars ,,	19 Février ,,
,,	Chaâban	4 Mai ,,	23 Avril ,,	13 Avril ,,	1 Avril ,,	21 Mars ,,
,,	Ramadan	2 Juin ,,	22 Mai ,,	12 Mai ,,	30 ,, ,,	19 Avril ,,
,,	Chaoual	2 Juillet ,,	21 Juin ,,	11 Juin ,,	30 Mai ,,	19 Mai ,,
,,	Doul Kaâda	31 ,, ,,	20 Juillet ,,	10 Juillet ,,	28 Juin ,,	17 Juin ,,
,,	Doul Hedja	30 Août ,,	19 Août ,,	9 Août ,,	28 Juillet ,,	17 Juillet ,,

		Année 1241. 1825 - 1826.	Année 1242. 1826 - 1827.	Année 1243 (e) 1827 - 1828. (b)	Année 1244. 1828 - 1829.	Année 1245. 1829 - 1830.
I.er	Moharrem	16 Aout 1825	5 Août 1826	25 Juillet 1827	14 Juillet 1828	3 Juillet 1829
,,	Safar	15 Septembre ,,	4 Septembre ,,	24 Août ,,	13 Août ,,	2 Août ,,
,,	Rebi' I.er	14 Octobre ,,	3 Octobre ,,	22 Septembre ,,	11 Septembre ,,	31 ,, ,,
,,	Rebi' 2.e	13 Novembre ,,	2 Novembre ,,	22 Octobre ,,	11 Octobre ,,	30 Septembre ,,
,,	Djoumada I.er	12 Décembre ,,	1 Décembre ,,	20 Novembre ,,	9 Novembre ,,	29 Octobre ,,
,,	Djoumada 2.e	11 Janvier 1826	31 ,, ,,	20 Décembre ,,	9 Décembre ,,	28 Novembre ,,
,,	Redjeb	9 Février ,,	29 Janvier 1827	18 Janvier 1828	7 Janvier 1829	27 Décembre ,,
,,	Chaâban	11 Mars ,,	28 Février ,,	17 Février ,,	6 Février ,,	26 Janvier 1830
,,	Ramadan	9 Avril ,,	29 Mars ,,	17 Mars ,,	7 Mars ,,	24 Février ,,
,,	Chaoual	9 Mai ,,	28 Avril ,,	16 Avril ,,	6 Avril ,,	26 Mars ,,
,,	Doul Kaâda	7 Juin ,,	27 Mai ,,	15 Mai ,,	5 Mai ,,	24 Avril ,,
,,	Doul Hedja	7 Juillet ,,	26 Juin ,,	14 Juin ,,	4 Juin ,,	24 Mai ,,

	Année 1246 (e) 1830 - 1831.		Année 1247. 1831 - 1832. (b)		Année 1248 (e) 1832 - 1833.		Année 1249. 1833 - 1834.		Année 1250. 1834 - 1835.	
1.er Moharrem	22 Juin	1830	12 Juin	1831	31 Mai	1832	21 Mai	1833	10 Mai	1834
,, Safar	22 Juillet	,,	12 Juillet	,,	30 Juin	,,	20 Juin	,,	9 Juin	,,
,, Rebi' 1.er	20 Août	,,	10 Août	,,	29 Juillet	,,	19 Juillet	,,	8 Juillet	,,
,, Rebi' 2.e	19 Septembre	,,	9 Septembre	,,	28 Août	,,	18 Août	,,	7 Août	,,
,, Djoumada 1.er	18 Octobre	,,	8 Octobre	,,	26 Septembre	,,	16 Septembre	,,	5 Septembre	,,
,, Djoumada 2.e	17 Novembre	,,	7 Novembre	,,	26 Octobre	,,	16 Octobre	,,	5 Octobre	,,
,, Redjeb	16 Décembre	,,	6 Décembre	,,	24 Novembre	,,	14 Novembre	,,	3 Novembre	,,
,, Chaâban	15 Janvier	1831	5 Janvier	1832	24 Décembre	,,	14 Décembre	,,	3 Décembre	,,
,, Ramadan	13 Février	,,	3 Février	,,	22 Janvier	1833	12 Janvier	1834	1 Janvier	1835
,, Chaoual	15 Mars	,,	4 Mars	,,	21 Février	,,	11 Février	,,	31 ,,	,,
,, Doul Kaâda	13 Avril	,,	2 Avril	,,	22 Mars	,,	12 Mars	,,	1 Mars	,,
,, Doul Hedja	13 Mai	,,	2 Mai	,,	21 Avril	,,	11 Avril	,,	31 ,,	,,

	Année 1251 (e) 1835 - 1836. (b)		Année 1252. 1836 - 1837.		Année 1253. 1837 - 1838.		Année 1254 (e) 1838 - 1839.		Année 1255. 1839 - 1840. (b)	
1.er Moharrem	29 Avril	1835	18 Avril	1836	7 Avril	1837	27 Mars	1838	17 Mars	1839
,, Safar	29 Mai	,,	18 Mai	,,	7 Mai	,,	26 Avril	,,	16 Avril	,,
,, Rebi' 1.er	27 Juin	,,	16 Juin	,,	5 Juin	,,	25 Mai	,,	15 Mai	,,
,, Rebi' 2.e	27 Juillet	,,	16 Juillet	,,	5 Juillet	,,	24 Juin	,,	14 Juin	,,
,, Djoumada 1.er	25 Août	,,	14 Août	,,	3 Août	,,	23 Juillet	,,	13 Juillet	,,
,, Djoumada 2.e	24 Septembre	,,	13 Septembre	,,	2 Septembre	,,	22 Août	,,	12 Août	,,
,, Redjeb	23 Octobre	,,	12 Octobre	,,	1 Octobre	,,	20 Septembre	,,	10 Septembre	,,
,, Chaâban	22 Novembre	,,	11 Novembre	,,	31 ,,	,,	20 Octobre	,,	10 Octobre	,,
,, Ramadan	21 Décembre	,,	10 Décembre	,,	29 Novembre	,,	18 Novembre	,,	8 Novembre	,,
,, Chaoual	20 Janvier	1836	9 Janvier	1837	29 Décembre	,,	18 Décembre	,,	8 Décembre	,,
,, Doul Kaâda	18 Février	,,	7 Février	,,	27 Janvier	1838	16 Janvier	1839	6 Janvier	1840
,, Doul Hedja	19 Mars	,,	9 Mars	,,	26 Février	,,	15 Février	,,	5 Février	,,

	Année 1256 (e) 1840 - 1841.		Année 1257. 1841 - 1842.		Année 1258. 1842 - 1843.		Année 1259 (e) 1843 - 1844.		Année 1260. 1844 (b) - 1845.	
1.er Moharrem	5 Mars	1840	23 Février	1841	12 Février	1842	1 Février	1843	22 Janvier	1844
,, Safar	4 Avril	,,	25 Mars	,,	14 Mars	,,	3 Mars	,,	21 Février	,,
,, Rebi' 1.er	3 Mai	,,	23 Avril	,,	12 Avril	,,	1 Avril	,,	21 Mars	,,
,, Rebi' 2.e	2 Juin	,,	23 Mai	,,	12 Mai	,,	1 Mai	,,	20 Avril	,,
,, Djoumada 1er	1 Juillet	,,	21 Juin	,,	10 Juin	,,	30 ,,	,,	19 Mai	,,
,, Djoumada 2.e	31 ,,	,,	21 Juillet	,,	10 Juillet	,,	29 Juin	,,	18 Juin	,,
,, Redjeb	29 Aout	,,	19 Aout	,,	8 Aout	,,	28 Juillet	,,	17 Juillet	,,
,, Chaâban	28 Septembre	,,	18 Septembre	,,	7 Septembre	,,	27 Aout	,,	16 Aout	,,
,, Ramadan	27 Octobre	,,	17 Octobre	,,	6 Octobre	,,	25 Septembre	,,	14 Septembre	,,
,, Chaoual	26 Novembre	,,	16 Novembre	,,	5 Novembre	,,	25 Octobre	,,	14 Octobre	,,
,, Doul Kaâda	25 Décembre	,,	15 Décembre	,,	4 Décembre	,,	23 Novembre	,,	12 Novembre	,,
,, Doul Hedja	24 Janvier	1841	14 Janvier	1842	3 Janvier	1843	23 Décembre	,,	12 Décembre	,,

	Année 1261. 1845.	Année 1262 (e) 1845 - 1846.	Année 1263. 1846 - 1847.	Année 1264. 1847 - 1848. (b)	Année 1265 (e) 1848 - 1849.
1er. Moharrem	10 Janvier 1845	30 Décembre 1845	20 Décembre 1846	9 Décembre 1847	27 Novembre 1848
,, Safar	9 Février ,,	29 Janvier 1846	19 Janvier 1847	8 Janvier 1848	27 Décembre ,,
,, Rebi' 1.er	10 Mars ,,	27 Février ,,	17 Février ,,	6 Février ,,	25 Janvier 1849
,, Rebi' 2.e	9 Avril ,,	29 Mars ,,	19 Mars ,,	7 Mars ,,	24 Février ,,
,, Djoumada 1.er	8 Mai ,,	27 Avril ,,	17 Avril ,,	5 Avril ,,	25 Mars ,,
,, Djoumada 2.e	7 Juin ,,	27 Mai ,,	17 Mai ,,	5 Mai ,,	24 Avril ,,
,, Redjeb	6 Juillet ,,	25 Juin ,,	15 Juin ,,	3 Juin ,,	23 Mai ,,
,, Chaâban	5 Août ,,	25 Juillet ,,	15 Juillet ,,	2 Juillet ,,	22 Juin ,,
,, Ramadan	3 Septembre ,,	23 Aout ,,	13 Aout ,,	1 Août ,,	21 Juillet ,,
,, Chaoual	3 Octobre ,,	22 Septembre ,,	12 Septembre ,,	31 ,, ,,	20 Août ,,
,, Doul Kaâda	1 Novembre ,,	21 Octobre ,,	11 Octobre ,,	29 Septembre ,,	18 Septembre ,,
,, Doul Hedja	1 Décembre ,,	20 Novembre ,,	10 Novembre ,,	29 Octobre ,,	18 Octobre ,,

	Année 1266. 1849 - 1850.	Année 1267 (e) 1850 - 1851.	Année 1268. 1851 - 1852. (b)	Année 1269. 1852 - 1853.	Année 1270 (e) 1853 - 1854.
1.er Moharrem	17 Novembre 1849	6 Novembre 1850	27 Octobre 1851	15 Octobre 1852	4 Octobre 1853
,, Safar	17 Décembre ,,	6 Décembre ,,	26 Novembre ,,	14 Novembre ,,	3 Novembre ,,
,, Rebi' 1.er	15 Janvier 1850	4 Janvier 1851	25 Décembre ,,	13 Décembre ,,	2 Décembre ,,
,, Rebi' 2.e	14 Février ,,	3 Février ,,	24 Janvier 1852	12 Janvier 1853	1 Janvier 1854
,, Djoumada 1.er	15 Mars ,,	4 Mars ,,	22 Février ,,	10 Février ,,	30 ,, ,,
,, Djoumada 2.e	14 Avril ,,	3 Avril ,,	23 Mars ,,	12 Mars ,,	1 Mars ,,
,, Redjeb	13 Mai ,,	2 Mai ,,	21 Avril ,,	10 Avril ,,	30 ,, ,,
,, Chaâban	12 Juin ,,	1 Juin ,,	21 Mai ,,	10 Mai ,,	29 Avril ,,
,, Ramadan	11 Juillet ,,	30 ,, ,,	19 Juin ,,	8 Juin ,,	28 Mai ,,
,, Chaoual	10 Août ,,	30 Juillet ,,	19 Juillet ,,	8 Juillet ,,	27 Juin ,,
,, Doul Kaâda	8 Septembre ,,	28 Août ,,	17 Août ,,	6 Août ,,	26 Juillet ,,
,, Doul Hedja	8 Octobre ,,	27 Septembre ,,	16 Septembre ,,	5 Septembre ,,	25 Août ,,

	Année 1271. 1854 - 1855.	Année 1272. 1855 - 1856. (b)	Année 1273 (e) 1856 - 1857.	Année 1274. 1857 - 1858.	Année 1275. 1858 - 1859.
1.er Moharrem	24 Septembre 1854	13 Septembre 1855	1 Septembre 1856	22 Aout 1857	11 Aout 1858
,, Safar	24 Octobre ,,	13 Octobre ,,	1 Octobre ,,	21 Septembre ,,	10 Septembre ,,
,, Rebi' 1.er	22 Novembre ,,	11 Novembre ,,	30 ,, ,,	20 Octobre ,,	9 Octobre ,,
,, Rebi' 2.e	22 Décembre ,,	11 Décembre ,,	29 Novembre ,,	19 Novembre ,,	8 Novembre ,,
,, Djoumada 1.er	20 Janvier 1855	9 Janvier 1856	28 Décembre ,,	18 Décembre ,,	7 Décembre ,,
,, Djoumada 2.e	19 Février ,,	8 Février ,,	27 Janvier 1857	17 Janvier 1858	6 Janvier 1859
,, Redjeb	20 Mars ,,	8 Mars ,,	25 Février ,,	15 Février ,,	4 Février ,,
,, Chaâban	19 Avril ,,	7 Avril ,,	27 Mars ,,	17 Mars ,,	6 Mars ,,
,, Ramadan	18 Mai ,,	6 Mai ,,	25 Avril ,,	15 Avril ,,	4 Avril ,,
,, Chaoual	17 Juin ,,	5 Juin ,,	25 Mai ,,	15 Mai ,,	4 Mai ,,
,, Doul Kaâda	16 Juillet ,,	4 Juillet ,,	23 Juin ,,	13 Juin ,,	2 Juin ,,
,, Doul Hedja	15 Aout ,,	3 Août ,,	23 Juillet ,,	13 Juillet ,,	2 Juillet ,,

	Année 1276 (e) 1859 - 1860. (b)		Année 1277. 1860 - 1861.		Année 1278 (e) 1861 - 1862.		Année 1279. 1862 - 1863.		Année 1280. 1863 - 1864. (b)	
1.er Moharrem	31 Juillet	1859	20 Juillet	1860	9 Juillet	1861	29 Juin	1862	18 Juin	1863
„ Safar	30 Aout	„	19 Août	„	8 Août	„	29 Juillet	„	18 Juillet	„
„ Rebi' 1.er	28 Septembre	„	17 Septembre	„	6 Septembre	„	27 Août	„	16 Août	„
„ Rebi' 2.e	28 Octobre	„	17 Octobre	„	6 Octobre	„	26 Septembre	„	15 Septembre	„
„ Djoumada 1.er	26 Novembre	„	15 Novembre	„	4 Novembre	„	25 Octobre	„	14 Octobre	„
„ Djoumada 2.e	26 Décembre	„	15 Décembre	„	4 Décembre	„	24 Novembre	„	13 Novembre	„
„ Redjeb	24 Janvier	1860	13 Janvier	1861	2 Janvier	1862	23 Décembre	„	12 Décembre	„
„ Chaâban	23 Février	„	12 Février	„	1 Février	„	22 Janvier	1863	11 Janvier	1864
„ Ramadan	23 Mars	„	13 Mars	„	2 Mars	„	20 Février	„	9 Février	„
„ Chaoual	22 Avril	„	12 Avril	„	1 Avril	„	22 Mars	„	10 Mars	„
„ Doul Kaâda	21 Mai	„	11 Mai	„	30 „	„	20 Avril	„	8 Avril	„
„ Doul Hedja	20 Juin	„	10 Juin	„	30 Mai	„	20 Mai	„	8 Mai	„

	Année 1281 (e) 1864 - 1865.		Année 1282. 1865 - 1866.		Année 1283. 1866 - 1867.		Année 1284 (e) 1867 - 1868. (b)		Année 1285. 1868 - 1869.	
1er. Moharrem	6 Juin	1864	27 Mai	1865	16 Mai	1866	5 Mai	1867	24 Avril	1868
„ Safar	6 Juillet	„	26 Juin	„	15 Juin	„	4 Juin	„	24 Mai	„
„ Rebi' 1.er	4 Aout	„	25 Juillet	„	14 Juillet	„	3 Juillet	„	22 Juin	„
„ Rebi' 2.e	3 Septembre	„	24 Août	„	13 Août	„	2 Août	„	22 Juillet	„
„ Djoumada 1.er	2 Octobre	„	22 Septembre	„	11 Septembre	„	31 „	„	20 Août	„
„ Djoumada 2.e	1 Novembre	„	22 Octobre	„	11 Octobre	„	30 Septembre	„	19 Septembre	„
„ Redjeb	30 „	„	20 Novembre	„	9 Novembre	„	29 Octobre	„	18 Octobre	„
„ Chaâban	30 Décembre	„	20 Décembre	„	9 Décembre	„	28 Novembre	„	17 Novembre	„
„ Ramadan	28 Janvier	1865	18 Janvier	1866	7 Janvier	1867	27 Décembre	„	16 Décembre	„
„ Chaoual	27 Février	„	17 Février	„	6 Février	„	26 Janvier	1868	15 Janvier	1869
„ Doul Kaâda	28 Mars	„	18 Mars	„	7 Mars	„	24 Février	„	13 Février	„
„ Doul Hedja	27 Avril	„	17 Avril	„	6 Avril	„	25 Mars	„	15 Mars	„

	Année 1286 (e) 1869 - 1870.		Année 1287. 1870 - 1871.		Année 1288. 1871 - 1872. (b)		Année 1289 (e) 1872 - 1873.		Année 1290. 1873 - 1874.	
1.er Moharrem	13 Avril	1869	3 Avril	1870	23 Mars	1871	11 Mars	1872	1 Mars	1873
„ Safar	13 Mai	„	3 Mai	„	22 Avril	„	10 Avril	„	31 „	„
„ Rebi' 1.er	11 Juin	„	1 Juin	„	21 Mai	„	9 Mai	„	29 Avril	„
„ Rebi' 2.e	11 Juillet	„	1 Juillet	„	20 Juin	„	8 Juin	„	29 Mai	„
„ Djoumada 1.er	9 Août	„	30 „	„	19 Juillet	„	7 Juillet	„	27 Juin	„
„ Djoumada 2.e	8 Septembre	„	29 Août	„	18 Août	„	6 Août	„	27 Juillet	„
„ Redjeb	7 Octobre	„	27 Septembre	„	16 Septembre	„	4 Septembre	„	25 Août	„
„ Chaâban	6 Novembre	„	27 Octobre	„	16 Octobre	„	4 Octobre	„	24 Septembre	„
„ Ramadan	5 Décembre	„	25 Novembre	„	14 Novembre	„	2 Novembre	„	23 Octobre	„
„ Chaoual	4 Janvier	1870	25 Décembre	„	14 Décembre	„	2 Décembre	„	22 Novembre	„
„ Doul Kaâda	2 Février	„	23 Janvier	1871	12 Janvier	1872	31 „	„	21 Décembre	„
„ Doul Hedja	4 Mars	„	22 Février	„	11 Février	„	30 Janvier	1873	20 Janvier	1874

	Année 1291. 1874 - 1875.	Année 1292 (e) 1875 - 1876.	Année 1293. 1876 (b) - 1877.	Année 1294. 1877 - 1878.	Année 1295 (e) 1878.
1.er Moharrem	18 Février 1874	7 Février 1875	28 Janvier 1876	16 Janvier 1877	5 Janvier 1878
,, Safar	20 Mars ,,	9 Mars ,,	27 Février ,,	15 Février ,,	4 Février ,,
,, Rebi' 1.er	18 Avril ,,	7 Avril ,,	27 Mars ,,	16 Mars ,,	5 Mars ,,
,, Rebi' 2.e	18 Mai ,,	7 Mai ,,	26 Avril ,,	15 Avril ,,	4 Avril ,,
,, Djoumada 1.er	16 Juin ,,	5 Juin ,,	25 Mai ,,	14 Mai ,,	3 Mai ,,
,, Djoumada 2.e	16 Juillet ,,	5 Juillet ,,	24 Juin ,,	13 Juin ,,	2 Juin ,,
,, Redjeb	14 Aout ,,	3 Aout ,,	23 Juillet ,,	12 Juillet ,,	1 Juillet ,,
,, Chaâban	13 Septembre ,,	2 Septembre ,,	22 Aout ,,	11 Aout ,,	31 ,, ,,
,, Ramadan	12 Octobre ,,	1 Octobre ,,	20 Septembre ,,	9 Septembre ,,	29 Août ,,
,, Chaoual	11 Novembre ,,	31 ,, ,,	20 Octobre ,,	9 Octobre ,,	28 Septembre ,,
,, Doul Kaâda	10 Décembre ,,	29 Novembre ,,	18 Novembre ,,	7 Novembre ,,	27 Octobre ,,
,, Doul Hedja	9 Janvier 1875	29 Décembre ,,	18 Décembre ,,	7 Décembre ,,	26 Novembre ,,

	Année 1296. 1878 - 1879.	Année 1297 (e) 1879 - 1880. (b)	Année 1298. 1880 - 1881.	Année 1299. 1881 - 1882.	Année 1300 (e) 1882 - 1883.
I.er Moharrem	26 Décembre 1878	15 Décembre 1879	4 Décembre 1880	23 Novembre 1881	12 Novembre 1882
,, Safar	25 Janvier 1879	14 Janvier 1880	3 Janvier 1881	23 Décembre ,,	12 Décembre ,,
,, Rebi' I.er	23 Février ,,	12 Février ,,	1 Février ,,	21 Janvier 1882	10 Janvier 1883
,, Rebi' 2.e	25 Mars ,,	13 Mars ,,	3 Mars ,,	20 Février ,,	9 Février ,,
,, Djoumada I.er	23 Avril ,,	11 Avril ,,	1 Avril ,,	21 Mars ,,	10 Mars ,,
,, Djoumada 2.e	23 Mai ,,	11 Mai ,,	1 Mai ,,	20 Avril ,,	9 Avril ,,
,, Redjeb	21 Juin ,,	9 Juin ,,	30 ,, ,,	19 Mai ,,	8 Mai ,,
,, Chaâban	21 Juillet ,,	9 Juillet ,,	29 Juin ,,	18 Juin ,,	7 Juin ,,
,, Ramadan	19 Août ,,	7 Août ,,	28 Juillet ,,	17 Juillet ,,	6 Juillet ,,
,, Chaoual	18 Septembre ,,	6 Septembre ,,	27 Août ,,	16 Août ,,	5 Aout ,,
,, Doul Kaâda	17 Octobre ,,	5 Octobre ,,	25 Septembre ,,	14 Septembre ,,	3 Septembre ,,
,, Doul Hedja	16 Novembre ,,	4 Novembre ,,	25 Octobre ,,	14 Octobre ,,	3 Octobre ,,

	Année 1301. 1883 - 1884. (b)	Année 1302. 1884 - 1885.	Année 1303 (e) 1885 - 1886.	Année 1304. 1886 - 1887.	Année 1305. 1887 - 1888. (b)
I.er Moharrem	2 Novembre 1883	21 Octobre 1884	10 Octobre 1885	30 Septembre 1886	19 Septembre 1887
,, Safar	2 Décembre ,,	20 Novembre ,,	9 Novembre ,,	30 Octobre ,,	19 Octobre ,,
,, Rebi' I.er	31 ,, ,,	19 Décembre ,,	8 Décembre ,,	28 Novembre ,,	17 Novembre ,,
,, Rebi' 2.e	30 Janvier 1884	18 Janvier 1885	7 Janvier 1886	28 Décembre ,,	17 Décembre ,,
,, Djoumada I.er	28 Février ,,	16 Février ,,	5 Février ,,	26 Janvier 1887	15 Janvier 1888
,, Djoumada 2.e	29 Mars ,,	18 Mars ,,	7 Mars ,,	25 Février ,,	14 Février ,,
,, Redjeb	27 Avril ,,	16 Avril ,,	5 Avril ,,	26 Mars ,,	14 Mars ,,
,, Chaâban	27 Mai ,,	16 Mai ,,	5 Mai ,,	25 Avril ,,	13 Avril ,,
,, Ramadan	25 Juin ,,	14 Juin ,,	3 Juin ,,	24 Mai ,,	12 Mai ,,
,, Chaoual	25 Juillet ,,	14 Juillet ,,	3 Juillet ,,	23 Juin ,,	11 Juin ,,
,, Doul Kaâda	23 Aout ,,	12 Août ,,	1 Août ,,	22 Juillet ,,	10 Juillet ,,
,, Doul Hedja	22 Septembre ,,	11 Septembre ,,	31 ,, ,,	21 Août ,,	9 Août ,,

	Année 1306 (e) 1888 - 1889.		Année 1307. 1889 - 1890.		Année 1308 (e) 1890 - 1891.		Année 1309. 1891 - 1892. (b)		Année 1310. 1892 - 1893.	
1.er Moharrem	7 Septembre	1888	28 Août	1889	17 Août	1890	7 Août	1891	26 Juillet	1892
„ Safar	7 Octobre	„	27 Septembre	„	16 Septembre	„	6 Septembre	„	25 Août	„
„ Rebi' 1.er	5 Novembre	„	26 Octobre	„	15 Octobre	„	5 Octobre	„	23 Septembre	„
„ Rebi' 2.o	5 Décembre	„	25 Novembre	„	14 Novembre	„	4 Novembre	„	28 Octobre	„
„ Djoumada 1.er	3 Janvier	1889	24 Décembre	„	13 Décembre	„	8 Décembre	„	21 Novembre	„
„ Djoumada 2.e	2 Février	„	23 Janvier	1890	12 Janvier	1891	2 Janvier	1892	21 Décembre	„
„ Redjeb	3 Mars	„	21 Février	„	10 Février	„	31 „	„	19 Janvier	1893
„ Chaâban	2 Avril	„	23 Mars	„	12 Mars	„	1 Mars	„	18 Février	„
„ Ramadan	1 Mai	„	21 Avril	„	10 Avril	„	30 „	„	19 Mars	„
„ Chaoual	31 „	„	21 Mai	„	10 Mai	„	29 Avril	„	18 Avril	„
„ Doul Kaâda	29 Juin	„	19 Juin	„	8 Juin	„	28 Mai	„	17 Mai	„
„ Doul Hedja	29 Juillet	„	19 Juillet	„	8 Juillet	„	27 Juin	„	16 Juin	„

	Année 1311 (e) 1893 - 1894.		Année 1312. 1894 - 1895.		Année 1313. 1895 - 1896. (b)		Année 1314 (e) 1896 - 1897.		Année 1315. 1897 - 1898.	
1er. Moharrem	15 Juillet	1893	5 Juillet	1894	24 Juin	1895	12 Juin	1896	2 Juin	1897
„ Safar	14 Aout	„	4 Aout	„	24 Juillet	„	12 Juillet	„	2 Julliet	„
„ Rebi' 1.er	12 Septembre	„	2 Septembre	„	22 Aout	„	10 Aout	„	31 „	„
„ Rebi' 2.e	12 Octobre	„	2 Octobre	„	21 Septembre	„	9 Septembre	„	30 Aout	„
„ Djoumada 1.er	10 Novembre	„	31 „	„	20 Octobre	„	8 Octobre	„	28 Septembre	„
„ Djoumada 2.e	10 Décembre	„	30 Novembre	„	19 Novembre	„	7 Novembre	„	28 Octobre	„
„ Redjeb	8 Janvier	1894	29 Décembre	„	18 Décembre	„	6 Décembre	„	26 Novembre	„
„ Chaâban	7 Février	„	28 Janvier	1895	17 Janvier	1896	5 Janvier	1897	26 Décembre	„
„ Ramadan	8 Mars	„	26 Février	„	15 Février	„	3 Février	„	24 Janvier	1898
„ Chaoual	7 Avril	„	28 Mars	„	16 Mars	„	5 Mars	„	23 Février	„
„ Doul Kaâda	6 Mai	„	26 Avril	„	14 Avril	„	3 Avril	„	24 Mars	„
„ Doul Hedja	5 Juin	„	26 Mai	„	14 Mai	„	3 Mai	„	23 Avril	„

	Année 1316 (e) 1898 - 1899.		Année 1317. 1899 - 1900.		Année 1318. 1900 - 1901.		Année 1319 (e) 1901 - 1902.		Année 1320. 1902 - 1903.	
I.er Moharrem	22 Mai	1898	12 Mai	1899	1 Mai	1900	20 Avril	1901	10 Avril	1902
„ Safar	21 Juin	„	11 Juin	„	31 „	„	20 Mai	„	10 Mai	„
„ Rebi' 1.er	20 Juillet	„	10 Juillet	„	29 Juin	„	18 Juin	„	8 Juin	„
„ Rebi' 2.e	19 Aout	„	9 Aout	„	29 Juillet	„	18 Juillet	„	8 Juillet	„
„ Djoumada 1er	17 Septembre	„	7 Septembre	„	27 Aout	„	16 Aout	„	6 Aout	„
„ Djoumada 2.e	17 Octobre	„	7 Octobre	„	26 Septembre	„	15 Septembre	„	5 Septembre	„
„ Redjeb	15 Novembre	„	5 Novembre	„	25 Octobre	„	14 Octobre	„	4 Octobre	„
„ Chaâban	15 Décembre	„	5 Décembre	„	24 Novembre	„	13 Novembre	„	3 Novembre	„
„ Ramadan	13 Janvier	1899	3 Janvier	1900	23 Décembre	„	12 Décembre	„	2 Décembre	„
„ Chaoual	12 Février	„	2 Février	„	22 Janvier	1901	11 Janvier	1902	1 Janvier	1903
„ Doul Kaâda	13 Mars	„	8 Mars	„	20 Février	„	9 Février	„	30 „	„
„ Doul Hedja	12 Avril	„	2 Avril	„	22 Mars	„	11 Mars	„	1 Mars	„

	Année 1321. 1903 - 1904. (b)		Année 1322 (e) 1904 - 1905.		Année 1323. 1905 - 1906.		Année 1324. 1906 - 1907.		Année 1325 (e) 1907 - 1908.	
1er. Moharrem	30 Mars	1903	18 Mars	1904	8 Mars	1905	25 Février	1906	14 Février	1907
,, Safar	29 Avril	,,	17 Avril	,,	7 Avril	,,	27 Mars	,,	16 Mars	,,
,, Rebi' 1.er	28 Mai	,,	16 Mai	,,	6 Mai	,,	25 Avril	,,	14 Avril	,,
,, Rebi' 2.e	27 Juin	,,	15 Juin	,,	5 Juin	,,	25 Mai	,,	14 Mai	,,
,, Djoumada 1.er	26 Juillet	,,	14 Juillet	,,	4 Juillet	,,	23 Juin	,,	12 Juin	,,
,, Djoumada 2.e	25 Août	,,	13 Aout	,,	3 Aout	,,	23 Juillet	,,	12 Juillet	,,
,, Redjeb	23 Septembre	,,	11 Septembre	,,	1 Septembre	,,	21 Août	,,	10 Août	,,
,, Chaâban	23 Octobre	,,	11 Octobre	,,	1 Octobre	,,	20 Septembre	,,	9 Septembre	,,
,, Ramadan	21 Novembre	,,	9 Novembre	,,	30 ,,	,,	19 Octobre	,,	8 Octobre	,,
,, Chaoual	21 Décembre	,,	9 Décembre	,,	29 Novembre	,,	18 Novembre	,,	7 Novembre	,,
,, Doul Kaâda	19 Janvier	1904	7 Janvier	1905	28 Décembre	,,	17 Décembre	,,	6 Décembre	,,
,, Doul Hedja	18 Février	,,	6 Février	,,	27 Janvier	1906	16 Janvier	1907	5 Janvier	1908

	Année 1326. 1908 (b) - 1909.		Année 1327 (e) 1909 - 1910.		Année 1328. 1910 - 1911.		Année 1329. 1911.		Année 1330 (e) 1911 - 1912. (b)	
1.er Moharrem	4 Février	1908	23 Janvier	1909	13 Janvier	1910	2 Janvier	1911	22 Décembre	1911
,, Safar	5 Mars	,,	22 Février	,,	12 Février	,,	1 Février	,,	21 Janvier	1912
,, Rebi' 1.er	3 Avril	,,	23 Mars	,,	13 Mars	,,	2 Mars	,,	19 Février	,,
,, Rebi' 2.e	3 Mai	,,	22 Avril	,,	12 Avril	,,	1 Avril	,,	20 Mars	,,
,, Djoumada 1.er	1 Juin	,,	21 Mai	,,	11 Mai	,,	30 ,,	,,	18 Avril	,,
,, Djoumada 2.e	1 Juillet	,,	20 Juin	,,	10 Juin	,,	30 Mai	,,	18 Mai	,,
,, Redjeb	30 ,,	,,	19 Juillet	,,	9 Juillet	,,	28 Juin	,,	16 Juin	,,
,, Chaâban	29 Août	,,	18 Août	,,	8 Août	,,	28 Juillet	,,	16 Juillet	,,
,, Ramadan	27 Septembre	,,	16 Septembre	,,	6 Septembre	,,	26 Août	,,	14 Août	,,
,, Chaoual	27 Octobre	,,	16 Octobre	,,	6 Octobre	,,	25 Septembre	,,	13 Septembre	,,
,, Doul Kaâda	25 Novembre	,,	14 Novembre	,,	4 Novembre	,,	24 Octobre	,,	12 Octobre	,,
,, Doul Hedja	25 Décembre	,,	14 Décembre	,,	4 Décembre	,,	23 Novembre	,,	11 Novembre	,,

	Année 1331. 1912 - 1913.		Année 1332. 1913 - 1914.		Année 1333 (e) 1914 - 1915.		Année 1334. 1915 - 1916. (b)		Année 1335. 1916 - 1917.	
1.er Moharrem	11 Décembre	1912	30 Novembre	1913	19 Novembre	1914	9 Novembre	1915	28 Octobre	1916
,, Safar	10 Janvier	1913	30 Décembre	,,	19 Décembre	,,	9 Décembre	,,	27 Novembre	,,
,, Rebi' 1.er	8 Février	,,	28 Janvier	1914	17 Janvier	1915	7 Janvier	1916	26 Décembre	,,
,, Rebi' 2.e	10 Mars	,,	27 Février	,,	16 Février	,,	6 Février	,,	25 Janvier	1917
,, Djoumada 1.er	8 Avril	,,	28 Mars	,,	17 Mars	,,	6 Mars	,,	23 Février	,,
,, Djoumada 2.e	8 Mai	,,	27 Avril	,,	16 Avril	,,	5 Avril	,,	25 Mars	,,
,, Redjeb	6 Juin	,,	26 Mai	,,	15 Mai	,,	4 Mai	,,	23 Avril	,,
,, Chaâban	6 Juillet	,,	25 Juin	,,	14 Juin	,,	3 Juin	,,	23 Mai	,,
,, Ramadan	4 Aout	,,	24 Juillet	,,	13 Juillet	,,	2 Juillet	,,	21 Juin	,,
,, Chaoual	3 Septembre	,,	23 Août	,,	12 Aout	,,	1 Aout	,,	21 Juillet	,,
,, Doul Kaâda	2 Octobre	,,	21 Septembre	,,	10 Septembre	,,	30 ,,	,,	19 Aout	,,
,, Doul Hedja	1 Novembre	,,	21 Octobre	,,	10 Octobre	,,	29 Septembre	,,	18 Septembre	,,

	Année 1336 (e) 1917 - 1918.	Année 1337. 1918 - 1919.	Année 1338 (e) 1919 - 1920. (b)	Année 1339. 1920 - 1921.	Année 1340. 1921 - 1922.
1.er Moharrem	17 Octobre 1917	7 Octobre 1918	26 Septembre 1919	15 Septembre 1920	4 Septembre 1921
„ Safar	16 Novembre „	6 Novembre „	26 Octobre „	15 Octobre „	4 Octobre „
„ Rebi' 1.er	15 Décembre „	5 Décembre „	24 Novembre „	18 Novembre „	2 Novembre „
„ Rebi' 2.e	14 Janvier 1918	4 Janvier 1919	24 Décembre „	18 Décembre „	2 Décembre „
„ Djoumada 1.er	12 Février „	2 Février „	22 Janvier 1920	11 Janvier 1921	31 „ „
„ Djoumada 2.e	14 Mars „	4 Mars „	21 Février „	10 Février „	30 Janvier 1922
„ Redjeb	12 Avril „	2 Avril „	21 Mars „	11 Mars „	28 Février „
„ Chaâban	12 Mai „	2 Mai „	20 Avril „	10 Avril „	30 Mars „
„ Ramadan	10 Juin „	31 „ „	19 Mai „	9 Mai „	28 Avril „
„ Chaoual	10 Juillet „	30 Juin „	18 Juin „	8 Juin „	28 Mai „
„ Doul Kaâda	8 Aout „	29 Juillet „	17 Juillet „	7 Juillet „	26 Juin „
„ Doul Hedja	7 Septembre „	28 Août „	16 Août „	6 Aout „	26 Juillet „

	Année 1341 (e) 1922 - 1923.	Année 1342. 1923 - 1924. (b)	Année 1343. 1924 - 1925.	Année 1344 (e) 1925 - 1926.	Année 1345. 1926 - 1927.
1er. Moharrem	24 Aout 1922	14 Aout 1923	2 Aout 1924	22 Juillet 1925	12 Juillet 1926
„ Safar	23 Septembre „	13 Septembre „	1 Septembre „	21 Aout „	11 Aout „
„ Rebi' 1.er	22 Octobre „	12 Octobre „	30 „ „	19 Septembre „	9 Septembre „
„ Rebi' 2.e	21 Novembre „	11 Novembre „	30 Octobre „	19 Octobre „	9 Octobre „
„ Djoumada 1.er	20 Décembre „	10 Décembre „	28 Novembre „	17 Novembre „	7 Novembre „
„ Djoumada 2.e	19 Janvier 1923	9 Janvier 1924	28 Décembre „	17 Décembre „	7 Décembre „
„ Redjeb	17 Février „	7 Février „	26 Janvier 1925	15 Janvier 1926	5 Janvier 1927
„ Chaâban	19 Mars „	8 Mars „	25 Février „	14 Février „	4 Février „
„ Ramadan	17 Avril „	6 Avril „	26 Mars „	15 Mars „	5 Mars „
„ Chaoual	17 Mai „	6 Mai „	25 Avril „	14 Avril „	4 Avril „
„ Doul Kaâda	15 Juin „	4 Juin „	24 Mai „	13 Mai „	3 Mai „
„ Doul Hedja	15 Juillet „	4 Juillet „	23 Juin „	12 Juin „	2 Juin „

	Année 1346 (e) 1927 - 1928. (b)	Année 1347. 1928 - 1929.	Année 1348. 1929 - 1930.	Année 1349 (e) 1930 - 1931.	Année 1350. 1931 - 1932. (b)
1.er Moharrem	1 Juillet 1927	20 Juin 1928	9 Juin 1929	29 Mai 1930	19 Mai 1931
„ Safar	31 „ „	20 Juillet „	9 Juillet „	28 Juin „	18 Juin „
„ Rebi' 1.er	29 Aout „	18 Aout „	7 Aout „	27 Juillet „	17 Juillet „
„ Rebi' 2.e	28 Septembre „	17 Septembre „	6 Septembre „	26 Aout „	16 Aout „
„ Djoumada 1er	27 Octobre „	16 Octobre „	5 Octobre „	24 Septembre „	14 Septembre „
„ Djoumada 2.e	26 Novembre „	15 Novembre „	4 Novembre „	24 Octobre „	14 Octobre „
„ Redjeb	25 Décembre „	14 Décembre „	3 Décembre „	22 Novembre „	12 Novembre „
„ Chaâban	24 Janvier 1928	13 Janvier 1929	2 Janvier 1930	22 Décembre „	12 Décembre „
„ Ramadan	22 Février „	11 Février „	31 „ „	20 Janvier 1931	10 Janvier 1932
„ Chaoual	23 Mars „	13 Mars „	2 Mars „	19 Février „	9 Février „
„ Doul Kaâda	21 Avril „	11 Avril „	31 „ „	20 Mars „	9 Mars „
„ Doul Hedja	21 Mai „	11 Mai „	30 Avril „	19 Avril „	8 Avril „

	Année 1351. 1932 - 1933.		*Année 1352* (e) 1933 - 1934.		*Année 1353.* 1934 - 1935.		*Année 1354.* 1935 - 1936. (b)		*Année 1355* (e) 1936 - 1937.	
1.ᵉʳ Moharrem	7 Mai	1932	26 Avril	1933	16 Avril	1934	5 Avril	1935	24 Mars	1936
,, Safar	6 Juin	,,	26 Mai	,,	16 Mai	,,	5 Mai	,,	23 Avril	,,
,, Rebi' 1.ᵉʳ	5 Juillet	,,	24 Juin	,,	14 Juin	,,	3 Juin	,,	22 Mai	,,
,, Rebi' 2.ᵉ	4 Aout	,,	24 Juillet	,,	14 Juillet	,,	3 Juillet	,,	21 Juin	,,
,, Djoumada 1.ᵉʳ	2 Septembre	,,	22 Aout	,,	12 Aout	,,	1 Aout	,,	20 Juillet	,,
,, Djoumada 2.ᵉ	2 Octobre	,,	21 Septembre	,,	11 Septembre	,,	31 ,,	,,	19 Août	,,
,, Redjeb	31 ,,	,,	20 Octobre	,,	10 Octobre	,,	29 Septembre	,,	17 Septembre	,,
,, Chaâban	30 Novembre	,,	19 Novembre	,,	9 Novembre	,,	29 Octobre	,,	17 Octobre	,,
,, Ramadan	29 Décembre	,,	18 Décembre	,,	8 Décembre	,,	27 Novembre	,,	15 Novembre	,,
,, Chaoual	28 Janvier	1933	17 Janvier	1934	7 Janvier	1935	27 Décembre	,,	15 Décembre	,,
,, Doul Kaâda	26 Février	,,	15 Février	,,	5 Février	,,	25 Janvier	1936	13 Janvier	1937
,, Doul Hedja	28 Mars	,,	17 Mars	,,	7 Mars	,,	24 Février	,,	12 Février	,,

	Année 1356. 1937 - 1938.		*Année 1357* (e) 1938 - 1939.		*Année 1358.* 1939 - 1940.		*Année 1359.* 1940 (b) - 1941.		*Année 1360* (e) 1941 - 1942.	
1.ᵉʳ Moharrem	14 Mars	1937	3 Mars	1938	21 Février	1939	10 Février	1940	29 Janvier	1941
,, Safar	13 Avril	,,	2 Avril	,,	23 Mars	,,	11 Mars	,,	28 Février	,,
,, Rebi' 1.ᵉʳ	12 Mai	,,	1 Mai	,,	21 Avril	,,	9 Avril	,,	29 Mars	,,
,, Rebi' 2.ᵉ	11 Juin	,,	31 ,,	,,	21 Mai	,,	9 Mai	,,	28 Avril	,,
,, Djoumada 1.ᵉʳ	10 Juillet	,,	29 Juin	,,	19 Juin	,,	7 Juin	,,	27 Mai	,,
,, Djoumada 2.ᵉ	9 Août	,,	29 Juillet	,,	19 Juillet	,,	7 Juillet	,,	26 Juin	,,
,, Redjeb	7 Septembre	,,	27 Août	,,	17 Août	,,	5 Août	,,	25 Juillet	,,
,, Chaâban	7 Octobre	,,	26 Septembre	,,	16 Septembre	,,	4 Septembre	,,	24 Aout	,,
,, Ramadan	5 Novembre	,,	25 Octobre	,,	15 Octobre	,,	3 Octobre	,,	22 Septembre	,,
,, Chaoual	5 Décembre	,,	24 Novembre	,,	14 Novembre	,,	2 Novembre	,,	22 Octobre	,,
,, Doul Kaâda	3 Janvier	1938	23 Décembre	,,	13 Décembre	,,	1 Décembre	,,	20 Novembre	,,
,, Doul Hedja	2 Février	,,	22 Janvier	1939	12 Janvier	1940	31 ,,	,,	20 Décembre	,,

	Année 1361. 1942 - 1943.		*Année 1362.* 1943.		*Année 1363* (e) 1943 - 1944. (b)		*Année 1364.* 1944 - 1945.		*Année 1365.* 1945 - 1946.	
1.ᵉʳ Moharrem	19 Janvier	1942	8 Janvier	1943	28 Décembre	1943	17 Décembre	1944	6 Décembre	1945
,, Safar	18 Février	,,	7 Février	,,	27 Janvier	1944	16 Janvier	1945	5 Janvier	1946
,, Rebi' 1.ᵉʳ	19 Mars	,,	8 Mars	,,	25 Février	,,	14 Février	,,	3 Février	,,
,, Rebi' 2.ᵉ	18 Avril	,,	7 Avril	,,	26 Mars	,,	16 Mars	,,	5 Mars	,,
,, Djoumada 1.ᵉʳ	17 Mai	,,	6 Mai	,,	24 Avril	,,	14 Avril	,,	3 Avril	,,
,, Djoumada 2.ᵉ	16 Juin	,,	5 Juin	,,	24 Mai	,,	14 Mai	,,	3 Mai	,,
,, Redjeb	15 Juillet	,,	4 Juillet	,,	22 Juin	,,	12 Juin	,,	1 Juin	,,
,, Chaâban	14 Aout	,,	3 Août	,,	22 Juillet	,,	12 Juillet	,,	1 Juillet	,,
,, Ramadan	12 Septembre	,,	1 Septembre	,,	20 Août	,,	10 Août	,,	30 ,,	,,
,, Chaoual	12 Octobre	,,	1 Octobre	,,	19 Septembre	,,	9 Septembre	,,	29 Aout	,,
,, Doul Kaâda	10 Novembre	,,	30 ,,	,,	18 Octobre	,,	8 Octobre	,,	27 Septembre	,,
,, Doul Hedja	10 Décembre	,,	29 Novembre	,,	17 Novembre	,,	7 Novembre	,,	27 Octobre	,,

	Année 1366 (e) 1946 - 1947.	Année 1367. 1947 - 1948. (b)	Année 1368 (e) 1948 - 1949.	Année 1369. 1949 - 1950.	Année 1370. 1950 - 1951.
1.er Moharrem	25 Novembre 1946	15 Novembre 1947	3 Novembre 1948	24 Octobre 1949	18 Octobre 1950
,, Safar	25 Décembre ,,	15 Décembre ,,	3 Décembre ,,	23 Novembre ,,	12 Novembre ,,
,, Rebi' 1.er	23 Janvier 1947	13 Janvier 1948	1 Janvier 1949	22 Décembre ,,	11 Décembre ,,
,, Rebi' 2.e	22 Février ,,	12 Février ,,	31 ,, ,,	21 Janvier 1950	10 Janvier 1951
,, Djoumada 1.er	23 Mars ,,	12 Mars ,,	1 Mars ,,	19 Février ,,	8 Février ,,
,, Djoumada 2.e	22 Avril ,,	11 Avril ,,	31 ,, ,,	21 Mars ,,	10 Mars ,,
,, Redjeb	21 Mai ,,	10 Mai ,,	29 Avril ,,	19 Avril ,,	8 Avril ,,
,, Chaâban	20 Juin ,,	9 Juin ,,	29 Mai ,,	19 Mai ,,	8 Mai ,,
,, Ramadan	19 Juillet ,,	8 Juillet ,,	27 Juin ,,	17 Juin ,,	6 Juin ,,
,, Chaoual	18 Août ,,	7 Août ,,	27 Juillet ,,	17 Juillet ,,	6 Juillet ,,
,, Doul Kaâda	16 Septembre ,,	5 Septembre ,,	25 Août ,,	15 Août ,,	4 Août ,,
,, Doul Hedja	16 Octobre ,,	5 Octobre ,,	24 Septembre ,,	14 Septembre ,,	3 Septembre ,,

	Année 1371 (e) 1951 - 1952. (b)	Année 1372. 1952 - 1953.	Année 1373. 1953 - 1954.	Année 1374 (e) 1954 - 1955.	Année 1375. 1955 - 1956. (b)
1er. Moharrem	2 Octobre 1951	21 Septembre 1952	10 Septembre 1953	30 Août 1954	20 Août 1955
,, Safar	1 Novembre ,,	21 Octobre ,,	10 Octobre ,,	29 Septembre ,,	19 Septembre ,,
,, Rebi' 1.er	30 ,, ,,	19 Novembre ,,	8 Novembre ,,	28 Octobre ,,	18 Octobre ,,
,, Rebi' 2.e	30 Décembre ,,	19 Décembre ,,	8 Décembre ,,	27 Novembre ,,	17 Novembre ,,
,, Djoumada 1.er	28 Janvier 1952	17 Janvier 1953	6 Janvier 1954	26 Décembre ,,	16 Décembre ,,
,, Djoumada 2.e	27 Février ,,	16 Février ,,	5 Février ,,	25 Janvier 1955	15 Janvier 1956
,, Redjeb	27 Mars ,,	17 Mars ,,	6 Mars ,,	23 Février ,,	13 Février ,,
,, Chaâban	26 Avril ,,	16 Avril ,,	5 Avril ,,	25 Mars ,,	14 Mars ,,
,, Ramadan	25 Mai ,,	15 Mai ,,	4 Mai ,,	23 Avril ,,	12 Avril ,,
,, Chaoual	24 Juin ,,	14 Juin ,,	3 Juin ,,	23 Mai ,,	12 Mai ,,
,, Doul Kaâda	23 Juillet ,,	13 Juillet ,,	2 Juillet ,,	21 Juin ,,	10 Juin ,,
,, Doul Hedja	22 Aout ,,	12 Août ,,	1 Août ,,	21 Juillet ,,	10 Juillet ,,

	Année 1376 (e) 1956 - 1957.	Année 1377. 1957 - 1958.	Année 1378. 1958 - 1959.	Année 1379 (e) 1959 - 1960. (b)	Année 1380. 1960 - 1961.
1.er Moharrem	8 Août 1956	29 Juillet 1957	18 Juillet 1958	7 Juillet 1959	26 Juin 1960
,, Safar	7 Septembre ,,	28 Août ,,	17 Août ,,	6 Août ,,	26 Juillet ,,
,, Rebi' 1.er	6 Octobre ,,	26 Septembre ,,	15 Septembre ,,	4 Septembre ,,	24 Août ,,
,, Rebi' 2.e	5 Novembre ,,	26 Octobre ,,	15 Octobre ,,	4 Octobre ,,	23 Septembre ,,
,, Djoumada 1.er	4 Décembre ,,	24 Novembre ,,	13 Novembre ,,	2 Novembre ,,	22 Octobre ,,
,, Djoumada 2.e	3 Janvier 1957	24 Décembre ,,	13 Décembre ,,	2 Décembre ,,	21 Novembre ,,
,, Redjeb	1 Février ,,	22 Janvier 1958	11 Janvier 1959	31 ,, ,,	20 Décembre ,,
,, Chaâban	3 Mars ,,	21 Février ,,	10 Février ,,	30 Janvier 1960	19 Janvier 1961
,, Ramadan	1 Avril ,,	22 Mars ,,	11 Mars ,,	28 Février ,,	17 Février ,,
,, Chaoual	1 Mai ,,	21 Avril ,,	10 Avril ,,	29 Mars ,,	19 Mars ,,
,, Doul Kaâda	30 ,, ,,	20 Mai ,,	9 Mai ,,	27 Avril ,,	17 Avril ,,
,, Doul Hedja	29 Juin ,,	19 Juin ,,	8 Juin ,,	27 Mai ,,	17 Mai ,,

	Année 1381. 1961 - 1962.		*Année 1382 (e)* 1962 - 1963.		*Année 1383.* 1963 - 1964. (b)		*Année 1384.* 1964 - 1965.		*Année 1385 (e)* 1965 - 1966.	
1er. Moharrem	15 Juin	1961	4 Juin	1962	25 Mai	1963	13 Mai	1964	2 Mai	1965
,, Safar	15 Juillet	,,	4 Juillet	,,	24 Juin	,,	12 Juin	,,	1 Juin	,,
,, Rebi' 1.er	13 Août	,,	2 Aout	,,	23 Juillet	,,	11 Juillet	,,	30 ,,	,,
,, Rebi' 2.e	12 Septembre	,,	1 Septembre	,,	22 Aout	,,	10 Août	,,	30 Juillet	,,
,, Djoumada 1.er	11 Octobre	,,	30 ,,	,,	20 Septembre	,,	8 Septembre	,,	28 Août	,,
,, Djoumada 2.e	10 Novembre	,,	30 Octobre	,,	20 Octobre	,,	8 Octobre	,,	27 Septembre	,,
,, Redjeb	9 Décembre	,,	28 Novembre	,,	18 Novembre	,,	6 Novembre	,,	26 Octobre	,,
,, Chaâban	8 Janvier	1962	28 Décembre	,,	18 Décembre	,,	6 Décembre	,,	25 Novembre	,,
,, Ramadan	6 Février	,,	26 Janvier	1963	16 Janvier	1964	4 Janvier	1965	24 Décembre	,,
,, Chaoual	8 Mars	,,	25 Février	,,	15 Février	,,	3 Février	,,	23 Janvier	1966
,, Doul Kaâda	6 Avril	,,	26 Mars	,,	15 Mars	,,	4 Mars	,,	21 Février	,,
,, Doul Hedja	6 Mai	,,	25 Avril	,,	14 Avril	,,	3 Avril	,,	23 Mars	,,

	Année 1386. 1966 - 1967.		*Année 1387 (e)* 1967 - 1968. (b)		*Année 1388.* 1968 - 1969.		*Année 1389.* 1969 - 1970.		*Année 1390 (e)* 1970 - 1971.	
1.er Moharrem	22 Avril	1966	11 Avril	1967	31 Mars	1968	20 Mars	1969	9 Mars	1970
,, Safar	22 Mai	,,	11 Mai	,,	30 Avril	,,	19 Avril	,,	8 Avril	,,
,, Rebi' 1.er	20 Juin	,,	9 Juin	,,	29 Mai	,,	18 Mai	,,	7 Mai	,,
,, Rebi' 2.e	30 Juillet	,,	9 Juillet	,,	28 Juin	,,	17 Juin	,,	6 Juin	,,
,, Djoumada 1.er	18 Août	,,	7 Août	,,	27 Juillet	,,	16 Juillet	,,	5 Juillet	,,
,, Djoumada 2.e	17 Septembre	,,	6 Septembre	,,	26 Août	,,	15 Août	,,	4 Août	,,
,, Redjeb	16 Octobre	,,	5 Octobre	,,	24 Septembre	,,	13 Septembre	,,	2 Septembre	,,
,, Chaâban	15 Novembre	,,	4 Novembre	,,	24 Octobre	,,	13 Octobre	,,	2 Octobre	,,
,, Ramadan	14 Décembre	,,	3 Décembre	,,	22 Novembre	,,	11 Novembre	,,	31 ,,	,,
,, Chaoual	13 Janvier	1967	2 Janvier	1968	22 Décembre	,,	11 Décembre	,,	30 Novembre	,,
,, Doul Kaâda	11 Février	,,	31 ,,	,,	20 Janvier	1969	9 Janvier	1970	29 Décembre	,,
,, Doul Hedja	13 Mars	,,	1 Mars	,,	19 Février	,,	8 Février	,,	28 Janvier	1971

	Année 1391. 1971 - 1972.		*Année 1392.* 1972 (b) - 1973.		*Année 1393 (e)* 1973 - 1974.		*Année 1394.* 1974 - 1975.		*Année 1395.* 1975 - 1976.	
1.er Moharrem	27 Février	1971	16 Février	1972	4 Février	1973	25 Janvier	1974	14 Janvier	1975
,, Safar	29 Mars	,,	17 Mars	,,	6 Mars	,,	24 Février	,,	13 Février	,,
,, Rebi' 1.er	27 Avril	,,	15 Avril	,,	4 Avril	,,	25 Mars	,,	14 Mars	,,
,, Rebi' 2.e	27 Mai	,,	15 Mai	,,	4 Mai	,,	24 Avril	,,	13 Avril	,,
,, Djoumada 1.er	25 Juin	,,	13 Juin	,,	2 Juin	,,	23 Mai	,,	12 Mai	,,
,, Djoumada 2.e	25 Juillet	,,	13 Juillet	,,	2 Juillet	,,	22 Juin	,,	11 Juin	,,
,, Redjeb	23 Aout	,,	11 Août	,,	31 ,,	,,	21 Juillet	,,	10 Juillet	,,
,, Chaâban	22 Septembre	,,	10 Septembre	,,	30 Aout	,,	20 Aout	,,	9 Aout	,,
,, Ramadan	21 Octobre	,,	9 Octobre	,,	28 Septembre	,,	18 Septembre	,,	7 Septembre	,,
,, Chaoual	20 Novembre	,,	8 Novembre	,,	28 Octobre	,,	18 Octobre	,,	7 Octobre	,,
,, Doul Kaâda	19 Décembre	,,	7 Décembre	,,	26 Novembre	,,	16 Novembre	,,	5 Novembre	,,
,, Doul Hedja	18 Janvier	1972	6 Janvier	1973	26 Décembre	,,	16 Décembre	,,	5 Décembre	,,

	Année 1396 (e) 1976. (b)	Année 1397. 1976 - 1977.	Année 1398 (e) 1977 - 1978.	Année 1399. 1978 - 1979.	Année 1400. 1979 - 1980. (b)
1.er Moharrem	3 Janvier 1976	23 Décembre 1976	12 Décembre 1977	2 Décembre 1978	21 Novembre 1979
,, Safar	2 Février ,,	22 Janvier 1977	11 Janvier 1978	1 Janvier 1979	21 Décembre ,,
,, Rebi' 1.er	2 Mars ,,	20 Février ,,	9 Février ,,	30 ,, ,,	19 Janvier 1980
,, Rebi' 2.e	1 Avril ,,	22 Mars ,,	11 Mars ,,	1 Mars ,,	18 Février ,,
,, Djoumada 1.er	30 ,, ,,	20 Avril ,,	9 Avril ,,	30 ,, ,,	18 Mars ,,
,, Djoumada 2.e	30 Mai ,,	20 Mai ,,	9 Mai ,,	29 Avril ,,	17 Avril ,,
,, Redjeb	28 Juin ,,	18 Juin ,,	7 Juin ,,	28 Mai ,,	16 Mai ,,
,, Chaâban	28 Juillet ,,	18 Juillet ,,	7 Juillet ,,	27 Juin ,,	15 Juin ,,
,, Ramadan	26 Août ,,	16 Août ,,	5 Août ,,	26 Juillet ,,	14 Juillet ,,
,, Chaoual	25 Septembre ,,	15 Septembre ,,	4 Septembre ,,	25 Août ,,	13 Aout ,,
,, Doul Kaâda	24 Octobre ,,	14 Octobre ,,	3 Octobre ,,	23 Septembre ,,	11 Septembre ,,
,, Doul Hedja	23 Novembre ,,	13 Novembre ,,	2 Novembre ,,	23 Octobre ,,	11 Octobre ,,

	Année 1401 (e) 1980 - 1981.	Année 1402. 1981 - 1982.	Année 1403. 1982 - 1983.	Année 1404 (e) 1983 - 1984. (b)	Année 1405. 1984 - 1985.
1er. Moharrem	9 Novembre 1980	30 Octobre 1981	19 Octobre 1982	8 Octobre 1983	27 Septembre 1984
,, Safar	9 Décembre ,,	29 Novembre ,,	18 Novembre ,,	7 Novembre ,,	27 Octobre ,,
,, Rebi' 1.er	7 Janvier 1981	28 Décembre ,,	17 Décembre ,,	6 Décembre ,,	25 Novembre ,,
,, Rebi' 2.e	6 Février ,,	27 Janvier 1982	16 Janvier 1983	5 Janvier 1984	25 Décembre ,,
,, Djoumada 1.er	7 Mars ,,	25 Février ,,	14 Février ,,	3 Février ,,	23 Janvier 1985
,, Djoumada 2.e	6 Avril ,,	27 Mars ,,	16 Mars ,,	4 Mars ,,	22 Février ,,
,, Redjeb	5 Mai ,,	25 Avril ,,	14 Avril ,,	2 Avril ,,	23 Mars ,,
,, Chaâban	4 Juin ,,	25 Mai ,,	14 Mai ,,	2 Mai ,,	22 Avril ,,
,, Ramadan	3 Juillet ,,	23 Juin ,,	12 Juin ,,	31 ,, ,,	21 Mai ,,
,, Chaoual	2 Août ,,	23 Juillet ,,	12 Juillet ,,	30 Juin ,,	20 Juin ,,
,, Doul Kaâda	31 ,, ,,	21 Août ,,	10 Août ,,	29 Juillet ,,	19 Juillet ,,
,, Doul Hedja	30 Septembre ,,	20 Septembre ,,	9 Septembre ,,	28 Août ,,	18 Août ,,

	Année 1406 (e) 1985 - 1986.	Année 1407. 1986 - 1987.	Année 1408. 1987 - 1988. (b)	Année 1409 (e) 1988 - 1989.	Année 1410. 1989 - 1990.
1.er Moharrem	16 Septembre 1985	6 Septembre 1986	26 Août 1987	14 Août 1988	4 Août 1989
,, Safar	16 Octobre ,,	6 Octobre ,,	25 Septembre ,,	13 Septembre ,,	3 Septembre ,,
,, Rebi' 1.er	14 Novembre ,,	4 Novembre ,,	24 Octobre ,,	12 Octobre ,,	2 Octobre ,,
,, Rebi' 2.e	14 Décembre ,,	4 Décembre ,,	23 Novembre ,,	11 Novembre ,,	1 Novembre ,,
,, Djoumada 1.er	12 Janvier 1986	2 Janvier 1987	22 Décembre ,,	10 Décembre ,,	30 ,, ,,
,, Djoumada 2.e	11 Février ,,	1 Février ,,	21 Janvier 1988	9 Janvier 1989	30 Décembre ,,
,, Redjeb	12 Mars ,,	2 Mars ,,	19 Février ,,	7 Février ,,	28 Janvier 1990
,, Chaâban	11 Avril ,,	1 Avril ,,	20 Mars ,,	9 Mars ,,	27 Février ,,
,, Ramadan	10 Mai ,,	30 ,, ,,	18 Avril ,,	7 Avril ,,	28 Mars ,,
,, Chaoual	9 Juin ,,	30 Mai ,,	18 Mai ,,	7 Mai ,,	27 Avril ,,
,, Doul Kaâda	8 Juillet ,,	28 Juin ,,	16 Juin ,,	5 Juin ,,	26 Mai ,,
,, Doul Hedja	7 Août ,,	28 Juillet ,,	16 Juillet ,,	5 Juillet ,,	25 Juin ,,

	Année 1411. 1990 - 1991.	*Année 1412 (e)* 1991 - 1992. (b)	*Année 1413.* 1992 - 1993.	*Année 1414.* 1993 - 1994.	*Année 1415 (e)* 1994 - 1995.
1.er Moharrem	24 Juillet 1990	13 Juillet 1991	2 Juillet 1992	21 Juin 1993	10 Juin 1994
,, Safar	23 Aout ,,	12 Aout ,,	1 Aout ,,	21 Juillet ,,	10 Juillet ,,
,, Rebi' 1.er	21 Septembre ,,	10 Septembre ,,	30 ,, ,,	19 Aout ,,	8 Août ,,
,, Rebi' 2.e	21 Octobre ,,	10 Octobre ,,	29 Septembre ,,	18 Septembre ,,	7 Septembre ,,
,, Djoumada 1.er	19 Novembre ,,	8 Novembre ,,	28 Octobre ,,	17 Octobre ,,	6 Octobre ,,
,, Djoumada 2.e	19 Décembre ,,	8 Décembre ,,	27 Novembre ,,	16 Novembre ,,	5 Novembre ,,
,, Redjeb	17 Janvier 1991	6 Janvier 1992	26 Décembre ,,	15 Décembre ,,	4 Décembre ,,
,, Chaâban	16 Février ,,	5 Février ,,	25 Janvier 1993	14 Janvier 1994	3 Janvier 1995
,, Ramadan	17 Mars ,,	5 Mars ,,	23 Février ,,	12 Février ,,	1 Février ,,
,, Chaoual	16 Avril ,,	4 Avril ,,	25 Mars ,,	14 Mars ,,	3 Mars ,,
,, Doul Kaâda	15 Mai ,,	3 Mai ,,	23 Avril ,,	12 Avril ,,	1 Avril ,,
,, Doul Hedja	14 Juin ,,	2 Juin ,,	23 Mai ,,	12 Mai ,,	1 Mai ,,

	Année 1416. 1995 - 1996. (b)	*Année 1417 (e)* 1996 - 1997.	*Année 1418.* 1997 - 1998.	*Année 1419.* 1998 - 1999.	*Année 1420 (e)* 1999 - 2000. (b)
I.er Moharrem	31 Mai 1995	19 Mai 1996	9 Mai 1997	28 Avril 1998	17 Avril 1999
,, Safar	30 Juin ,,	18 Juin ,,	8 Juin ,,	28 Mai ,,	17 Mai ,,
,, Rebi' I.er	29 Juillet ,,	17 Juillet ,,	7 Juillet ,,	26 Juin ,,	15 Juin ,,
,, Rebi' 2.e	28 Août ,,	16 Août ,,	6 Août ,,	26 Juillet ,,	15 Juillet ,,
,, Djoumada 1er	26 Septembre ,,	14 Septembre ,,	4 Septembre ,,	24 Août ,,	13 Aout ,,
,, Djoumada 2.e	26 Octobre ,,	14 Octobre ,,	4 Octobre ,,	23 Septembre ,,	12 Septembre ,,
,, Redjeb	24 Novembre ,,	12 Novembre ,,	2 Novembre ,,	22 Octobre ,,	11 Octobre ,,
,, Chaâban	24 Décembre ,,	12 Décembre ,,	2 Décembre ,,	21 Novembre ,,	10 Novembre ,,
,, Ramadan	22 Janvier 1996	10 Janvier 1997	31 ,, ,,	20 Décembre ,,	9 Décembre ,,
,, Chaoual	21 Février ,,	9 Février ,,	30 Janvier 1998	19 Janvier 1999	8 Janvier 2000
,, Doul Kaâda	21 Mars ,,	10 Mars ,,	28 Février ,,	17 Février ,,	6 Février ,,
,, Doul Hedja	20 Avril ,,	9 Avril ,,	30 Mars ,,	19 Mars ,,	7 Mars ,,

	Année 1421. 2000 - 2001.	*Année 1422.* 2001 - 2002.	*Année 1423 (e)* 2002 - 2003.	*Année 1424.* 2003 - 2004.	*Année 1425.* 2004 (b) - 2005.
I.er Moharrem	6 Avril 2000	26 Mars 2001	15 Mars 2002	5 Mars 2003	22 Février 2004
,, Safar	6 Mai ,,	25 Avril ,,	14 Avril ,,	4 Avril ,,	23 Mars ,,
,, Rebi' I.er	4 Juin ,,	24 Mai ,,	13 Mai ,,	3 Mai ,,	21 Avril ,,
,, Rebi' 2.e	4 Juillet ,,	23 Juin ,,	12 Juin ,,	2 Juin ,,	21 Mai ,,
,, Djoumada I.er	2 Aout ,,	22 Juillet ,,	11 Juillet ,,	1 Juillet ,,	19 Juin ,,
,, Djoumada 2.e	1 Septembre ,,	21 Août ,,	10 Août ,,	31 ,, ,,	19 Juillet ,,
,, Redjeb	30 ,, ,,	19 Septembre ,,	8 Septembre ,,	29 Août ,,	17 Août ,,
,, Chaâban	30 Octobre ,,	19 Octobre ,,	8 Octobre ,,	28 Septembre ,,	16 Septembre ,,
,, Ramadan	28 Novembre ,,	17 Novembre ,,	6 Novembre ,,	27 Octobre ,,	15 Octobre ,,
,, Chaoual	28 Décembre ,,	17 Décembre ,,	6 Décembre ,,	26 Novembre ,,	14 Novembre ,,
,, Doul Kaâda	26 Janvier 2001	15 Janvier 2002	4 Janvier 2003	25 Décembre ,,	13 Décembre ,,
,, Doul Hedja	25 Février ,,	14 Février ,,	3 Février ,,	24 Janvier 2004	12 Janvier 2005

	Année 1426 (e) 2005 - 2006.		Année 1427. 2006 - 2007.		Année 1428 (e) 2007 - 2008.		Année 1429. 2008. (b)		Année 1430. 2008 - 2009.	
1.er Moharrem	10 Février	2005	31 Janvier	2006	20 Janvier	2007	10 Janvier	2008	29 Décembre	2008
,, Safar	12 Mars	,,	2 Mars	,,	19 Février	,,	9 Février	,,	28 Janvier	2009
,, Rebi' 1.er	10 Avril	,,	31 ,,	,,	20 Mars	,,	9 Mars	,,	26 Février	,,
,, Rebi' 2.e	10 Mai	,,	30 Avril	,,	19 Avril	,,	8 Avril	,,	28 Mars	,,
,, Djoumada 1.er	8 Juin	,,	29 Mai	,,	18 Mai	,,	7 Mai	,,	26 Avril	,,
,, Djoumada 2.e	8 Juillet	,,	28 Juin	,,	17 Juin	,,	6 Juin	,,	26 Mai	,,
,, Redjeb	6 Aout	,,	27 Juillet	,,	16 Juillet	,,	5 Juillet	,,	24 Juin	,,
,, Chaâban	5 Septembre	,,	26 Août	,,	15 Août	,,	4 Août	,,	24 Juillet	,,
,, Ramadan	4 Octobre	,,	24 Septembre	,,	13 Septembre	,,	2 Septembre	,,	22 Aout	,,
,, Chaoual	3 Novembre	,,	24 Octobre	,,	13 Octobre	,,	2 Octobre	,,	21 Septembre	,,
,, Doul Kaâda	2 Décembre	,,	22 Novembre	,,	11 Novembre	,,	31 ,,	,,	20 Octobre	,,
,, Doul Hedja	1 Janvier	2006	22 Décembre	,,	11 Décembre	,,	30 Novembre	,,	19 Novembre	,,

	Année 1431 (e) 2009 - 2010.		Année 1432. 2010 - 2011.		Année 1433. 2011 - 2012. (b)		Année 1434 (e) 2012 - 2013.		Année 1435. 2013 - 2014.	
1er. Moharrem	18 Décembre	2009	8 Décembre	2010	27 Novembre	2011	15 Novembre	2012	5 Novembre	2013
,, Safar	17 Janvier	2010	7 Janvier	2011	27 Décembre	,,	15 Décembre	,,	5 Décembre	,,
,, Rebi' 1.er	15 Février	,,	5 Février	,,	25 Janvier	2012	13 Janvier	2013	3 Janvier	2014
,, Rebi' 2.e	17 Mars	,,	7 Mars	,,	24 Février	,,	12 Février	,,	2 Février	,,
,, Djoumada 1.er	15 Avril	,,	5 Avril	,,	24 Mars	,,	13 Mars	,,	3 Mars	,,
,, Djoumada 2.e	15 Mai	,,	5 Mai	,,	23 Avril	,,	12 Avril	,,	2 Avril	,,
,, Redjeb	13 Juin	,,	3 Juin	,,	22 Mai	,,	11 Mai	,,	1 Mai	,,
,, Chaâban	13 Juillet	,,	3 Juillet	,,	21 Juin	,,	10 Juin	,,	31 ,,	,,
,, Ramadan	11 Aout	,,	1 Aout	,,	20 Juillet	,,	9 Juillet	,,	29 Juin	,,
,, Chaoual	10 Septembre	,,	31 ,,	,,	19 Aout	,,	8 Aout	,,	29 Juillet	,,
,, Doul Kaâda	9 Octobre	,,	29 Septembre	,,	17 Septembre	,,	6 Septembre	,,	27 Aout	,,
,, Doul Hedja	8 Novembre	,,	29 Octobre	,,	17 Octobre	,,	6 Octobre	,,	26 Septembre	,,

	Année 1436 (e) 2014 - 2015.		Année 1437. 2015 - 2016. (b)		Année 1438. 2016 - 2017.		Année 1439 (e) 2017 - 2018.		Année 1440. 2018 - 2019.	
I.er Moharrem	25 Octobre	2014	15 Octobre	2015	3 Octobre	2016	22 Septembre	2017	12 Septembre	2018
,, Safar	24 Novembre	,,	14 Novembre	,,	2 Novembre	,,	22 Octobre	,,	12 Octobre	,,
,, Rebi' 1.er	23 Décembre	,,	13 Décembre	,,	1 Décembre	,,	20 Novembre	,,	10 Novembre	,,
,, Rebi' 2.e	22 Janvier	2015	12 Janvier	2016	31 ,,	,,	20 Décembre	,,	10 Décembre	,,
,, Djoumada 1er	20 Février	,,	10 Février	,,	29 Janvier	2017	18 Janvier	2018	8 Janvier	2019
,, Djoumada 2.e	22 Mars	,,	11 Mars	,,	28 Février	,,	17 Février	,,	7 Février	,,
,, Redjeb	20 Avril	,,	9 Avril	,,	29 Mars	,,	18 Mars	,,	8 Mars	,,
,, Chaâban	20 Mai	,,	9 Mai	,,	28 Avril	,,	17 Avril	,,	7 Avril	,,
,, Ramadan	18 Juin	,,	7 Juin	,,	27 Mai	,,	16 Mai	,,	6 Mai	,,
,, Chaoual	18 Juillet	,,	7 Juillet	,,	26 Juin	,,	15 Juin	,,	5 Juin	,,
,, Doul Kaâda	16 Aout	,,	5 Aout	,,	25 Juillet	,,	14 Juillet	,,	4 Juillet	,,
,, Doul Hedja	15 Septembre	,,	4 Septembre	,,	24 Aout	,,	18 Aout	,,	3 Aout	,,

	Année 1441. 2019 - 2020. (b)		Année 1442 (e) 2020 - 2021.		Année 1443. 2021 - 2022.		Année 1444. 2022 - 2023.		Année 1445 (e) 2023 - 2024. (b)	
1.er Moharrem	1 Septembre	2019	20 Août	2020	10 Août	2021	30 Juillet	2022	19 Juillet	2023
,, Safar	1 Octobre	,,	19 Septembre	,,	9 Septembre	,,	29 Août	,,	18 Aout	,,
,, Rebi' 1.er	30 ,,	,,	18 Octobre	,,	8 Octobre	,,	27 Septembre	,,	16 Septembre	,,
,, Rebi' 2.e	29 Novembre	,,	17 Novembre	,,	7 Novembre	,,	27 Octobre	,,	16 Octobre	,,
,, Djoumada 1.er	28 Décembre	,,	16 Décembre	,,	6 Décembre	,,	25 Novembre	,,	14 Novembre	,,
,, Djoumada 2.e	27 Janvier	2020	15 Janvier	2021	5 Janvier	2022	25 Décembre	,,	14 Décembre	,,
,, Redjeb	25 Février	,,	13 Février	,,	8 Février	,,	23 Janvier	2023	12 Janvier	2024
,, Chaâban	26 Mars	,,	15 Mars	,,	5 Mars	,,	22 Février	,,	11 Février	,,
,, Ramadan	24 Avril	,,	13 Avril	,,	8 Avril	,,	23 Mars	,,	11 Mars	,,
,, Chaoual	24 Mai	,,	13 Mai	,,	8 Mai	,,	22 Avril	,,	10 Avril	,,
,, Doul Kaâda	22 Juin	,,	11 Juin	,,	1 Juin	,,	21 Mai	,,	9 Mai	,,
,, Doul Hedja	22 Juillet	,,	11 Juillet	,,	1 Juillet	,,	20 Juin	,,	8 Juin	,,

	Année 1446. 2024 - 2025.		Année 1447 (e) 2025 - 2026.		Année 1448. 2026 - 2027.		Année 1449. 2027 - 2028. (b)		Année 1450 (e) 2028 - 2029.	
1er. Moharrem	8 Juillet	2024	27 Juin	2025	17 Juin	2026	6 Juin	2027	25 Mai	2028
,, Safar	7 Août	,,	27 Juillet	,,	17 Juillet	,,	6 Juillet	,,	24 Juin	,,
,, Rebi' 1.er	5 Septembre	,,	25 Août	,,	15 Août	,,	4 Août	,,	23 Juillet	,,
,, Rebi' 2.e	5 Octobre	,,	24 Septembre	,,	14 Septembre	,,	3 Septembre	,,	22 Août	,,
,, Djoumada 1.er	3 Novembre	,,	23 Octobre	,,	13 Octobre	,,	2 Octobre	,,	20 Septembre	,,
,, Djoumada 2.e	3 Décembre	,,	22 Novembre	,,	12 Novembre	,,	1 Novembre	,,	20 Octobre	,,
,, Redjeb	1 Janvier	2025	21 Décembre	,,	11 Décembre	,,	30 ,,	,,	18 Novembre	,,
,, Chaâban	31 ,,	,,	20 Janvier	2026	10 Janvier	2027	30 Décembre	,,	18 Décembre	,,
,, Ramadan	1 Mars	,,	18 Février	,,	8 Février	,,	28 Janvier	2028	16 Janvier	2029
,, Chaoual	31 ,,	,,	20 Mars	,,	10 Mars	,,	27 Février	,,	15 Février	,,
,, Doul Kaâda	29 Avril	,,	18 Avril	,,	8 Avril	,,	27 Mars	,,	16 Mars	,,
,, Doul Hedja	29 Mai	,,	18 Mai	,,	8 Mai	,,	26 Avril	,,	15 Avril	,,

	Année 1451. 2029 - 2030.		Année 1452. 2030 - 2031.		Année 1453 (e) 2031 - 2032. (b)		Année 1454. 2032 - 2033.		Année 1455. 2033 - 2034.	
1.er Moharrem	15 Mai	2029	4 Mai	2030	23 Avril	2031	12 Avril	2032	1 Avril	2033
,, Safar	14 Juin	,,	3 Juin	,,	23 Mai	,,	12 Mai	,,	1 Mai	,,
,, Rebi' 1.er	13 Juillet	,,	2 Juillet	,,	21 Juin	,,	10 Juin	,,	30 ,,	,,
,, Rebi' 2.e	12 Août	,,	1 Août	,,	21 Juillet	,,	10 Juillet	,,	29 Juin	,,
,, Djoumada 1.er	10 Septembre	,,	30 ,,	,,	19 Août	,,	8 Août	,,	28 Juillet	,,
,, Djoumada 2.e	10 Octobre	,,	29 Septembre	,,	18 Septembre	,,	7 Septembre	,,	27 Août	,,
,, Redjeb	8 Novembre	,,	28 Octobre	,,	17 Octobre	,,	6 Octobre	,,	25 Septembre	,,
,, Chaâban	8 Décembre	,,	27 Novembre	,,	16 Novembre	,,	5 Novembre	,,	25 Octobre	,,
,, Ramadan	6 Janvier	2030	26 Décembre	,,	15 Décembre	,,	4 Décembre	,,	23 Novembre	,,
,, Chaoual	5 Février	,,	25 Janvier	2031	14 Janvier	2032	3 Janvier	2033	23 Décembre	,,
,, Doul Kaâda	6 Mars	,,	23 Février	,,	12 Février	,,	1 Février	,,	21 Janvier	2034
,, Doul Hedja	5 Avril	,,	25 Mars	,,	13 Mars	,,	8 Mars	,,	20 Février	,,

	Année 1456 (e) 2034 - 2035.		Année 1457. 2035 - 2036.		Année 1458 (e) 2036 (b) - 2037.		Année 1459. 2037 - 2038.		Année 1460. 2038 - 2039.	
1er. Moharrem	21 Mars	2034	11 Mars	2035	28 Février	2036	17 Février	2037	6 Février	2038
,, Safar	20 Avril	,,	10 Avril	,,	29 Mars	,,	19 Mars	,,	8 Mars	,,
,, Rebi' 1.er	19 Mai	,,	9 Mai	,,	27 Avril	,,	17 Avril	,,	6 Avril	,,
,, Rebi' 2.e	18 Juin	,,	8 Juin	,,	27 Mai	,,	17 Mai	,,	6 Mai	,,
,, Djoumada 1.er	17 Juillet	,,	7 Juillet	,,	25 Juin	,,	15 Juin	,,	4 Juin	,,
,, Djoumada 2.e	16 Aout	,,	6 Août	,,	25 Juillet	,,	15 Juillet	,,	4 Juillet	,,
,, Redjeb	14 Septembre	,,	4 Septembre	,,	23 Août	,,	13 Aout	,,	2 Août	,,
,, Chaâban	14 Octobre	,,	4 Octobre	,,	22 Septembre	,,	12 Septembre	,,	1 Septembre	,,
,, Ramadan	12 Novembre	,,	2 Novembre	,,	21 Octobre	,,	11 Octobre	,,	30 ,,	,,
,, Chaoual	12 Décembre	,,	2 Décembre	,,	20 Novembre	,,	10 Novembre	,,	30 Octobre	,,
,, Doul Kaâda	10 Janvier	2035	31 ,,	,,	19 Décembre	,,	9 Décembre	,,	28 Novembre	,,
,, Doul Hedja	9 Février	,,	30 Janvier	2036	18 Janvier	2037	8 Janvier	2038	28 Décembre	,,

	Année 1461 (e) 2039 - 2040.		Année 1462. 2040 (b) - 2041.		Année 1463. 2041.		Année 1464 (e) 2041 - 2042.		Année 1465. 2042 - 2043.	
1.er Moharrem	26 Janvier	2039	16 Janvier	2040	4 Janvier	2041	24 Décembre	2041	14 Décembre	2042
,, Safar	25 Février	,,	15 Février	,,	3 Février	,,	23 Janvier	2042	13 Janvier	2043
,, Rebi' 1.er	26 Mars	,,	15 Mars	,,	4 Mars	,,	21 Février	,,	11 Février	,,
,, Rebi' 2.e	25 Avril	,,	14 Avril	,,	3 Avril	,,	23 Mars	,,	13 Mars	,,
,, Djoumada 1.er	24 Mai	,,	13 Mai	,,	2 Mai	,,	21 Avril	,,	11 Avril	,,
,, Djoumada 2.e	23 Juin	,,	12 Juin	,,	1 Juin	,,	21 Mai	,,	11 Mai	,,
,, Redjeb	22 Juillet	,,	11 Juillet	,,	30 ,,	,,	19 Juin	,,	9 Juin	,,
,, Chaâban	21 Août	,,	10 Août	,,	30 Juillet	,,	19 Juillet	,,	9 Juillet	,,
,, Ramadan	19 Septembre	,,	8 Septembre	,,	28 Août	,,	17 Août	,,	7 Août	,,
,, Chaoual	19 Octobre	,,	8 Octobre	,,	27 Septembre	,,	16 Septembre	,,	6 Septembre	,,
,, Doul Kaâda	17 Novembre	,,	6 Novembre	,,	26 Octobre	,,	15 Octobre	,,	5 Octobre	,,
,, Doul Hedja	17 Décembre	,,	6 Décembre	,,	25 Novembre	,,	14 Novembre	,,	4 Novembre	,,

	Année 1466 (e) 2043 - 2044. (b)		Année 1467. 2044 - 2045.		Année 1468. 2045 - 2046.		Année 1469 (e) 2046 - 2047.		Année 1470. 2047 - 2048. (b)	
1.er Moharrem	3 Décembre	2043	22 Novembre	2044	11 Novembre	2045	31 Octobre	2046	21 Octobre	2047
,, Safar	2 Janvier	2044	22 Décembre	,,	11 Décembre	,,	30 Novembre	,,	20 Novembre	,,
,, Rebi' 1.er	31 ,,	,,	20 Janvier	2045	9 Janvier	2046	29 Décembre	,,	19 Décembre	,,
,, Rebi' 2.e	1 Mars	,,	19 Février	,,	8 Février	,,	28 Janvier	2047	18 Janvier	2048
,, Djoumada 1.er	30 ,,	,,	20 Mars	,,	9 Mars	,,	26 Février	,,	16 Février	,,
,, Djoumada 2.e	29 Avril	,,	19 Avril	,,	8 Avril	,,	28 Mars	,,	17 Mars	,,
,, Redjeb	28 Mai	,,	18 Mai	,,	7 Mai	,,	26 Avril	,,	15 Avril	,,
,, Chaâban	27 Juin	,,	17 Juin	,,	6 Juin	,,	26 Mai	,,	15 Mai	,,
,, Ramadan	26 Juillet	,,	16 Juillet	,,	5 Juillet	,,	24 Juin	,,	13 Juin	,,
,, Chaoual	25 Aout	,,	15 Août	,,	4 Aout	,,	24 Juillet	,,	13 Juillet	,,
,, Doul Kaâda	23 Septembre	,,	13 Septembre	,,	2 Septembre	,,	22 Aout	,,	11 Aout	,,
,, Doul Hedja	23 Octobre	,,	13 Octobre	,,	2 Octobre	,,	21 Septembre	,,	10 Septembre	,,

	Année 1471. 2048 - 2049.		Année 1472 (e) 2049 - 2050.		Année 1473. 2050 - 2051.		Année 1474. 2051 - 2052. (b)		Année 1475 (e) 2052 - 2053.	
1.er Moharrem	9 Octobre	2448	28 Septembre	2049	18 Septembre	2050	7 Septembre	2051	26 Aout	2052
,, Safar	8 Novembre	,,	28 Octobre	,,	18 Octobre	,,	7 Octobre	,,	25 Septembre	,,
,, Rebi' 1.er	7 Décembre	,,	26 Novembre	,,	16 Novembre	,,	5 Novembre	,,	24 Octobre	,,
,, Rebi' 2.e	6 Janvier	2049	26 Décembre	,,	16 Décembre	,,	5 Décembre	,,	28 Novembre	,,
,, Djoumada 1.er	4 Février	,,	24 Janvier	2050	14 Janvier	2051	3 Janvier	2052	22 Décembre	,,
,, Djoumada 2.e	6 Mars	,,	23 Février	,,	18 Février	,,	2 Février	,,	21 Janvier	2053
,, Redjeb	4 Avril	,,	24 Mars	,,	14 Mars	,,	2 Mars	,,	19 Février	,,
,, Chaában	4 Mai	,,	23 Avril	,,	13 Avril	,,	1 Avril	,,	21 Mars	,,
,, Ramadan	2 Juin	,,	22 Mai	,,	12 Mai	,,	30 ,,	,,	19 Avril	,,
,, Chaoual	2 Juillet	,,	21 Juin	,,	11 Juin	,,	30 Mai	,,	19 Mai	,,
,, Doul Kaáda	31 ,,	,,	20 Juillet	,,	10 Juillet	,,	28 Juin	,,	17 Juin	,,
,, Doul Hedja	30 Aout	,,	19 Août	,,	9 Aout	,,	28 Juillet	,,	17 Juillet	,,

	Année 1476. 2053 - 2054.		Année 1477 (e) 2054 - 2055.		Année 1478. 2055 - 2056. (b)		Année 1479. 2056 - 2057.		Année 1480 (e) 2057 - 2058.	
I.er Moharrem	16 Août	2053	5 Août	2054	26 Juillet	2055	14 Juillet	2056	3 Juillet	2057
,, Safar	15 Septembre	,,	4 Septembre	,,	25 Août	,,	13 Août	,,	2 Aout	,,
,, Rebi' I.er	14 Octobre	,,	3 Octobre	,,	23 Septembre	,,	11 Septembre	,,	31 ,,	,,
,, Rebi' 2.e	13 Novembre	,,	2 Novembre	,,	23 Octobre	,,	11 Octobre	,,	30 Septembre	,,
,, Djoumada I.er	12 Décembre	,,	1 Décembre	,,	21 Novembre	,,	9 Novembre	,,	29 Octobre	,,
,, Djoumada 2.e	11 Janvier	2054	31 ,,	,,	21 Décembre	,,	9 Décembre	,,	28 Novembre	,,
,, Redjeb	9 Février	,,	29 Janvier	2055	19 Janvier	2056	7 Janvier	2057	27 Décembre	,,
,, Chaában	11 Mars	,,	28 Février	,,	18 Février	,,	6 Février	,,	26 Janvier	2058
,, Ramadan	9 Avril	,,	29 Mars	,,	18 Mars	,,	7 Mars	,,	24 Février	,,
,, Chaoual	9 Mai	,,	28 Avril	,,	17 Avril	,,	6 Avril	,,	26 Mars	,,
,, Doul Kaáda	7 Juin	,,	27 Mai	,,	15 Mai	,,	5 Mai	,,	24 Avril	,,
,, Doul Hedja	7 Juillet	,,	26 Juin	,,	15 Juin	,,	4 Juin	,,	24 Mai	,,

	Année 1481. 2058 - 2059.		Année 1482. 2059 - 2060. (b)		Année 1483 (e) 2060 - 2061.		Année 1484. 2061 - 2062.		Année 1485. 2062 - 2063.	
I.er Moharrem	23 Juin	2058	12 Juin	2059	31 Mai	2060	21 Mai	2061	10 Mai	2062
,, Safar	23 Juillet	,,	12 Juillet	,,	30 Juin	,,	20 Juin	,,	9 Juin	,,
,, Rebi' I.er	21 Aout	,,	10 Août	,,	29 Juillet	,,	19 Juillet	,,	8 Juillet	,,
,, Rebi' 2.e	20 Septembre	,,	9 Septembre	,,	28 Août	,,	18 Août	,,	7 Août	,,
,, Djoumada I.er	19 Octobre	,,	8 Octobre	,,	26 Septembre	,,	16 Septembre	,,	5 Septembre	,,
,, Djoumada 2.e	18 Novembre	,,	7 Novembre	,,	26 Octobre	,,	16 Octobre	,,	5 Octobre	,,
,, Redjeb	17 Décembre	,,	6 Décembre	,,	24 Novembre	,,	14 Novembre	,,	3 Novembre	,,
,, Chaában	16 Janvier	2059	5 Janvier	2060	24 Décembre	,,	14 Décembre	,,	3 Décembre	,,
,, Ramadan	14 Février	,,	3 Février	,,	22 Janvier	2061	12 Janvier	2062	1 Janvier	2063
,, Chaoual	16 Mars	,,	4 Mars	,,	21 Février	,,	11 Février	,,	31 ,,	,,
,, Doul Kaáda	14 Avril	,,	2 Avril	,,	22 Mars	,,	12 Mars	,,	1 Mars	,,
,, Doul Hedja	14 Mai	,,	2 Mai	,,	21 Avril	,,	11 Avril	,,	31 ,,	,,

	Année 1486 (e) 2063 - 2064. (b)		Année 1487. 2064 - 2065.		Année 1488 (e) 2065 - 2066.		Année 1489. 2066 - 2067.		Année 1490. 2067 - 2068. (b)	
1.er Moharrem	29 Avril	2063	18 Avril	2064	7 Avril	2065	28 Mars	2066	17 Mars	2067
,, Safar	29 Mai	,,	18 Mai	,,	7 Mai	,,	27 Avril	,,	16 Avril	,,
,, Rebi' 1.er	27 Juin	,,	16 Juin	,,	5 Juin	,,	26 Mai	,,	15 Mai	,,
,, Rebi' 2.e	27 Juillet	,,	16 Juillet	,,	5 Juillet	,,	25 Juin	,,	14 Juin	,,
,, Djoumada 1.er	25 Aout	,,	14 Août	,,	3 Août	,,	24 Juillet	,,	13 Juillet	,,
,, Djoumada 2.°	24 Septembre	,,	13 Septembre	,,	2 Septembre	,,	23 Août	,,	12 Aout	,,
,, Redjeb	23 Octobre	,,	12 Octobre	,,	1 Octobre	,,	21 Septembre	,,	10 Septembre	,,
,, Chaâban	22 Novembre	,,	11 Novembre	,,	31 ,,	,,	21 Octobre	,,	10 Octobre	,,
,, Ramadan	21 Décembre	,,	10 Décembre	,,	29 Novembre	,,	19 Novembre	,,	8 Novembre	,,
,, Chaoual	20 Janvier	2064	9 Janvier	2065	29 Décembre	,,	19 Décembre	,,	8 Décembre	,,
,, Doul Kaâda	18 Février	,,	7 Février	,,	27 Janvier	2066	17 Janvier	2067	6 Janvier	2068
,, Doul Hedja	19 Mars	,,	9 Mars	,,	26 Février	,,	16 Février	,,	5 Février	,,

	Année 1491 (e) 2068 - 2069.		Année 1492. 2069 - 2070.		Année 1493. 2070 - 2071.		Année 1494 (e) 2071 - 2072.		Année 1495. 2072 (b) - 2073.	
1er. Moharrem	5 Mars	2068	23 Février	2069	12 Février	2070	1 Février	2071	22 Janvier	2072
,, Safar	4 Avril	,,	25 Mars	,,	14 Mars	,,	3 Mars	,,	21 Février	,,
,, Rebi' 1.er	3 Mai	,,	23 Avril	,,	12 Avril	,,	1 Avril	,,	21 Mars	,,
,, Rebi' 2.e	2 Juin	,,	23 Mai	,,	12 Mai	,,	1 Mai	,,	20 Avril	,,
,, Djoumada 1.er	1 Juillet	,,	21 Juin	,,	10 Juin	,,	30 ,,	,,	19 Mai	,,
,, Djoumada 2.e	31 ,,	,,	21 Juillet	,,	10 Juillet	,,	29 Juin	,,	18 Juin	,,
,, Redjeb	29 Aout	,,	19 Aout	,,	8 Aout	,,	28 Juillet	,,	17 Juillet	,,
,, Chaâban	28 Septembre	,,	18 Septembre	,,	7 Septembre	,,	27 Aout	,,	16 Aout	,,
,, Ramadan	27 Octobre	,,	17 Octobre	,,	6 Octobre	,,	25 Septembre	,,	14 Septembre	,,
,, Chaoual	26 Novembre	,,	16 Novembre	,,	5 Novembre	,,	25 Octobre	,,	14 Octobre	,,
,, Doul Kaâda	25 Décembre	,,	15 Décembre	,,	4 Décembre	,,	23 Novembre	,,	12 Novembre	,,
,, Doul Hedja	24 Janvier	2069	14 Janvier	2070	3 Janvier	2071	23 Décembre	,,	12 Décembre	,,

	Année 1496 (e) 2073.		Année 1497. 2073 - 2074.		Année 1498. 2074 - 2075.		Année 1499 (e) 2075 - 2076. (b)		Année 1500. 2076 - 2077.	
I.er Moharrem	10 Janvier	2073	31 Décembre	2073	20 Décembre	2074	9 Décembre	2075	28 Novembre	2076
,, Safar	9 Février	,,	30 Janvier	2074	19 Janvier	2075	8 Janvier	2076	28 Décembre	,,
,, Rebi' 1.er	10 Mars	,,	28 Février	,,	17 Février	,,	6 Février	,,	26 Janvier	2077
,, Rebi' 2.e	9 Avril	,,	30 Mars	,,	19 Mars	,,	7 Mars	,,	25 Février	,,
,, Djoumada 1er	8 Mai	,,	28 Avril	,,	17 Avril	,,	5 Avril	,,	26 Mars	,,
,, Djoumada 2.e	7 Juin	,,	28 Mai	,,	17 Mai	,,	5 Mai	,,	25 Avril	,,
,, Redjeb	6 Juillet	,,	26 Juin	,,	15 Juin	,,	3 Juin	,,	24 Mai	,,
,, Chaâban	5 Aout	,,	26 Juillet	,,	15 Juillet	,,	3 Juillet	,,	23 Juin	,,
,, Ramadan	3 Septembre	,,	24 Aout	,,	13 Aout	,,	1 Aout	,,	22 Juillet	,,
,, Chaoual	3 Octobre	,,	23 Septembre	,,	12 Septembre	,,	31 ,,	,,	21 Aout	,,
,, Doul Kaâda	1 Novembre	,,	22 Octobre	,,	11 Octobre	,,	29 Septembre	,,	19 Septembre	,,
,, Doul Hedja	1 Décembre	,,	21 Novembre	,,	10 Novembre	,,	29 Octobre	,,	19 Octobre	,,

<table>
<tr><td colspan="5" align="center">ERRATA.</td><td align="center">CORRIGE.</td></tr>
</table>

ERRATA.					CORRIGE.
Page 12 Colonne 10 Ligne	4 — 15 Janvier				26 Janvier.
,, 14 ,, 13 ,,	10 — Chuonal				Chaoual.
,, 30 ,, 3 ,,	4 — 86 Mars				16 Mars.
,, 40 ,, 10 ,,	7 — 19 Octobre				18 Octobre.
,, 43 ,, 17 ,,	2 — 1129-1130 (b)				supprimez le (b).
,, 55 ,, 2 ,,	11 — 18 Août				16 Août.
,, 69 ,, 5 ,,	8 — 12 Janvier				14 Janvier.